CHRISTA OLBRICH

VON DER
KUHMAGD
ZUR
PROFESSORIN

Ein Leben voller Herausforderungen

novum 🔖 premium

Dieses **Buch ist** auch als
e-book
erhältlich.

w w w . n o v u m v e r l a g . c o m

© 2019 novum Verlag

ISBN 978-3-95840-975-0
Lektorat: Bianca Brenner
Umschlagfotos: Christa Olbrich,
Oleksandr Panchenko | Dreamstime.com
Umschlaggestaltung, Layout & Satz:
novum Verlag
Innenabbildungen: Christa Olbrich

Die von der Autorin zur Verfügung
gestellten Abbildungen wurden in der
bestmöglichen Qualität gedruckt.

Gedruckt in der Europäischen Union
auf umweltfreundlichem, chlor- und
säurefrei gebleichtem Papier.

www.novumverlag.com

Bibliografische Information
der Deutschen Nationalbibliothek:

Die Deutsche Nationalbibliothek
verzeichnet diese Publikation in
der Deutschen Nationalbibliografie.
Detaillierte bibliografische Daten
sind im Internet über
http://www.d-nb.de abrufbar.

Inhaltsverzeichnis

Stimmst Du mit dem Weg überein
durchströmt Dich seine Kraft
(Laotse)

Leben ist Wandel, und nichts bleibt, wie es ist. Alle sieben Jahre hat der Körper jede Zelle erneuert, das heißt, jeder ist nach sieben Jahren körperlich ein neuer Mensch. Auf seelischer und geistiger Ebene, so ist anzunehmen, vollzieht sich das ebenso. Das jedenfalls zeigt sich in meinem Lebensweg, denn immer nach etwa sieben Jahren kam eine unerwartete, große Herausforderung auf mich zu. So entwickelte sich meine Lebensgeschichte wie von selbst in einer Struktur von Sieben-Jahres-Abschnitten.

Kapitel 1

Kindheit in Armut und Scham

Die ersten sieben Jahre

Als einmal unsere Nachbarin, Frau Rüger, eine kluge Bäuerin, meine Mutter fragte: „Wos soll denn des Madla amol wern?", so antwortete meine Mutter: „Die Kate soll einmal eine Kuhmagd werden." In der Tat, der Kuhstall und der große Bauernhof waren bis zu meinem 14. Lebensjahr meine Welt.

Wir waren sehr arme Leute. 1945 wurde ich im damals sogenannten Sudetenland in einem sehr schönen, großen Haus meiner Großmutter – so wie es auf Bildern zu sehen war – geboren. 1946 bekamen meine Eltern den Bescheid, sich in drei Tagen mit jeweils 20 kg Gepäck pro Person am Bahnhof einfinden zu müssen. Als der Zug überfüllt mit Heimatvertriebenen abrollte, wussten die Menschen nicht, wohin es geht. Meine Mutter hat mir später erzählt, als der Zug erstmals anhielt, sah sie das Schild des Bahnhofs Nürnberg. Sie dankte Gott, dass der Zug in den Westen gefahren war. Von Nürnberg wurde meine Familie – Mutter, Vater, die Mutter meines Vaters und eine Schwester meiner Mutter – mit mir im Kinderwagen nach Haundorf (wahrscheinlich auf einem Fuhrwerk) gebracht, ein kleines, bis dahin von allem Fremden unberührtes fränkisches Dorf. Im Kinderwagen unter meinen Windeln hatte man ein paar Schmuckstücke und die Uhr versteckt.

Wir landeten in einem engen Dachbodenzimmer oberhalb der Gaststube des einzigen Wirtshauses. Drei Jahre später wurde mein Bruder geboren. Die Enge fand ihren Ausdruck vielleicht in seinen frühen Kinderjahren in einer Brustenge mit Angstanfällen, die er ein Leben lang mit Medikamenten ertragen hat und die letztlich zu einem frühen und sehr schrecklichen Tode führte. Neben dieser räumlichen Enge mussten meine Eltern damals – so glaube ich heute – auch eine seelische Enge ertragen. Mein Vater, ein sportlicher junger Mann, wurde 1943 im

13

Russlandkrieg verletzt und kam als „Krüppel" – so sah er sich selbst – zurück. In den ersten Jahren fand er keine Arbeit außer im Straßenbau; mit einem steifen Bein, das ging dann doch nicht. So war er in diesem Dorf gefangen. Die einzige Möglichkeit, in die acht Kilometer weit entfernte Stadt zu kommen, war der Pferdewagen, der jeden Morgen die Milch in die Stadt brachte. Meine Mutter, die eine unbeschwerte und nicht so von Armut geprägte Jugendzeit erlebt hatte, hatte sich ihre Zukunft nicht so vorgestellt. Sie resignierte schnell und starb auch sehr jung unter leidvollen Bedingungen.

Da unser Dachzimmer sehr klein war, verbrachten wir viel Zeit im Freien. Meine Mutter ging oft stundenlang mit den Bauersfrauen aufs Feld. Mein Vater bastelte oder reparierte irgendetwas in einer provisorischen Werkstatt. Mein Bruder lag im Kinderwagen, der im Hof stand. Ich sprang wahrscheinlich überall herum. Einmal muss meine Mutter etwas zu tun gehabt haben, sie wollte oder konnte mich nicht beaufsichtigen, und so band sie mich mit einem langen Strick an einen Baum im Garten hinter der Scheune fest. Solange ich schrie, war es kein Problem – so erzählte sie mir das später –, aber plötzlich verstummte ich. Sie lief in den Garten und sah nach mir. Ich hatte mich mit dem Strick so eng um den Baum gewickelt, dass ich mich nicht mehr bewegen konnte. Sie wickelte mich ab und tat das nie mehr. Einmal, daran erinnere ich mich noch, ging ich mit meinem Bruder im Kinderwagen spazieren und aus dem Dorf hinaus. Es muss ein schöner Sommertag gewesen sein, denn ich war sehr fröhlich. Und als ich gut gelaunt wieder zurückkam – wie lange ich weg war, weiß ich nicht mehr – war das ganze Dorf in Aufregung: Die beiden Kinder waren verschwunden. Meine Mutter schimpfte mich nicht sehr, denn sie war erleichtert, dass wir wieder da waren. Erst neulich erzählte mir die Tochter der damaligen „Hausfrau", wie wir sie nannten, dass sie sich noch gut an unsere Mutter erinnert, sie war „a grundehrliche Fraa". Sie hatte nämlich einmal ein Ei in der Scheune gefunden. Sie gab es ab mit den Worten: „Das Huhn hat ein Ei verloren." Luise meinte „des Gaggala" hätte meine Mutter so notwendig zum Essen gehabt, aber sie hat es abgegeben. Wir als Flüchtlingsfamilie waren sehr angepasst, stets freundlich, denn wir wollten nicht auffallen. Oft hörte ich an den Bemerkungen meiner Mutter, dass doch große Kulturunterschiede sowohl im Essverhalten als auch im Umgang mit manchen Dingen vorhanden waren. Sie wunderte sich oft, dass bestimmte Lebensmittel nicht bekannt waren oder man manches nicht wusste. Sie und auch mein Vater waren eher zurückhaltend, denn das „Fremde" gab oftmals Anlass zu Unverständnis. Wenn ich als Kind später mit anderen Dorfkindern in Streit kam, wie das bei Kindern vorkommt, so hatte ich zu Hause nie Gehör, immer war ich schuld und sollte ruhig sein. Viele Flüchtlingsfamilien sind auch schnell nach dem Krieg in die Städte gezogen. Nur wir blieben in diesem Dorf „hängen".

Mein Großvater mütterlicherseits war ein uneheliches Kind. Sein Vater muss wohl nicht arm gewesen sein, denn er hatte zur späteren Ausbildung des Jungen beim dortigen katholischen Pfarramt Geld hinterlegt. Als es dann so weit gewesen wäre mit der Ausbildung, war das Geld verschwunden. Meine Großmutter war zornig und als Konsequenz trat unsere Familie aus der römisch-katholischen Kirche aus und wechselte in die altkatholische. Somit ist meine Geburts- und Taufurkunde vom altkatholischen Pfarramt ausgestellt. Die Altkatholiken spalteten sich Mitte des 19. Jahrhunderts, nachdem der Papst das Unfehlbarkeitsdogma verkündet hatte, von der römisch-katholischen Kirche ab. Sie erkennen den Papst nicht an, ansonsten sind sie dem römisch-katholischen

Glauben weiterhin nahe. Der Zorn ist geblieben und ich habe noch im Ohr, wie meine Tanten schimpften: „Diese katholischen Pfaffen …" Eine große Skepsis ist geblieben.

Mein Großvater muss dann doch ein sehr tüchtiger Mann geworden sein, denn er hat eine Papier- und Kartonagenfabrik aufgebaut und hatte zwei Häuser und Maschinen. Mit der ersten Frau hatte er vier Töchter, die dann alle nach Italien ausgewandert sind, mit der zweiten Frau, meiner Großmutter, dann noch drei. Die siebte und jüngste war meine Mutter. Sie war erst drei Jahre alt, als ihr Vater starb. Meine Großmutter muss auch sehr tüchtig gewesen sein, denn nach dem Tod des Großvaters brannte ihr Haus ab. Sie konnte wenig retten. Sie baute, alleinstehend mit drei kleinen Kindern, ein neues Haus, in dem dann ich geboren wurde. Noch während des Zweiten Weltkrieges ist sie verstorben, sodass meiner Großmutter mütterlicherseits diese Aussiedelung erspart geblieben ist.

Mein Großvater väterlicherseits wurde während des Krieges dienstverpflichtet nach Nordenham versetzt. Nachdem meine Großmutter 1946 mit uns ausgewiesen worden war, ist sie natürlich umgehend zu ihrem Mann nach Nordenham gezogen. Um ein Umzugsgepäck musste man sich nicht kümmern, denn es war nichts vorhanden. Die zweitälteste Schwester meiner Mutter, Tante Laura, die ebenfalls mit dem Transport nach Haundorf kam, fand in den ersten Jahren Arbeit im Pfarramt. Sie konnte auf der Schreibmaschine schreiben und Steno. Das hatte jedoch keine Zukunft und so ist sie sehr mutig alleine nach Wiesbaden gezogen. Sie fand dort Arbeit und ihren späteren Ehemann.

Über den Wegzug ihrer Schwiegermutter war meine Mutter sehr froh, durch den ihrer Schwester verlor sie aber eine wichtige Bezugsperson. Ihre ältere Schwester, Tante Lydi, kam mit ihrer Familie in einem Vertriebenentransport etwas später nach Herborn im Dillkreis in Hessen. Die Schwester meiner Großmutter landete in Schwaben und ihr Bruder im Allgäu. So war unsere gesamte Verwandtschaft vom Süden bis in den Norden Deutschlands verstreut. Meine Mutter hielt mit ihren Schwestern engen schriftlichen Kontakt. Sie schrieben sich Briefe und Postkarten, diese waren auf jeden Millimeter mit Stenografie gefüllt. Niemand sonst konnte das lesen. So hatte ich als Kind den Eindruck, dass meine Mutter mit ihrem Wissen und Können – trotz aller Armut und Scham – doch etwas Besseres war als die anderen Bauersfrauen im Dorf.

Die zweiten sieben Jahre

Nachdem wir die ersten sechs Jahre in einem engen Dachzimmer gewohnt hatten, hat uns die Gemeinde des Dorfes das leer stehende ehemalige Milch- und Gemeindehaus zur Verfügung gestellt. Dieses hat mein Vater etwas renoviert, ich bekam am Dachboden ein eigenes Zimmer, das er schön mit Holz verkleidet hatte. Das hat mich mit Stolz erfüllt und mein Kinderwunsch war damals: „Wenn ich einmal groß bin, baue ich mir und meinen Eltern ein Haus." Das konnte ich tatsächlich realisieren, allerdings war da meine Mutter schon verstorben. Mein eigenes Wochenendhaus habe ich über 20 Jahre lang aus- und umgebaut, heute lebe ich darin alternativ und sehr zufrieden, es ist meine Heimat.

Zu dieser Zeit begann meine Welt auf dem Bauernhof, der gegenüber unserem „neuen" Haus lag. Der Kuhstall wurde meine Welt. In ihm war es warm und roch intensiv, aber nicht unangenehm. In einer Ecke standen die jungen Kälbchen. Diejenigen, die nicht mehr zum Trinken zur Mutter geführt wurden, durfte ich mit einem Eimer voll Milch tränken. Wie niedlich das war. An der anderen Seite des Stalles waren die Ochsen und ein großer Bulle. Um diesen machte ich stets einen weiten Bogen, er machte mir Angst. Einmal sahen wir Kinder, wie dieser Bulle zu einer Kuh geführt wurde. Diese stand im Hof in einen Holzrahmen gespannt, damit sie nicht ausweichen konnte. Es war für meine Kinderseele ein Schrecken. Noch heute sehe ich diese Szene vor mir. In den 50er-Jahren hatte man noch keine künstliche Besamung. Ansonsten war es im Stall gemütlich, Alma, Berta und wie die Kühe alle hießen, wedelten mit ihren Schwänzen die Fliegen weg, und jeden Samstag wurden ihre verschmutzten Schwänze vom jüngsten Sohn der Bauernfamilie in einem Eimer gewaschen. Wie die Katzen die Zeit des Melkens morgens und abends wussten, jedenfalls waren sie täglich pünktlich und bekamen ihre Schälchen voll mit fetter Milch. Ansonsten mussten sie Mäuse fangen.

Ganz anders war meine Welt in unserem sehr ärmlichen Haus. Im Erdgeschoß war nur ein Raum, diesen bewohnten wir zu viert. An einer Seite stand ein weißer Küchenherd, der den Raum erwärmte. Nebenan war ein Tisch mit, wie das früher „modern" war, einem ausziehbaren Untergestell mit zwei Emailschüsseln, die zum Abspülen dienten. Da meine Mutter sehr bequem war, wurde das nie benützt, sondern das Geschirr stand oft oben in einer Schüssel mit Wasser zum Einweichen, oft mehrere Stunden. Das hat mich schon als Kind gestört, so habe ich oft freiwillig abgespült. Als in späteren Jahren erstmals mein Jugendfreund zu Besuch kam, habe ich mich deswegen sehr geschämt. Er meinte: „Was hast du gegen deine Mutter? Ich finde sie sehr nett."

Im Raum standen noch ein Sofa, ein Esstisch, ein Küchenschrank und in der Ecke eine Kommode, auf dieser lag stets Wäsche, die nicht geflickt wurde, und ein Strickzeug, das eventuell als Weihnachtsgeschenk ein Paar Socken ergeben sollte. Ich fand diese Unordnung schon als kleines Kind schlimm, wobei ich heute auch nicht besonders ordentlich bin. Wofür ich mich jedoch bodenlos schämte war der Umstand, dass zu diesem Haus kein Klo vorhanden war. Mein Vater, sonst handwerklich sehr geschickt, baute einfach keines. So musste ich tagsüber auf ein Plumpsklo bei den Nachbarn gehen, immer bei jenen, wo mich gerade niemand sehen konnte. Nachts wurde ein Eimer benutzt, dieser stand neben dem Küchenherd unter einem Hocker, auf dem die Waschschüssel stand. Meine Mutter, die Zahnarzthelferin gelernt hatte und im Krieg Rot-Kreuz-Helferin gewesen war, war sehr auf Hygiene bedacht und wir mussten oft die Hände waschen. Das Abwasser und das Sonstige im Eimer wurden dann vor dem Haus in einen Graben geschüttet. Wie schämte ich mich.

Noch heute wundere ich mich, dass wir als Kinder nie ernsthaft krank waren, denn in unserem Haus gab es kein fließendes Wasser. Hinter dem Haus war ein Brunnen, der aber nicht hygienisch mit einer Pumpe versehen war. Das Wasser, es muss Grundwasser gewesen sein, stand offen mit einem Deckel am Boden. Man musste es in einem Eimer mit einer Schöpfkelle herausholen. Neben dem Brunnen – für heutige Verhältnisse undenkbar – stand eine Viehwaage. In ihrer Panik lösten die Tiere jedes Mal ihre Ausscheidungen, die direkt neben dem Brunnen abflossen. Es stank und ich fand das damals schon ekelhaft. Meine Mutter kochte das Wasser deshalb auch immer ab, sehr primitiv in einem Topf am Herd. Früher, auch noch zu meiner Kinder- und Jugendzeit, nahm man das mit der Hygiene nicht so erst. Ich erinnere mich noch an den Anblick einer alten Bäuerin, sie stand in der Mitte des Hofes, nahm mit beiden Händen hinten und vorne ihre weiten Röcke auseinander und ließ ihr „Geschäft" nach unten ablaufen.

Ich jedoch erlebte in dieser Zeit Freiheit. Die wenigen Schulstunden waren für mich leicht, den Rest des Tages verbrachte ich auf den Bauernhöfen, auf Feldern oder im Wald. Im Sommer habe ich mir im Haundorfer Weiher – er ist heute noch ein Geheimtipp – das Schwimmen selbst beigebracht. Im Winter konnte ich auf dem Weiher Schlittschuh laufen. Ich erinnere mich, dass ich einmal alleine so vertieft war, dass es plötzlich dunkel war und die große Eisfläche unheimlich knackste und dröhnte. Ich musste dann noch eine halbe Stunde durch den Wald nach Hause laufen. Auch hatten mein Bruder und ich Skier und einen sehr schönen Schlitten. Mein Vater hatte ihn aus Holz gefertigt und die Spitzen der Skier mit heißem Wasserdampf gebogen. Ich war stolz auf meinen Vater. Meine Mutter konnte eine Hängematte netzen, sie klemmte mein Schullineal in die Schublade des Küchentisches und fügte mit Spagat die Maschen aneinander. Mit dieser Hängematte verbrachten wir oft die Zeit im Wald, wir Kinder konnten das genießen und unsere Mutter sammelte Holz für den Winter. Auch heute noch liebe ich meine Hängematte.

Gut erinnere ich mich noch an eine Szene am Haundorfer Weiher. Er wurde jedes Jahr im Herbst abgelassen und die Karpfen konnten dann aus dem restlichen Wasser abgefischt werden. Im Schlamm blieben dann oft noch kleine Fische übrig. Meine Mutter watete mit ihren Stiefeln in den Schlamm, um ein paar kleine Fische zu sammeln, denn für unseren kargen Speiseplan war das eine köstliche Bereicherung. Plötzlich blieb sie stecken. Alle Leute schauten ihr zu, wie sie hilflos im Schlamm stand. Endlich erlöste sie ein starker Bauernbursche und trug sie auf seinen Armen ans Ufer, ein anderer zog die Stiefel heraus und brachte sie ihr. Das war natürlich das Ereignis des Dorfes und stand dann auch am nächsten Tag in der Zeitung, mit einem Bild von meiner Mutter, wie sie im Schlamm steckt. Zu Hause schwamm dann der Karpfen in unserer Kinderbadewanne, die Katze hangelte sich über den Rand des Wassers, ihr wurde aber kein so guter Fisch überlassen. Später meinte meine Mutter: „Wie gut, dass ich kein Loch im Strumpf hatte." Damals gab es noch keine großen Kühlanlagen und so wurden im Winter große Eisbrocken aus dem Weiher gebrochen und in den Kühlkellern der Gasthäuser gelagert. Bis zum Sommer schmolz dann das Eis und das Bier blieb lange kühl. Für uns Kinder war das jedes Jahr ein Spektakel; mit Spaß und etwas Gruseln rutschten wir oftmals bis an den Rand des Eises, es ist uns jedoch nie etwas passiert.

So erlebte ich in dieser Kinderzeit viel äußere Unbeschwertheit und ebenso eine innere Freiheit. Meine Eltern hatten keine Anforderungen an mich, sie gaben mir keine moralischen Vorgaben wie: Das solltest du tun oder auch nicht tun. So erlebte ich keinen Druck oder Zwang und konnte mich frei entwickeln. Dies wurde wahrscheinlich auch die Grundlage meiner Selbständigkeit. Der Freiheitsdrang, ein Bedürfnis nach Entwicklung sowie Neugierde auf das Leben sind mir bis heute geblieben.

Wir waren sehr arm, jedoch waren wir scheinbar mit Milch, Kartoffeln, Butter und Brot ausreichend ernährt. Da unsere Mutter sowie später auch ich immer bei der Getreide- und Kartoffelernte mitgeholfen haben, waren wir das ganze Jahr mit Kartoffeln versorgt. Jeden Morgen konnten wir einen Topf Milch direkt frisch beim Melken abholen, ich „arbeitete" ja immer im Kuhstall mit. Ich erinnere mich, dass meine Mutter mit mir und meinem Bruder im Kinderwagen auf den Feldern Ähren sammeln war. Die Kornfelder wurden damals mit der Hand gemäht und es blieben immer Kornähren liegen. Diese wurden zu einer Mühle gebracht und wir hatten Mehl. Damit gab es sonntags oft einen Kuchen, auch mit Eiern darin. Wir hatten zwei Hühner, eines hatte sich eines Tages ein Bein gebrochen, sein Tod wäre für unseren Speiseplan ein großer Verlust gewesen. So hat mein Vater diesem Huhn ein Gipsbein verpasst. Nach einigen Wochen war der Gips von dem Huhn selbst aufgehackt worden und es war wieder gesund. Als einmal jemand fragte: „Haben denn die Kinder genug zu essen?", so antwortete meine Mutter: „Um die Kate" – ich wusste nie, ob es ein Schimpf- oder Kosewort war – „mache ich mir keine Sorgen. Sie geht zu den Bauern und bittet um ein Butterbrot." In der Tat erinnere ich mich noch an dunkles, kräftiges Brot mit viel Butter darauf. Einmal erzählte mir meine Mutter, sie habe in diesen schlechten Zeiten das Butterbrotpapier ausgekocht, damit wenigstens ein Fettauge auf der Suppe schwamm.

Im Hier und Jetzt

Ich sitze in meinem Schaukelstuhl und blicke rundum nur auf Bäume, im Römerofen brennt ein großes Feuer und verbreitet gemütliche Wärme. Draußen regnet es seit Stunden in Strömen, wie gut das der Natur tut. Endlich füllt sich mein Schwimmteich wieder und die Regenzisterne für die Klospülung wird voll. Ich brauche also nicht mehr Wasser zu sparen. Im Radio – Fernseher brauche ich keinen – kam eben, dass es seit gestern so viel geregnet hat wie im letzten Jahr im gesamten Dezember, die Natur holt alles wieder auf.

Heute Morgen habe ich mit dem Schreiben begonnen. Ich bin erstaunt und erfreut, mit welchem Schreibfluss die ersten Seiten bereits stehen. Gestern habe ich die Biografie einer Frau fertig gelesen und mich spontan dazu entschieden, auch meine Lebensgeschichte aufzuschreiben.

Dieses Muster einer schnellen Entscheidung kenne ich von mir. Ein Impuls trifft mich und ich weiß, was ich tun werde. Alle Entwicklungen in meinem Leben kamen als Herausforderung von außen oder als innere Erkenntnis auf mich zu. Ich kenne keine langwierigen Zielplanungen; Wenn ich etwas als wichtig und richtig erkannt habe, so fällt es mir leicht, dies auch umzusetzen. Eine Freundin meinte einmal: „Du definierst dich über Leistung und Karriere." Das konnte ich erst nicht für mich annehmen und wies es brüsk zurück. Vielleicht ist doch etwas dran. In vielen Momenten der Abwertung, wie von meiner Mutter, die mir nicht zutraute, dass ich einen Beruf erlernen könnte, festigte sich in mir „und ich zeige es euch doch, dass ich das kann". Als ich meiner Mutter mitteilte, dass ich Krankenschwester werden will, meinte sie: „Dir fällt ja jede Spritze aus der Hand." Genau das ist mir nie passiert. Vielleicht liegt in diesen Erfahrungen mein Leistungs- und Durchhaltevermögen begründet.

Seit sieben Jahren bin ich im Ruhestand, ich habe 50 Jahre im und für den Pflegebereich gearbeitet, sogar noch ein Semester länger. Immer wieder denke ich, jetzt ist es gut, und schon kommt eine neue Herausforderung auf mich zu. Die letzte ist kaum beendet und ich bin mit den mir zugefügten Verletzungen noch nicht ganz ausgesöhnt.

Indem ich meine Lebenserfahrung niederschreibe, kann ich, denke ich, noch auf neue Erkenntnisse zu kommen. Indem ich noch mal genauer hinsehe, werde ich einiges anders beurteilen können. Letztlich geht es mir darum, meine Vergangenheit zu würdigen, sie abzurunden und dann frei zu sein für die Gegenwart. In der Zen-Meditation, die ich seit vielen Jahren praktiziere, hat man zwar keine Ziele, jedoch ist es erfüllend, immer mehr in das Hier und Jetzt einzutauchen. Vergangenheit und Zukunft sind nur im Jetzt.

Fremde Welten

Als ich sechs Jahre alt war, befand ich mich plötzlich in einem Zug mit Zielbahnhof Nordenham. Es war von Süddeutschland bis zur Nordsee eine lange Fahrt, damals gab es noch keine ICEs, die schnell dahinbrausten. Auf den vielen Umsteigebahnhöfen wurde ich von einem Schaffner zum anderen gereicht. Ich denke, die Organisation hat mein Onkel Adolf übernommen, denn er war damals bereits Zugführer. Ich erinnere mich, dass ich frühmorgens, es wurde gerade hell, aus dem Zug und in die Arme meines Großvaters gehoben wurde. Ich atmete eine intensive, salzige Luft ein, ein kalter Wind umwehte mich, alles war fremd. Ich kannte meine Großeltern nicht. Sie wohnten in der Viktoriastraße, die aus vielen Häusern mit großen Mietwohnungen bestand. Vor den Häusern gab es gepflegte Blumenbeete. Meine Großmutter war eine sehr strenge und ordentliche Frau. Zuerst wurde ich adrett gekleidet mit Schleife im Haar und weißen Kniestrümpfen, die nicht schmutzig werden durften. Auch das war mir fremd. Ab und zu gingen wir am Weserstrand spazieren, ich sehr artig an der Hand meiner Großmutter. Ich staunte über das große, weite Meer, wie war die Welt hier anders, als ich das von meinem kleinen Dorf her kannte. Ich glaube heute, dass diese vielen neuen Eindrücke meiner Entwicklung sehr dienten, in dem Sinne, dass mir Neues und Fremdes keine Angst machten, im Gegenteil, sie bestärkten meine Neugierde.

Meine Großmutter beschäftigte sich viel mit mir. So saßen wir am Küchentisch und schnitten Bilder aus den Zeitungen. Meine Großmutter hatte Mehl mit Wasser verrührt, damit klebten wir die Bilder auf Papierbögen – mein erstes „Bilderbuch" entstand.

Mein Großvater nahm mich zum Angeln mit. Einmal verschwand ein schon gefangener Aal in einem Mauseloch am Weserufer. Die gute Mahlzeit war verloren. Zu Hause schwammen die Aale im Küchenbecken meiner Großmutter. Sie verstand es hervorragend, diese Aale zu braten. In der Pfanne bäumten sich die Fischteile oft noch hoch, ich schaute fasziniert zu. Dann schmeckte uns dieses hochwertige Essen vorzüglich, so etwas hatte ich vorher noch nie genießen können.

Eines Nachmittags rief mich meine Großmutter in die Wohnung nach oben. Mit äußerst strenger Miene fragte sie: „Hast du die Blumen vor dem Haus zertreten?" Mit Schrecken und Angst verneinte ich es. Ich weiß auch heute nicht, ob ich das wirklich war. Wir Kinder hatten vor dem Haus gespielt und da sind eben einige Blumen kaputtgegangen. Zur Strafe musste ich hinter dem Schrank auf dem Boden knien. Der Grund war, dass ich gelogen hatte. Ich kannte keine Strafen, und schon gar keine dieser Art.

Als mich mein Vater nach drei Monaten abholte, war ich so erfreut, dass ich ihm von hinten um den Hals fiel. Er stürzte mit seinem steifen Bein auf das Sofa, auf dem ich immer geschlafen hatte.

Als ich wieder zu Hause angekommen war, hatte das Schuljahr bereits begonnen, somit hatte ich die Einschulung verpasst. Das war alles kein Problem, und so kam ich erst in dem darauf folgenden Jahr mit bereits sieben Jahren in die Schule. Da man damals mit 14 Jahren aus der Schule entlassen wurde, habe ich die Volksschule nur sieben Jahre lang besucht, mit durchgehend einem Lehrer und acht Klassen in einem Raum. In Bezug auf Faktenwissen habe ich nicht viel gelernt, jedoch sind mir die Neugierde und die Freude am Lernen und am Wissen erhalten geblieben. Dafür bin ich meinem inzwischen verstorbenen Volksschullehrer dankbar. Er hat uns Kinder auch nie geschlagen, was damals noch üblich war. Das erlebte ich, als einmal ein Aushilfslehrer in unserer Klasse war. Er schlug einen Jungen mit einem großen Stock. Wir Kinder waren sehr entsetzt. Jedes Jahr stand in meinem Schulzeugnis: „Das stets freundliche und fleißige Mädchen …" Ich glaube, das ist mir das gesamte Leben hindurch bis heute geblieben.

Neben der Schule, die nicht sehr anstrengend war, hatte ich viel Zeit, die ich unbeschwert in der Natur verbrachte. Es gab nicht viel Abwechslung, außer wenn meine beiden Tanten Laura und Lydi mit ihren Kindern zu Besuch kamen. Das war dann ein großes Ereignis. Da meine Onkel bei der Bahn angestellt waren, hatten sie zweimal im Jahr Freifahrtscheine zur Verfügung. Wir holten sie jedes Mal vom Bahnhof Altenmuhr mit dem Fahrrad ab. Am Heimweg mussten wir sicher zwei oder drei Stunden das Fahrrad mit dem Koffer hinten drauf durch den Wald schieben. Es gab viel zu erzählen und wir Kinder bekamen auch schon mal was geschenkt.

Mit etwa acht oder neun Jahren stand ich – im Rahmen einer Kinderverschickung – mit einem Schild mit meinem Namen drauf auf dem Bahnsteig in Luzern. Wieder war mir alles fremd. Eine Frau, deren Sprache ich fast nicht verstand, holte mich mit ihrem Velo ab. Auf dieses kam mein kleines Köfferchen und wir gingen mehrere Kilometer zu Fuß. In dem Ort angekommen, befand ich mich in einem Pfarrhaus, die Frau war die Schwester und Haushälterin des Priesters. Das Haus war groß, steril und leise, ich kam mir sehr verloren vor. Dreimal am Tag saß ich artig am Tisch zwischen dem Herrn Pfarrer und seiner Schwester, natürlich in ständigem Gebet versunken. Das war in der Tat eine neue Welt für mich. Trotzdem gelang es mir mit Offenheit und kindlicher Unbefangenheit mein Umfeld zu erkunden. Ich erinnere mich, dass ich in den ersten Tagen von Kindern umgeben war, von denen ich kein Wort verstand. Irgendwann konnte ich mir das so komische Schweizerdeutsch doch aneignen und so war die Verständigung mit den anderen Kindern möglich und unkompliziert.

Ich wurde zu Wanderungen und Ausflügen in die Berge mitgenommen. Das waren unvergessliche Eindrücke, die ich heute noch vor meinen Augen habe. Wir wohnten für einige Ferientage in dem Elternhaus des Pfarrers, einer Almhütte hoch in den Bergen. Was gab es da alles zu sehen, die Berge im morgendlichen Nebel, das Glühen der Bergspitzen im Abendrot, Tiere, die ich vorher nie gesehen hatte; ich sog alles auf wie ein trockener Schwamm.

Eine eher negative Erfahrung machte ich mit der sehr katholisch-religiösen moralischen Haltung des Pfarrers. Ich musste natürlich jeden Morgen in die Heilige Messe gehen und auch beichten und kommunizieren. Eines Tages erzählte er beim Frühstück, dass er heute einem Jungen die Heilige Kommunion verweigert hätte, da er gesehen habe, wie dieser kurz vorher an unserem Haus vorbeigegangen und dort von den Himbeeren genascht hatte. Das wäre gestohlen und damit eine Sünde, außerdem wäre er mit den Beeren im Bauch nicht mehr nüchtern. Das waren zwei Gründe für die Zurückweisung dieses Jungen an der Kommunionbank. Bei den Katholiken musste man früher nüchtern sein, um die Hostie zu empfangen. Wie war mir das alles fremd. Noch unverständlicher war mir der Auftrag, ich solle für meine Eltern beten, denn sie lebten in Sünde, da sie zwar altkatholisch, aber nicht römisch-katholisch getraut waren. Mit vielen positiven und negativen Erfahrungen kam ich nach langer Sommerzeit wieder in mein beschauliches Dorf und hatte wieder einmal einen großen Entwicklungsschritt hinter mir.

In den Ferien meiner zu Ende gehenden Schulzeit nahmen mich zwei Frauen zur Hopfenernte mit. Um Spalt ist das einzige relativ große fränkische Hopfengebiet. Die Hopfenbauern waren damals reich im Gegensatz zu den eher ärmlichen Kartoffelbauern des Frankenlandes. Wenn man heute durch die Dörfer fährt, sieht man noch die stattlichen Fachwerkhäuser mit ihren breiten Dächern zur Hopfendarre. Heute ist die Gegend mit den erschlossenen Brombach- und Altmühlseen erheblich aufgewertet und ein beliebtes Freizeitziel.

Die Hopfenernte war sehr anstrengend. Bei Tagesanbruch wurden wir Pflückerinnen und Pflücker auf dem offenen Wagen von zwei Pferden gezogen auf das Feld gefahren. Die hohen Hopfenranken wurden mit einer Stange herabgeholt. Ich hatte dann diese Ranke auf meinen Knien und zupfte jede Dolde mit den Fingern ab. Diese ließ ich in den neben mir stehenden großen Korb fallen. War dieser voll, so wurde er vom Hopfenbauer abgeholt und in das Buch kam ein Strich. So konnte man jeden Abend verfolgen, wie viel man geschafft hat. Die kalte, frische Luft und der intensive Duft des Hopfens machten mächtig Hunger. Das erste Frühstück gab es gegen 09:00 Uhr. Die Hopfenbäuerin brachte auch das Mittagessen und die Brotzeit am Nachmittag in großen Körben. Wie schmeckte dieses Essen, das kann man mit keinem heutigen Fünf-Gänge-Menü vergleichen. Bis spät in den Abend wurde gepflückt. Der Rest des Abends verlief aufregend, die überwiegend jungen Leute saßen vor den Häusern oder auf der Straße, tranken – natürlich – Bier und waren lustig. So manche Bekanntschaft führte später zu einer Ehe.

Die Hopfenernte war auch ein gesellschaftliches Ereignis, man kam aus dem eigenen Dorf heraus, lernte andere Menschen und Sitten kennen und verdiente Geld.

In unserem Bauernhaus waren wir fünf Frauen in einer Kammer untergebracht. Eines Abends stieg ein junger Bursche durch das Fenster ein. Er ging von Bett zu Bett und sagte: „Lou mi halt amol" (Lass mich halt einmal). Ich ahnte mit meinen 13 Jahren, was das wohl bedeuten mochte. Vor Schreck zog ich meine Bettdecke bis zum Kinn hoch. An meinem Bett ging er vorüber, wahrscheinlich war ich ihm doch zu jung und zu ängstlich erschienen. Unverrichteter Dinge stieg er, angetrunken wie er war, wieder aus dem Fenster. Dieses wurde schnell geschlossen. Die jungen Frauen kicherten noch etwas und dann schliefen wir alle erleichtert und erschöpf von der Tagesarbeit ein. Damals war das „Fensterln" durchaus üblich. Ein Mädchen aus unserem Dorf erzählte mir, dass ihr späterer Ehemann früher oft durchs Fenster zu ihr gekommen war. Als dies dann eines Tages ihr Vater bemerkte, wurde es öffentlich und die Heirat wurde vorbereitet. Nach zwei Wochen war dieses Ereignis vorbei. Ich war um viele Erfahrungen reicher und hatte so viel Geld verdient, dass ich mir mein erstes Fahrrad und einen Fotoapparat kaufen konnte.

Mein Bruder und ich etwa mit 5 ½ Jahren

Am Haundorfer Weiher ca. 1953,
li. meine Eltern, ich: 3. v. li., unten mein Bruder

Mein Schulbild mit etwa 12 Jahren

Kapitel 2

Jugendzeit voller Herausforderungen

Katholisches Internat

Als ich 14 Jahre alt war, ging meine Schulzeit zu Ende und weder ich noch meine Eltern wussten, wie es weitergeht. In dem Dorf hätte ich nur als Magd arbeiten können, eine halbe Bauernmagd war ich sowieso schon. Tante Hilda, einer Frau aus einer Nachbarsortschaft, habe ich meinen zukünftigen Weg zu verdanken. Sie war die Witwe eines Taubstummenlehrers ebenfalls aus der Heimat. Sie war alleine und bemühte sich etwas katholisch missionarisch um die Erziehung von mir und meinem Bruder. Sie überredete meine Eltern, uns Kinder in den katholischen Religionsunterricht zu schicken, obwohl das Dorf rein evangelisch war. So erlebte ich eine kleine – es gab noch einige Flüchtlingsfamilien, die katholisch waren – Diasporagemeinde. Der Priester kam ab und zu zum Religionsunterricht. Ich erinnere mich noch, dass wir aus dem Katechismus auswendig lernen mussten: „Warum bin ich auf Erden?" „Ich bin auf Erden, um Gott zu lieben, ihm zu dienen, um einst ewig bei ihm zu leben." Mit meinem Kinderglauben habe ich auch diese Aussagen überwunden. Geblieben ist mir bis heute die Suche nach der Erkenntnis: „Wer bin ich und was ist der Sinn des Lebens?" Die Antworten liegen in der eigenen Erfahrung und führen zur Gewissheit, was dann den Glauben übersteigt. In einem alten Schulraum durfte der Priester dann mit uns am Sonntag eine Messe abhalten. Wir sangen aus der Schubertmesse: „Wohin soll ich mich wenden, wenn Gram und Schmerz mich drücket?" Das passte für die damalige Situation. Heute habe ich diese Messe auf CD, wenn ich sie anhöre, fühle ich mich wieder aufs Neue ergriffen. Die evangelische Kirche Sankt Wolfgang in Haundorf ist sehr schön, ihre Geschichte und die Glocken waren sogar einmal im Radio zu hören. Dort habe ich auch ein Stück religiöser Heimat erlebt, denn wir

Schulkinder waren bei allen Ereignissen wie Hochzeiten und Beerdigungen mit unserem Gesang dabei. Meine Eltern und mein Bruder sind in dem angrenzenden kleinen Friedhof beerdigt worden. Ich erinnere mich an schöne Krippenspiele zu Weihnachten, wo ich mit meiner Flöte spielten durfte. So bin ich in beiden Religionen aufgewachsen und konnte im späteren Leben „auf allen Hochzeiten tanzen". Heute habe ich sehr viel Achtung vor der buddhistischen Religion. Sie ist absolut friedfertig, hat keinen dogmatischen, personalen Gott und hat umfassendes Mitgefühl für alle Lebewesen.

Zurück zu meinem Berufsstart. Tante Hilda wurde unsere Kommunions- und Firmpatin und meldete mich in einer Haushaltungs- und Kinderpflegeschule in Nürnberg an. Das Jugendhaus Stapf ist eine große Einrichtung, die heute noch existiert. In ihr waren unter anderem eine Säuglingsstation, ein Kindergarten, ein Kinderhort und die zuvor genannten Ausbildungslehrgänge vorhanden, ebenso ein Internat, das von katholischen Ordensfrauen geleitet wurde. Dort erfuhr ich meine jugendliche Prägung. Morgens um 06:00 Uhr mussten wir Mädchen aufstehen, in die Hauskapelle zur Messe gehen und noch vor dem Frühstück unser „Ämtchen" verrichten: Wir mussten in der Küche helfen oder wurden zu anderen Hausarbeiten eingeteilt. Ich musste ein Vierteljahr lang jeden Morgen einen langen, dunklen Kellergang kehren und zweimal wöchentlich nass wischen. Das wurde peinlich kontrolliert. Die Ordensfrauen waren sehr streng. Wir durften zum Beispiel tagsüber nie in unsere Zimmer, sie waren immer verschlossen, und abends, nach dem gemeinsamen Nachtgebet, wurden sie erst aufgesperrt. Um 20:00 Uhr fielen wir erschöpft von Unterricht und Arbeit in die Betten. Eine Ordensfrau ging außen am Gang so lange auf und ab, bis wir eingeschlafen waren. So kamen wir auf keine dummen Gedanken.

Eingekleidet waren wir in blaue Dienstkleider, die ganz nett aussahen. Ich hatte zwei Kleider zum Wechsel und war froh darüber, denn ich hatte nur wenig zum Anziehen von zu Hause.

Sehr willkommen waren mir die täglichen Unterrichtsstunden. Wir hatten auch Lehrer aus der Stadt, die nicht nur Wissen vermittelten, sondern es ermöglichten, dass sich für mich ganz neue Welten eröffneten. So durften wir sonntags – nur in Zweierreihen – durch den Stadtteil Schweinau zur Kirche gehen, aber auch ins Nürnberger Opernhaus, wo ich Nabucco und die Zauberflöte als wahnsinnig beeindruckend erlebte. In die Stadt selbst durften wir nicht gehen. Mit einer Ausnahmegenehmigung meldete ich mich zu einer Spendenaktion. Ich sehe mich auf dem Nürnberger Hauptbahnhof mit einer Spendenbox in der Hand, die ich den vielen amerikanischen Soldaten, die es damals noch gab, hinhielt. Ich probierte meine ersten englischen Sätze aus. „Please a little Spende." Es war aufregend.

In dieser Ausbildungseinrichtung gab es verschiedene Angebote, von denen ich alles, was möglich war, annahm. Ich lernte weben, richtig kochen und nähen. Ich webte mir einen Rock und nähte mir ein Kleid, ganz modern auf Taille, eng und kurz; leider konnte ich es nicht häufig tragen, außer mal am Sonntag. Ich lernte Gitarre spielen und eine Mitschülerin konnte Klavier spielen und tanzen, so übten wir den Dreivierteltakt und ich lernte Walzer tanzen.

Im Rahmen der Ausbildung absolvierten wir verschiedene praktische Einsatzbereiche. Im Kindergarten fühlte ich mich nicht wohl, zwar las ich den Kindern gern Märchen vor, sobald jedoch die Ordensfrau den Raum verließ, sprangen alle Kinder auf und schrieen durcheinander. Ich hatte nicht die Autorität, die notwendig war, um mit ihnen zurechtzukommen. Damit war mir klar, Kindergärtnerin oder Erzieherin würde nicht meine Berufswahl sein.

Auf der Krankenstation war ich sehr ernsthaft bei den Aufgaben, dort wurden mir die ersten Grundlagen der Krankenpflege vermittelt. Eines Tages nahm mich die Ordensfrau zur Versorgung einer in dem Stadtviertel allein lebenden alten und kranken Frau mit. Wir wuschen die Kranke. In dem Moment, als ich sie im Arm hatte, legte sie den Kopf zurück und starb. Wir versorgten die Tote weiter, legten ihr ein Totenhemd an und bereiteten sie für den Sarg vor. Diese Erfahrung wirkte tief in mir. Ich glaube, damit war die Entscheidung für den Weg der Krankenpflege gelegt. Sie erschien mir als ein Beruf, der Wesentliches enthält und an Grenzen von Leben und Tod stößt.

Ich sehnte mich sehr nach Freiheit und Selbstbestimmung, denn jeder Tag war streng strukturiert, auch das Wochenende. Wir hatten weder persönliche Zeit noch einen persönlichen Ort, an den man sich einmal zurückziehen konnte, außer in der Kapelle zum Beten. Dies war für mich sehr hart, nachdem ich in meiner Kindheit viel allein und frei war und meistens tun konnte, was ich wollte. Ich hatte großes Heimweh. Einmal besuchte mich meine Mutter mit einer Nachbarin. Sie fuhren bei Tagesanbruch mit dem Fahrrad nach Nürnberg, das waren über 50 Kilometer. Ich bewunderte sie, wie sie den Weg fanden und in dieser großen Stadt den Leopoldweg, denn einen Stadtplan konnten sie in ihrem kleinen Dorf nicht erwerben. Ich freute mich unwahrscheinlich, auch über die bescheidenen Geschenke, Kuchen und Obst. Nachmittags machten sie sich wieder auf den Heimweg, denn Frau Rüger musste ja zum Melken zu Hause sein, auch wenn es Sonntag war.

In den großen Ferien und zu Weihnachten durften wir nach Hause. Die meisten Mädchen wurden von ihren Eltern abgeholt. Ich kannte den Nürnberger Bahnhof ja bereits und so fuhr ich am 24. Dezember mit dem Zug Richtung Gunzenhausen. In Pleinfeld war die Zugfahrt zu Ende. Ich stand verzweifelt am Bahnhof. Irgendwie hat mir dann doch jemand geholfen, in Haundorf im Gasthaus mit dem einzigen Telefon anzurufen. Ernst, der Sohn von Familie Rüger – diese hatte eines der ersten Autos im Dorf –, holte mich ab. Mittlerweile war der Heilige Abend schon angebrochen. Ich kam weinend in die Stube meiner Familie. In meinem Heimweh war mein Elternhaus groß und schön, jetzt sah ich, wie eng und klein die Stube war. Aber ich war zu Hause und glücklich.

Meine Arbeits- und Lernzeit im Jugendhaus Stapf ging mit einem Zeugnis der Hauswirtschaft und Kinderpflege zu Ende. Man bot mir eine Dienstbotenstelle bei einer Frau eines Bankdirektors an. Ich hätte nur die Hausarbeiten zu machen und auf ein Kind aufzupassen brauchen. Schnell war mir klar, dass darin für mich keine Zukunftsperspektive lag. So lehnte ich ab.

Die Grünen

Mein Berufswunsch war Krankenschwester. Eine Alternative hatte ich sowieso nicht, wollte ich keine Dienstmagd werden. Damals konnte man die Ausbildung erst mit 18 Jahren beginnen, also bewarb ich mich in einer Vorschule eines Krankenhauses. Diese wurde als ein Modell namens „Die Grünen" geführt. Wir Mädchen wurden in eine grüne Haube und in grüne Kleider gesteckt, die damaligen Schwesternkleider waren aber in der Regel blau. Ich bekam einen Lehrvertrag als Krankenhaushelferin und verdiente bereits etwas Geld. Wir hatten wenige theoretische Stunden wie Hauswirtschaft und einfache Grundlagen zur Krankenpflege. Hauptsächlich mussten wir auf den Stationen arbeiten. Wahrscheinlich waren wir billige Hilfskräfte, denn damals mangelte es auch schon an Schwestern.

Mein erster Einsatz war auf einer Infektionsstation mit vielen Tuberkulosekranken. Ich musste zwei- oder dreimal wöchentlich offene Emailbecher mit Urin auf einem Leiterwägelchen über den Hof zum Haupthaus ins Labor transportieren. Der Weg war holprig und der Urin schwappte über den Rand der Becher und über den Wagen. Mein Einsatz auf so einer Station mit solchen Aufgaben ist heute unvorstellbar. Ich erinnere mich noch, dass ich mich oft ekelte. Ansonsten durften wir „grünen Mädchen" auch bessere Arbeiten machen, zum Beispiel die vielen Blumen auf der Station richten oder Ähnliches.

Eines Tages nahm mich die Leiterin zur Seite und fragte mich, ob ich dazu bereit wäre, eine kranke Frau privat zu besuchen. Ich sollte ihr nur Gesellschaft leisten, denn eine Pflegerin hätte sie. Ich würde auch etwas Geld bekommen. Ich willigte ein und besuchte die Frau in ihrer Wohnung. Sie war eine nette, schmächtige Frau, die sieben Schlaganfälle hinter sich hatte. Mit viel Energie ist sie immer wieder auf die Beine gekommen und konnte sich in der Wohnung gut bewegen. Ich saß an manchen Abenden bei ihr, wir tranken Tee und plauderten. Ich merkte in den Gesprächen, dass sie wusste, dass an diesen Abenden ihr Ehemann bei seiner Geliebten war. Frau M. war eine tapfere Frau.

Einige Monate waren vergangen, als die Leiterin mich wiederum zu sich rief und – ich sollte das unbedingt geheim halten – mich fragte, ob ich mit ihr in eine andere Stadt käme. Sie würden dort eine ähnliche Pflegevorschule eröffnen und sie hätte mich gerne dabei. Ich überdachte, was das wohl bedeutete, so weit in eine andere Stadt zu ziehen. Da ich offen und neugierig war, sagte ich ja. Sie hatte schon alles vorbereitet und ich konnte gleich kündigen.

Als dieses neue Haus – es hatte wieder Internatscharakter – eröffnet wurde, fanden sich weitere sechs Mitschülerinnen aus unserem vorhergehenden Krankenhaus ein, die alle auf die gleiche Weise abgeworben worden waren. In dem Haus wohnten die Leiterin, eine Frau, die ihr bei Büroarbeiten half, und ein Mann, dessen Funktion uns nicht ersichtlich war. Wir sieben Mädchen aus Bayern und einige Mädchen aus dem Umland wurden in der neuen Modelleinrichtung präsentiert. Sauber, adrett in Grün und fleißig wie wir waren, konnten wir auf den Stationen des neuen Krankenhauses gute Arbeit leisten und waren gern gesehen. Arbeit und Unterricht gingen so weiter, wie wir es kannten. Reporter von Radio und Fernsehen besuchten uns. Als mich ein Reporter fragte, wie ich denn aus Bayern hierher gekommen sei, so antwortete ich „mit der Bahn". Für ein Fernsehinterview wurde ich auch ausgesucht und so sahen mich überraschenderweise meine Verwandten in Wiesbaden im Fernsehen. Einmal hörte ich, wie die Leiterin zu einem Besucher sagte: „Das ist meine beste Schülerin." Später sollte sich das bitter rächen.

Einmal kam Luise, eine Mitschülerin, vom Bettenmachen aus dem ersten Stock und erzählte uns, sie habe eben die Unterhose der Leiterin im Bett des Mannes, dessen Funktion in der Schule uns unbekannt war, gefunden. Wir steckten die Köpfe zusammen und kicherten. Einige Zeit später war Luise beim Frühstück nicht mehr anwesend. Die Leiterin erklärte uns, sie sei ein verdorbenes Mädchen, sie bekäme ein Kind, und so hätte sie ihr sofort gekündigt. Wir hatten davon alle nichts mitbekommen.

Etwa alle drei Monate durften wir nach Hause fahren. Ich freute mich jedes Mal. Als ich einmal zu Hause war, hat mich ein junges Ehepaar aus unserem Dorf in ein Nachbardorf zu einer Tanzveranstaltung mitgenommen. Ich lernte Georg kennen, er war Chemiestudent. Wir verliebten uns ineinander. Jedes Mal, wenn ich nach Hause kam, holte er mich mit seinem Motorrad ab. Wir fuhren erst zu seinen Eltern und dann brachte er mich nach Hause. Wir sahen uns nicht oft, aber er schrieb mir einige harmlose Liebesbriefe. Ich war glücklich, ich merkte, dass es Georg ernst war, er schenkte mir sogar einen sehr schönen Ring mit einem grünen Turmalin, der von seiner Mutter war. Wir verbrachten eine Zeit unbeschwerter Jugendfreundschaft.

Jeden Morgen wurden wir mit dem Bus vom Hausmeister zum Arbeiten ins Krankenhaus gefahren, Unterrichtstage gab es nur wenige in unserem Internatshaus. An freien Tagen konnten wir lernen, lesen oder spazieren gehen, abends durften wir nicht alleine in das Städtchen gehen. Es war alles so gut geregelt und es hätte so weitergehen können. Aber eines Tages nach dem Frühstück rief mich die Leiterin in ihr Büro. Sie teilte mir mit, ich hätte sofort in mein Zimmer zu gehen und dieses nicht mehr zu verlassen. Mit den anderen Mädchen zu sprechen verbot sie mir. Am nächsten Tag sollte mein Vater kommen und mich abholen. Ich war benommen, wie auf den Kopf geschlagen, ich wusste nicht warum. Sie meinte noch: „Du kannst dir das denken, du hast einen Freund." Von wem wusste sie das? Ich konnte es mir nicht erklären und saß wie erstarrt in meinem Zimmer.

Zwei Tage später wurde mein Vater vom Hausmeister am Bahnhof abgeholt und direkt zu ihr ins Büro gebracht. Dann wurde ich ins Büro gerufen. Hiermit war ich entlassen, mein Vater sagte kein Wort, ich wusste auch nichts zu sagen, so gingen wir schweigend und wurden zum Bahnhof gefahren. Auch auf der langen Bahnfahrt hatte mein Vater keine Frage an mich. Ich war ebenso sprachlos. An das, was meine Mutter zu Hause sagte, kann ich mich nicht erinnern, wahrscheinlich auch nicht viel. Sie war eher pragmatisch und hat sicher gedacht, es ist jetzt besser, dass sie wieder in der Nähe ist und nicht mehr so weit weg. Das war unbewusst wichtig, denn bald wurde sie sehr schwer krank und es war gut, dass ich wieder da war.

Die Gedanken an dieses Ereignis sind mir noch gut in Erinnerung. Ich selbst war mir keiner Schuld bewusst, ich war noch Jungfrau, ich habe das Leben angenommen, wie es sich ergab. Ich hatte mich verliebt, das ist das Natürlichste auf der Welt. Es war schön, der junge Mann war sympathisch, es passte alles. Was mich aber mit einer großen Traurigkeit erfüllte, war die Schwäche und Hilflosigkeit meines Vaters. Er tat mir leid. Wie mag es in ihm ausgesehen haben? Er sollte eine verfehlte Tochter haben, aber das stimmte ja nicht. In seinem Erleben musste es aber so gewesen sein. Allmählich erfasste ich auch die bodenlose Unverschämtheit dieser Leiterin. Sie belastete meinen Vater, einen einfachen Arbeiter. Sie hatte in seiner Firma anrufen und mitteilen lassen, er solle seine gescheiterte Tochter abholen. Er musste sich Urlaub nehmen und die lange und nicht billige Fahrt auf sich nehmen. Das war nicht notwendig, ich war ja sonst auch alleine nach Hause gefahren. Aus welchem Schuldgefühl heraus hatte diese Leiterin gehandelt? Inzwischen wusste ich, dass der Mann, mit dem sie in unserem Haus wohnte, der Ehemann von Frau M. war. Sie hatten die tapfere Frau M., die ich öfters besucht hatte, ins Altersheim abgeschoben, dort starb sie nach kurzer Zeit. Warum hatte sie Luise aus unserem Internat geworfen? Vielleicht weil sie was wusste, was wir alle wussten.

Ich saß also zu Hause und nach zwei Tagen kam Georg mit seinem Motorrad angebraust. „Was ist passiert? Du fährst sofort wieder zurück und machst deinen Schulabschluss fertig." Ich sagte: „Nein, dahin gehe ich nicht mehr zurück. Ich werde in dem vorhergehenden Krankenhaus anfragen, ob sie mich wieder nehmen und ob ich dort meine Krankenpflegeausbildung beginnen kann." So kam es, dass ich wenige Tage später vor der Tür des Personalbüros stand. Die Chefin kannte ich noch. Wie klopfte mein Herz. „Was soll ich sagen, wenn sie mich fragt, warum ich wiederkomme?" Wie peinlich das war. Als ich eintrat, sprang sie auf und rief: „Wie gut, dass du wieder da bist. Wir haben doch gleich gewusst, dass das da oben nicht gut gehen wird." Erleichtert erhielt ich meine Papiere und bald befand ich mich wieder in dem Lehrverhältnis zur Krankenhaushelferin. Meine Prüfung machte ich mit einem halben Jahr Verspätung, dafür hatte ich im Zeugnis nur Einser.

Mein Rauswurf aus der Internatsschule war noch lange eine Belastung, vor allem wegen dieser Ungerechtigkeit und Demütigung. Eine große Genugtuung erfuhr ich durch meinen vermeintlich zukünftigen Schwiegervater. Er war Inspektor und gewohnt, dass man ihn achtet. So verfasste er eine Dienstaufsichtsbeschwerde über diese Leiterin, die er an den dortigen Landrat schickte. Daraufhin wurde diese Frau mehrmals vorgeladen, ihr wurde nahe gelegt, dass sie heiraten sollte. Zu dieser Zeit erfuhr ich auch, dass diese Internatsleiterin die Briefe von uns Mädchen stets geöffnet hatte. Das Geschehen konnte zwar nicht mehr rückgängig gemacht werden, jedoch hat sie vielleicht über ihr unverantwortliches Handeln Rechenschaft ablegen müssen. Für mich dauerte es noch lange, bis alles verarbeitet war. Meine Tante Hilda, die mit einer Ärztin aus diesem Krankenhaus in schriftlichem Kontakt war, erzählte mir, dass diese ihr geschrieben hatte, dass ich entlassen worden sei, weil ich einen unmoralischen Lebenswandel gehabt und ein Kind erwartet hätte. Unglaublich, ich war zu dieser Zeit wirklich noch Jungfrau. Meine Tante Hilda wusste das und trotzdem hat sie meiner Mutter damals geschrieben. „Ihr Mädl hat doch einen Verehrer, liebe Frau …? Können Sie sie nicht beeinflussen, dass sie das aufgibt? Oder möchten Sie schon Großmutter werden?" Als ich diesen Brief viele Jahre später gelesen habe, spürte ich den Druck, den sie auf meine Mutter ausgeübt hatte. Und wie hinterhältig das mir gegenüber war. Meinen Verehrer hat sie ja gekannt und sie hat sich prächtig mit ihm unterhalten und er sich mit ihr. In einem anderen Brief schreibt sie: „… wo sich Ihre Tochter doch so daneben benommen hat …" Sie hatte immer mein Vertrauen genossen. Auch konnte ich, nachdem ich diese Briefe gelesen hatte, verstehen, warum meine Mutter einmal unvermittelt gesagt hatte: „Dein Kind werde ich dir nicht großziehen." Ich antwortete: „Das brauchst du auch gar nicht." Mehr konnten wir nicht reden. Warum war auch meine Mutter so sprachlos? Sie hätte doch mit mir darüber reden können. Stattdessen hatte sie diese Briefe ihrer älteren Schwester geschickt. Erst als Tante Lydi verstorben war, kamen sie in meine Hände.

Krankenpflegeausbildung

1963 begann ich meine Ausbildung zur Krankenschwester. Damals belief diese sich auf zwei Jahre, dann legte man das staatliche Examen ab. Das dritte Jahr war nur noch ein praktisches Jahr, nach dem man dann das Zeugnis bekam. Ich absolvierte die letzte zweijährige Ausbildung, das Krankenpflegegesetz wurde geändert und seitdem ist die Ausbildung – heute zur Gesundheits- und Kranken-

pflegerin – dreijährig. Heute kann man auch Bachelor-
und Masterabschlüsse machen. Damals war vieles noch sehr
einfach. Wir hatten am Mittwoch und am Freitag nachmittags, nachdem wir ab 06:00 Uhr morgens gearbeitet
hatten, Unterricht. Der Unterricht wurde überwiegend
von Ärzten abgehalten. Ich erinnere mich noch gut. Der
chirurgische Oberarzt erklärte uns die Billroth-Operation
mit ihren verschiedenen Nähten; ich dachte mir: „Sollen
wir denn einmal operieren?" Vielleicht wurde ich deshalb
Operationsschwester. Der internistische Oberarzt lehrte uns
die Geschlechtskrankheiten, wie man den Tripper erkennt,
ausführlich mit den Symptomen einer Knieschwellung. Als
er drei Wochen später wieder zum Unterricht kam, hatte
er ein geschwollenes Knie, er war beim Skifahren gestürzt.
Leise flüsterte ich meiner Banknachbarin zu „Tripperknie".
Das muss er gehört haben, er ermahnte mich und ich hatte
Bedenken, dass sich dies vielleicht nachteilig auf meine Note
auswirken würde. Aber nein, im Gegenteil, in einigen Nachtdiensten besuchte er mich auf der Station und wir unter-
hielten uns ganz angeregt.

Eine praktische Anleitung wie heute gab es damals nicht,
wir arbeiteten mit und es war somit „learning by doing."
Wir Schülerinnen saßen oft stundenlang beim Wickeln
von Binden oder Schneiden von Zellstoff. Die Patienten
lagen oft wochenlang auf der Station. Patienten nach Herz-
infarkt durften nicht aufstehen, sie wurden in den ersten
drei Wochen im Bett gewaschen. Die meisten Stationen
hatten zwei Säle mit je zwölf beziehungsweise acht Betten,
zum Teil offen oder mit Trennwänden. Mittags gingen wir
durch die Säle, schüttelten die Kopfkissen, setzten die bett-
lägerigen Kranken auf den Schieber und rieben einige mit
Franzbranntwein ab. Mir ging es in dieser Zeit sehr gut,
ich lernte und arbeitete gerne, obwohl mir die Schwere
und Verantwortung dieses Berufs bewusst war. Eine Mit-

schülerin spritzte einer Patientin Insulin, das der im Nach-
barbett liegenden Diabetikerin verordnet worden war. Die
Patientin verstarb. Diese Mitschülerin musste die Ausbildung
natürlich verlassen. An eine Frau erinnere ich mich, sie lag
wochenlang mit einer Verbrennung auf der Station. Außer
einer täglichen Infusion bekam sie keine weitere Behandlung.
Sie verstarb. Heute hätte man andere Möglichkeiten.

Meine erste Liebe

In meinen freien Wochenenden traf ich mich weiterhin mit
Georg, wir hatten eine schöne Zeit, unsere Freundschaft
war inzwischen vertieft. Wenn ich zu seinen Eltern kam,
wurde ich mit gutem Essen verwöhnt und hatte das Gefühl eine willkommene Schwiegertochter zu sein. Das tat
mir gut nach den vielen Abwertungen, die ich bis dahin
erlebt hatte. Wir konnten gut mit den Eltern reden und es
war klar, falls ich schwanger werden würde, könnten wir
sofort heiraten.

Ich erlebte meinen Traumurlaub. Wir fuhren mit dem
Motorrad über den Großglockner. Bergauf regnete es in
Strömen, wir waren nass bis auf die Haut, auf der Südsei-
te der Alpen schien plötzlich die Sonne und wir trockne-
ten wieder. Auf der Strada del Sole durfte ich das Motorrad, es war eine 250er BMW, selbst fahren, mit wehenden
Haaren, wie war das Leben schön. Auf Korsika zelteten
wir, ich schmeckte erstmals das salzige Meer und konnte mit Schnorchel tauchen, eine wunderbare Unterwasser-
welt mit Pflanzen, Fischen und Muscheln zeigte sich. Ich
war fasziniert. Eines Tages ging das Motorrad kaputt. Es
wurde zu einem Scheinpreis verkauft und wir packten un-

sere „Siebensachen" in die Taschen und machten uns auf den Heimweg. Ich sehe mich noch in Marseille mit einer Schachtel Kamelia am Bahnhof stehen. Georg konnte gut Französisch und so kamen wir per Bahn wieder zu Hause an. Die Mutter sagte: „Gott sei Dank ist das Motorrad weg und ihr seid wieder gesund da."

Meine römisch-katholische Erziehung war sehr präsent und so ging ich zur Ohrenbeichte: „Ich habe gesündigt gegen das sechste Gebot, das Gebot der Keuschheit." Der Pfarrer gab mir zur Buße einige Vaterunser auf mit der Ermahnung, das nicht wieder zu tun. Zu Hause wurde mir dieser Konflikt mit diesem Widerspruch erst bewusst. Es ist das Natürlichste auf der Welt, wenn Frau und Mann zusammenkommen und Kinder haben werden. Das ist die Überlebensgrundlage, was sollte da Sünde sein? Da mir damals schon Klarheit wichtig war und ich nicht in einem Widerspruch mit mir selbst leben wollte, ging ich nochmals zu einem Beichtgespräch. Der Pfarrer, es war ein anderer, antwortete mir wieder: „Versuchen Sie es trotzdem." Ich sagte, dass ich das nicht versuchen werde, denn es macht für mich keinen Sinn. Darauf hatte er keine Antwort und so war es das letzte Mal, dass ich zur Beichte gegangen war.

Diese schöne Phase meines Lebens war schnell vorbei. Als ich an einem freien Wochenende an Georgs Tür klingelte, sagte seine Mutter, dass er dieses Wochenende nicht da sei. Ich war etwas verwirrt, denn das war noch nie vorgekommen und er hatte mir das auch nicht geschrieben. So lief ich zu Fuß die acht Kilometer bis zu mir nach Hause. Am nächsten freien Wochenende sagte mir die Mutter das Gleiche und dass sie von Georg ausrichten solle, dass ich nicht mehr zu kommen brauche. Ich war vor den Kopf gestoßen und stand benommen unter der Haustüre. Ich tat den Eltern offensichtlich leid und so baten sie mich ins Haus. Ich sehe mich noch am Sofa sitzen und höre, wie der Vater sagte: „Der Georg hat eine andere, die ist bereits schwanger. Es ist so eine amerikanische, lange Hopfengeige." Durch diese Aussage spürte ich, dass es den Eltern auch nicht recht war, wie sich ihr Sohn verhielt. So war es und das Leben ging weiter.

Nach diesem zweiten Schlag in meinem Leben war ich sehr viel alleine, ich ging in den Wäldern um Haundorf oft stundenlang spazieren und erinnere mich noch, dass ich mich auf den Waldboden legte und bitterlich weinte. Bis zum nächsten Schlag dauerte es nicht lange.

Meine Mutter

Ich war noch im ersten Ausbildungsjahr; da kam eines Tages ein Anruf auf die Station, ich solle mit zu Hause Kontakt aufnehmen. So rief ich bei den Nachbarn an und erfuhr, dass meine Mutter im Krankenhaus liegt. Sie hatte plötzlich geblutet und war vom Frauenarzt sofort ins Kreiskrankenhaus eingewiesen worden. Dort hatte man sie am nächsten Tag in die Universitätsklinik nach Erlangen verlegt. Als ich sie besuchte, war sie bereits operiert worden. Sie lag so blass in ihrem Bett, als wäre alles Blut aus ihr entwichen. Ich setzte mich neben das Bett und nahm ihre Hände, sie konnte nicht sprechen. Mich überkam ein grenzenloses Mitleid. Meine Mutter war 45 Jahre alt. Was hatte sie bisher von ihrem Leben gehabt: Krieg, Aussiedelung, viele Jahre Sorge, wie sie die Kinder ernähren kann, eine freudlose Zeit in diesem alten Haus und diesem kleinen Bauerndorf. Trotz des vielen Leides war sie immer noch eine schöne Frau mit feinen Gesichtszügen, schlank und zerbrechlich, wie sie jetzt war. Im anschließenden Gespräch mit dem Stationsarzt war dieser

sehr offen zu mir, da er wusste, dass ich angehende Krankenschwester bin. Er sagte, sie hätten eine Totaloperation machen
müssen, da der Gebärmutterkrebs schon so fortgeschritten
sei. Anschließend waren Bestrahlungen geplant. Er konnte
mir nicht viel Hoffnung machen. Alleine und in tiefer Trauer
verließ ich die Klinik. Mit wem hätte ich darüber reden
können. Allmählich wandelte sich das grenzenlose Mitleid
in ein Mitgefühl, in dem ich wieder klar denken konnte
und wusste, was ich zu tun hatte.

In den nächsten Wochen besuchte ich meine Mutter so
oft, wie es von meinem Dienst her möglich war. Mir war
klar, dass ich beweglicher sein musste, wenn sie wieder zu
Hause war, zumal es nach Haundorf immer noch keine
öffentlichen Verkehrsmittel gab. So legte ich schnell meine
Führerscheinprüfung ab; ich glaube, ich hatte bereits die
ersten Fahrstunden absolviert. Kurze Zeit später habe ich
mir von meinem Ausbildungsgehalt ein Auto gekauft. Es
war ein grüner VW-Käfer mit Schiebedach. Unten rechts
neben der Kupplung war ein Hebel, den man mit dem Fuß
umlegen musste, dann schaltete sich das Reservebenzin zu.
Einmal habe ich das nicht schnell genug geschafft und so
blieb ich in der Mitte der Straße stehen. Ich war beweglich,
das war ein neues Lebensgefühl.

Als meine Mutter wieder zu Hause war, konnte sie
sich einigermaßen selbst versorgen. Mein Vater war von
Montag bis Freitag in der Arbeit, mit einem Firmenbus
wurde er jeden Tag abgeholt und wieder zurückgebracht.
Mein Bruder, damals 14 Jahre alt, besuchte in Ansbach die
Fachschule für Maschinenbau, er konnte in dem dortigen
Wohnheim wohnen. Übers Wochenende kam er meistens
nach Hause. Ich konnte mit meinem Auto nun jedes freie
Wochenende und manchmal auch noch abends kommen.
Alle nötigen Besorgungen erledigte ich. Meiner Mutter
ging es zunehmend schlechter, ab und zu musste ich sie ins

Krankenhaus fahren, die Bestrahlungen haben ihr sehr zugesetzt. Früher konnte man noch nicht so gezielt bestrahlen und hat oftmals Verbrennungen ausgelöst. Als sie wieder einmal in der Klinik in Erlangen liegen musste, gab sie mir einen Brief für meine Nachbarin mit. Ich durfte ihn lesen. Sie beschrieb ihre Schmerzen und ihren Kummer. Ein Satz berührte mich stark. „Wenn ich könnte, würde ich zu Fuß nach Hause gehen." Wieder überkam mich dieses grenzenlose Mitgefühl. Ich konnte sie etwas später mit nach Hause nehmen und ihr Zustand verschlechterte sich weiter. Einmal, als ich nach Hause kam, war sie vom Hausarzt ins Kreiskrankenhaus eingewiesen worden. Sie lag in einem Gipsbett, da sie inzwischen die Wirbelsäule voller Metastasen hatte. Ich sah die Verzweiflung in ihren Augen. „Bring mich nach Hause oder ich rufe mir ein Taxi." Ich wollte ihr entgegnen, dass das doch nicht ginge. „Zu Hause ist niemand, der dich mit diesen Schmerzen versorgen kann." Ich sprach mit dem Stationsarzt, der antwortete kühl: „Auf Ihre Verantwortung." Die nahm ich auf mich. Ich war später sogar dankbar, dass meine Mutter diesen Wunsch mit letzter Energie so stark ausgedrückt hatte. Am nächsten Tag wurde sie von den Sanitätern nach Hause gefahren. Ich mobilisierte mit aller Kraft eine „Rundumversorgung". In meiner Not rief ich die Oberin in meinem Krankenhaus an und schilderte ihr die Situation. Ich sagte ihr, dass ich kündigen und mein letztes Ausbildungsjahr – es war nur noch ein Praktikum zu Ende zu bringen – in dem Kreiskrankenhaus hier in der Nähe machen wollte. Somit hätte ich jeden Tag zur Versorgung meiner Mutter nach Hause fahren können. Sie meinte, das solle ich nicht tun. Stattdessen bot sie mir an, dass ich, solange es notwendig war, immer drei Wochen Nachtdienst machen konnte und dann zwei Wochen Zeit für die Pflege meiner Mutter hatte. Dafür war ich ihr sehr dankbar. Drei Wochen musste mein Vater Urlaub nehmen, dann war ich wieder zwei Wochen da, die nächsten Wochen mussten jeweils die Schwestern meiner Mutter für drei Wochen kommen. Diese Planung konnten wir ein halbes Jahr durchhalten. Der nahende Tod war abzusehen. Mein Nachtdienst stand wieder bevor. Unser Hausarzt, dafür dankte ich ihm erleichtert, schrieb mir eine Krankmeldung und ich konnte bleiben.

Diese Monate waren von Leid und Trauer geprägt. Meine Mutter war jetzt 47 Jahre alt und ihr Herz noch kräftig, sie musste unsägliche Schmerzen ertragen. Unser Hausarzt vertraute mir Opiate an und so konnte ich ihr bei Bedarf etwas spritzen. Einmal sagte sie: „Warte noch mit der Spritze, ich bin dann nur noch benommen und nicht mehr hier." Oft saß ich an ihrem Bett und las ihr aus einem kleinen Gedichtband von Goethe etwas vor. „Über allen Gipfeln ist Ruh, warte, bald ruhest auch du." Sie trug ihr Leid sehr ergeben, auch sehr bewusst. Einmal sagte sie: „Wenn ich gestorben bin, dann ziehe mir das schwarze Kleid aus dem Schrank an und pflanze mir einen Rosenstock auf mein Grab." Das tat ich auch. Sie machte sich keine Sorgen um unseren Vater oder um mich, nur mein Bruder war immer ihr Sorgenkind, es fiel ihr schwer, ihn zurückzulassen.

In dieser Zeit übernahm ich die ganze Verantwortung. Mein Vater kam abends müde von der Arbeit. Er konnte das Leid nicht ertragen. Er ging am Wochenende oft in das Dorfgasthaus, jedoch nicht zum Trinken. Er trank selten ein Bier, aber er rauchte sehr stark. Im Gasthaus hatte er einen Schachverein gegründet. Er sprach besonders die Jugend an und freute sich, wenn viele Jugendliche zum Schachspielen kamen. Er lehrte auch mich das Schachspiel. Einmal habe ich auch bei einem Turnier außerhalb in der Damenmannschaft den ersten Preis gewonnen. Das Ganze entwickelte sich, weil mein Vater von Tante Hilda Schachfiguren bekam, aber eine Figur fehlte. Da er gut und gern mit Holz arbeitete, fertigte er diese Figur; dann fertigte er als Intarsienarbeit ein Schachbrett mit einem Tisch an. So hatte er ein Hobby und konnte sich viele Jahre darin vertiefen. Mein Bruder besuchte zu dieser Zeit die Schule in Ansbach, er war noch jung und mit der schweren Erkrankung unserer Mama überfordert. Er kam auch nicht jedes Wochenende nach Hause. So blieb alle Verantwortung bei mir.

Ab und zu kamen Bauersfrauen und brachten uns Essen, wenn sie geschlachtet hatten. Das war sehr willkommen. Auch wurde meine Mutter von verschiedenen Geistlichen besucht. Da sie altkatholisch war, kam der altkatholische Pfarrer aus Nürnberg. Der katholische Geistliche kam auch, ich denke, eher aus einem Pflichtgefühl heraus, da wir Kinder ja katholisch waren. Oft kam der evangelische Pfarrer aus unserem Dorf. Er war uns allen sehr zugetan. Ich bewunderte seine guten Predigten in der kleinen Dorfkirche. Einmal sagte er von der Kanzel aus: „Die ärmste Frau des Dorfes hat die größte Spende gegeben." Alle wussten, dass das meine Mutter war. Ich erinnere mich noch, es waren 20 DM. Unser Hausarzt gehörte einer Freireligion an. Er unterhielt sich ebenfalls mit meiner Mutter und meinte einmal, er hätte selten ein so tiefgehendes religiöses Gespräch mit einer Patientin geführt.

Einmal kam ein Jugendfreund aus der alten Heimat zu Besuch, er war Zeuge Jehovas. Meine Mutter aß gerade einen Presssack, es ging ihr da noch besser. Da sagte der Peppi: „Aber Emmi, du wirst doch keine Blutwurst essen." Meine Mutter packte den Presssack weg und sagte zu mir später: „Dann hab ich halt später weiter gegessen." Sie war eine sehr pragmatische Frau. Viele Heimatvertriebene jammerten, dass in der Heimat alles besser gewesen war und wie viel sie verloren hätten. Meine Mutter sagte einmal: „Wie gut, dass du hier aufwächst, zu Hause wärst du schon oft in die Tess gefallen und ertrunken." Wahrscheinlich war ich als Kind etwas wild. Die Tess war ein Fluss, der unmittelbar hinter unserem Haus verlief. Im Frühjahr hatte er viel Hochwasser vom Altvatergebirge. Auch erzählte sie mir, dass sie sich am Tessufer oft versteckt hat, als die Russen als Besatzer in die deutschen Häuser drangen. Viele Frauen wurden zu dieser Zeit vergewaltigt. Meine Mutter ist dann schnell durch die hintere Haustüre verschwunden. Einmal kam ein Russe und verfolgte sie. Es war schon dunkel und mein Vater schrie auf Russisch: „Halt, da ist Wasser." Und er kehrte um.

Zu Ende des Krieges und nach der Kapitulation waren die Überfälle vor allem auf die deutschen Frauen sehr schlimm. Meine Mutter erzählte mir einiges von ihren Freundinnen.

Mein Vater, der ja seit 1943 nach seiner Verletzung mit im Haus wohnte, baute auf dem Dachboden ein Versteck. Das Haus hatte eine Gaube, in der Platz vorhanden war. Innen vernagelte er das Versteck mit Brettern, sodass man es von außen nicht sehen konnte. So konnten die Frauen, wenn es an der Haustüre polterte – die Deutschen durften ihre Türen nicht verschließen –, schnell auf den Dachboden fliehen. Im Haus waren noch die Schwester meiner Mutter und zeitweise die Mutter meines Vaters. Die Mutter meiner Mutter war bereits verstorben. Einmal erzählte meine Mutter, dass ein Russe sie gerade noch gesehen habe, als sie verschwand. Er suchte wütend den ganzen Dachboden ab, und als er sie nicht fand, zertrümmerte er den halben Dachboden und einige Möbelstücke im Haus. Viel Eigentum wurde damals zerstört oder gestohlen. Ihren Ehering hatte meine Mutter zu dieser Zeit an einem Johannisbeerstrauch im Garten versteckt.

Die letzten Tage meiner Mutter waren gekommen. Sie bereitete sich geduldig und ergeben auf ihr Sterben vor. Als mein Bruder am Sonntagabend wieder nach Ansbach fahren musste, sagte sie ihm: „Wenn du wiederkommst, bin ich nicht mehr." Das stimmte auch, am Freitag, als er kam, war sie bereits bewusstlos. Ich schlief die letzten Nächte bei ihr im Zimmer, sehr oft musste ich nachts aufstehen, da sie vor Schmerzen nicht mehr liegen konnte. Ich konnte sie auch nicht mehr bewegen, so musste ich ihr ständig abwechselnd ein kleines Kissen oder ein Handtuch unter den Rücken oder das Becken schieben. Sie in eine Seitenlage zu bringen, wie man das als Krankenschwester lernt, war nicht möglich. So wusste ich um die Druckstellen, die entstehen würden. In der letzten Nacht schlief ich ganz durch, am Sonntagmorgen um 09:00 Uhr wachte ich auf. Im ersten Moment konnte ich es nicht glauben, dass ich durchgeschlafen hatte. Dann sah ich, dass meine Mutter entspannt im Bett nebenan lag und gestorben war. Und ich hatte geschlafen. Ich blieb eine Weile neben ihr sitzen, ob ich betete, weiß ich nicht mehr.

Ich ging ins Zimmer nebenan, weckte meinen Bruder und sagte ihm: „Unsere Mama ist gestorben." Dann ging ich ins Gasthaus, mein Vater hatte ein Schachturnier. Ich meinte, er könne noch etwas bleiben, ich hole Frau Rüger. Sie kam mit, wir richteten meine Mutter her. Als ich den schrecklichen Dekubitus auf ihrem Rücken sah, konnte ich nur noch weinen. Wir zogen ihr das schwarze Kleid an, das sie gewollt hatte, und bereiteten sie für den Sarg vor. Dieser blieb dann zwei Tage im Zimmer stehen. Einige Frauen des Dorfes stiegen die schmale Treppe ins obere Zimmer, um sich zu verabschieden. Der evangelische Pfarrer unseres Dorfes beerdigte sie dann auf dem Friedhof. Viele Menschen waren gekommen.

Im Hier und Jetzt

Wenn ich heute, nach so vielen Jahren, an meine Jugendzeit denke, so bin ich verwundert, wie viele Herausforderungen damals auf mich zukamen und wie ich sie gemeistert habe. In diesen sieben Jahren, in denen junge Mädchen
heute überlegen, was sie anziehen und in welche Disko sie
gehen werden, habe ich Verantwortung für meine Mutter,
meinen Bruder und vor allem später auch für meinen Vater übernommen. Dieses große Leid meiner Mutter, wie
habe ich das tragen können? Ich glaube heute, es war einfach das Leben, wie es sich ergab, und das offen angenommen wurde. In dem Bewusstsein, es ist jetzt notwendig,
hatte ich die Kraft dazu.

Diese Intuition zur Offenheit habe ich immer gelebt,
und so erfahren, dass alles Erleben mehrere Perspektiven
oder einfach auch andere Seiten hat. So erinnere ich mich,
dass ich zu meinem 21. Geburtstag 21 rote Rosen von einem Verehrer auf die Station, auf der ich damals arbeitete, geschickt bekommen habe. Alle konnten sehen, wie
stolz ich war. Noch nie hatte ich zu einem Geburtstag so
ein Geschenk bekommen. Und dazu wurde mir noch ein
Flug zum Oktoberfest in München mit der Sportmaschine
des Verehrers geschenkt. Bald zeigte sich die andere Seite,
denn er war verheiratet, was ich erst später erfuhr. Trotzdem nahm ich auch das an und kurz darauf das Angebot
eines Wochenendes in Österreich. Es war nach allen Seiten aufregend, denn wir wären beinahe in den Alpen ab-
gestürzt. Es war ein Ausflug mit ihm und einem Freund,
der Berufspilot war, und mit dessen Freundin, sie war eine
Kollegin von mir. Wir genossen die Tage am Villacher See.
Auf der Uferpromenade traf ich ganz unerwartet die Leiterin des Internats, die mich einige Jahre zuvor von dort
hinausgeworfen hatte. Sie sprach mich an und fragte, ob

das der Mann von damals wäre. Ich war so verdutzt, dass ich nicht richtig reagieren konnte. Eigentlich hätte ich ihr meine Meinung über ihr unverschämtes Verhalten sagen wollen, aber ich brachte kein Wort heraus und dann war sie weitergegangen. Am Sonntagabend wollten wir wieder nach Hause fliegen, aber der Tower in Klagenfurt gab wegen des schlechten Wetters keine Genehmigung zum Überflug der Alpen. Wir alle vier mussten am Montag wieder bei der Arbeit sein. So entschieden sich die beiden Piloten dazu, trotzdem zu starten. Als wir mitten über den Alpen waren, wurde das Wetter schlecht, die Propeller vereisten. Wir waren ohne Sicht im Sinkflug, der Motor setzte aus, jederzeit hätten wir auf eine Bergspitze treffen können. Als wir tiefer waren, setzte der Motor wieder ein, damit konnte das Flugzeug wieder steigen, allerdings drohte wieder die Vereisung in größerer Höhe und die Orientierung war verloren. Die Sportmaschine war nur auf Sichtflug eingerichtet, also war es notwendig wieder tiefer zu fliegen. Ich saß mit Hannelore hinten, wir waren blass und stumm. Ich kann mich gut an meine Gefühle erinnern, denn ich fühlte nichts, nur meine Gedanken waren klar. Ich hatte niemandem von diesem Ausflug erzählt. „Wie würden mein Vater und mein Bruder meinen Tod aufnehmen?", ging es mir beschämend durch den Kopf. Das Flugzeug war im Sinkflug, gleich würde es krachen, da zeigte sich plötzlich ein Wolkenloch. Die Piloten schraubten nach unten, wir waren über dem Chiemsee. Es war wie ein Wunder, jeder dankte auf seine Weise.

Wenn ich heute zurückdenke, so war es wohl die größte Gefahr, der ich – selbst verschuldet oder nicht – ausgesetzt war. Vielleicht blieb ich aufgrund dieser Erfahrung mein Leben lang risikobereit, immer im Bewusstsein, die Verantwortung für mich zu übernehmen. Allerdings auch mit dem Vertrauen, das Leben ist offen, und so wie es ist, ist es gut.

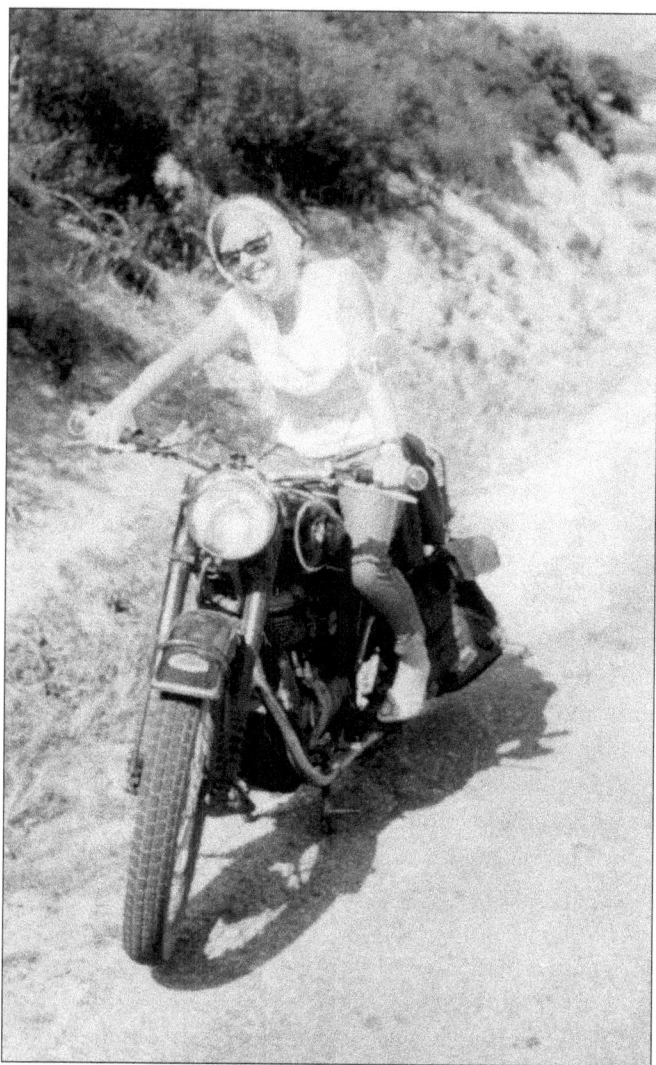

Mit dem Motorrad in Korsika 1962

Haushaltungsschule, Jugendhaus Stapf 1960, ich: 1.v. li. oben

Krankenpflegeausbildung 1963

Kapitel 3

Erwachsenenalter mit Freud und Leid

Neue Freiheit

Eine neue Lebensphase begann. Im September war ich 21 Jahre alt, eben erwachsen, und hatte das Diplom zur Krankenschwester in der Tasche. Meine Mutter war kurz vorher verstorben. Mein Vater zog sich alleine in seinem Haus zurück. Mein Bruder hatte seine Maschinenbauschule beendet und nahm eine Stelle bei BMW in München an. Ich hatte keine Verantwortung mehr, das Leben stand mir offen.

So buchte ich umgehend einen Flug nach Mallorca. Es war mein erster Flug. Als ich aus der Maschine stieg, wehte mir ein sommerwarmer Wind entgegen. So viel Licht und Sonne, es war herrlich. Damals war die Insel noch unberührt, es gab fast keine Touristen. Ich wohnte in Cala Millor in einem Hotel direkt am Strand. Jeden Tag konnte ich das Meer genießen. Ich kam in Kontakt mit einer Reitgruppe und ritt stundenlang am Strand entlang. Es gab eine Bahnverbindung, damit fuhr ich einige Male quer über die Insel. Ich erinnere mich noch gern daran. Es saßen da nur Einheimische, meist Frauen, die von irgendeinem Markt kamen. Ich war mittendrin, mit blonden, langen Haaren, einer Figur, die ich heute noch auf Bildern bestaune, und in einem kurzen, schwarzen Kleidchen, wie es damals und auch später immer wieder modern war. Einen Tag verbrachte ich in Palma de Mallorca. Ich saß auf einer Terrasse am Hafen und kam mit einem amerikanischen Offizier ins Gespräch. Er lud mich zu einer Besichtigung seines Schiffes ein. Das war – heute würde man sagen – „ein Hammer". Es war ein riesengroßes Militärschiff mit mehreren Stockwerken. Ich wurde überall höflich begrüßt. Ich kam aus dem Staunen nicht mehr heraus. Abends fuhr ich dann wieder quer über die Insel zurück ins Hotel.

Nach diesem wunderschönen Urlaub, den ich auch alleine hatte genießen können, trat ich meinen neuen Dienst in der

Operationsabteilung an. Die Zeit als Operationsschwester fand ich sehr spannend. Als ich nach vier Jahren wechselte, fiel mir das schwer, es stand wieder einmal was Neues an.

Im Operationsdienst hatte man auch Nachtbereitschaft zu Notoperationen oder Unfällen, die versorgt werden mussten. Eines späten Abends kam ein Mann mit einer verschluckten Fischgräte im Hals. Der junge Assistenzarzt mühte sich sehr, die Gräte aus dem Rachen zu ziehen. Ich stand mit der Taschenlampe daneben. Dieses Ding steckte so tief, wir mühten uns beide ab und schauten uns einige Male verzweifelt in die Augen. Irgendwann war es dann doch geschafft. Scheinbar hatten wir uns doch zu oft in die Augen gesehen, denn danach und in den nächsten gemeinsamen Nachtdiensten kamen wir lange ins Gespräch. Nach drei Monaten heirateten wir. Es wäre eigentlich nicht so eilig gewesen, aber es gab auch keinen Grund, es nicht zu tun. Es stand nichts im Wege und so dachte ich, es wäre der richtige Schritt. Vielleicht war auch das ein Grund, dass wir uns nirgends wirklich zurückziehen konnten. Die Eltern von Erich hatten nur eine kleine Wohnung und ich wohnte im Schwesternwohnheim. So freute ich mich auf eine eigene Wohnung. Wir mieteten diese im siebten Stock eines Hochhauses und richteten sie, so gut es ging, ein, wir hatte beide nicht viel Geld. Die Hochzeit war einfach, ich borgte mir von einer Freundin ein weißes Kleid aus. Wenige Verwandte und Freunde waren dabei, mein Vater kam auch, und so war es ein ganz normales Hochzeitsfest in der Kirche und anschließend in einem Gasthaus. Als Geschenke bekam ich Kochtöpfe und Salatschüsseln, das konnte ich gut gebrauchen. Mein Vater schenkte mir eine Intarsienarbeit mit Rosen darin. Das war etwas ganz Besonderes, da ich mich nicht erinnern kann, dass er mir jemals was geschenkt hatte. Außer als ich ein Kind war, da hat er mir einige Male zum Geburtstag eine Torte gemacht. Mit viel Buttercreme, wie das damals üblich war. Er konnte das sehr gut, weil sein Onkel ein Zuckerbäcker war.

Erste Ehe

In der ersten Zeit der Ehe fühlte ich, wenn wir alleine waren, oft eine gewisse Spannung. Ich dachte, das würde sich geben, wenn wir eine gemütliche Wohnung haben und niemand uns stören wird. Wir planten unseren ersten Urlaub an die Côte d'Azur mit unserem VW-Käfer und mit Zelt. Das Einpacken gestaltete sich etwas kompliziert, weil ich nicht dieses und jenes vergessen durfte. Und so hatte ich tatsächlich das Salz zum Campen vergessen. Diese Art von Problemen war mir eher fremd und ich verstand nicht, warum Erich so gereizt und verspannt war. Als wir einmal vom Strand zurückkamen, war das Seitenfenster von unserem Auto eingeschlagen, alle Papiere und das ganze Geld waren weg. Wir mussten in das einige Stunden entfernte Marseille zum Konsulat fahren. Damit wir auf der Strecke etwas zum Trinken hatten, sammelten wir alle Pfandflaschen ein. Kurz vor Dienstschluss erschienen wir am Konsulat, sehr mürrisch stellte uns der Beamte provisorische Pässe aus. Da wir auch noch Passbilder brauchten, wurde er noch mürrischer. Nachdem er uns dann noch einen gewissen Geldbetrag gegeben hatte, der uns für die Heimfahrt reichen musste, standen wir erst mal erleichtert auf der Straße und überlegten, was nun. Wir setzten uns ins Auto und traten den Heimweg an. Das war ein kurzer, verpatzter Urlaub. Die Fahrt war ziemlich unkompliziert, mit unserem wenigen Geld kauften wir nur das Nötigste zum Essen und Trinken. Ein großes Problem gab es an der Schweizer

Grenze. Da wir keine Papiere für das Auto hatten, wollten sie uns nicht durchfahren lassen. Wir redeten und redeten, sie sahen doch, dass die Scheibe des Autos kaputt war. Sie blieben stur, wir auch, und so konnten wir letztendlich doch weiterfahren.

Wieder nach Hause gekommen, fing dann der Alltag einer Ehe an. Wir arbeiteten in verschiedenen Krankenhäusern, vom Arbeitsumfang etwa gleich viel. Wenn wir abends wie meistens zur gleichen Zeit nach Hause kamen, hatte ich für den Einkauf und das Essen zu sorgen. Als ich mich einmal beschwerte und meinte: „Du könntest auch einkaufen und dir überlegen, was wir essen könnten", lehnte mein Mann diesen Gedanken ab. „Schließlich bist du die Frau und außerdem ist meine Arbeit wichtiger und anstrengender", so meinte er. Obwohl er inzwischen mit seiner Assistenzzeit fertig war, vertiefte er sich fast jedes Wochenende in dicke, medizinische Bücher. Einmal erzählte er mir, dass er seinem Oberarzt widersprochen hatte, da er das besser wusste. So war er eher ein gefürchteter Arzt und machte sich bei seinen Kollegen keine Freunde. Er war der erste Arzt, der in seinem Krankenhaus eine Reanimation durchführte. Der Patient überlebte, Erich war stolz und der Respekt des gesamten Personals war ihm sicher. Als der Patient dann wochenlang im Koma lag und verstarb, drehte sich das alles um und man diskutierte die Reanimation im Allgemeinen sehr kritisch.

Wir hatten schon einen Fernseher. Ich entdeckte, dass es das Telekolleg gab und man die Mittlere Reife machen konnte. Ich ließ mir die Unterlagen schicken und besprach das mit Erich. Er meinte, das könnte ich machen, aber es dürften für ihn keine Nachteile entstehen, zum Beispiel müsste das Essen am Sonntag immer pünktlich auf dem Tisch stehen. Die Lektionen waren nämlich immer sonntags von 9:30 bis 12:00 Uhr. Auch war jeden Tag während der

Woche eine Lektion am Abend. So konnte man, wenn man eine Lektion versäumt hatte, diese noch nachholen. Ich fand das sehr interessant, oft schaute ich mir eine Lektion doppelt an. Das Essen bereitete ich vor und zwischen zwei Lektionen schob ich den Sonntagsbraten in die Röhre.

So saß jeder von uns an Wochenenden oder abends vor seinen Büchern, wahrscheinlich konnten wir nicht viel miteinander anfangen. Mir machte das Lernen viel Freude, der Stoff war didaktisch gut aufbereitet, sogar die Physik fand ich spannend. Als ich das erste Mal ein unbekanntes „x" in einer Gleichung errechnen konnte, war das ganz aufregend. Einige Samstage waren Präsenzunterricht an der Berufsschule. Dort fanden auch die Klausuren statt und am Ende die Prüfung. Manche Aufgaben waren nicht so leicht, da mir mit nur sieben Jahren Volksschule fast alle Grundlagen fehlten. Aber konsequent und diszipliniert, wie ich war, war das alles kein Problem. So ergab es sich, dass ich die Mittlere Reife erwarb.

Wir waren etwa zwei Jahre verheiratet, als mein Mann mich darum bat, ihm Fortral, das auch zu einer Abhängigkeit führen kann, zu spritzen. Er behauptete, er hätte sehr starke Ohrenschmerzen. Es wunderte mich ein wenig, aber ich tat es einige Tage lang. Nach einiger Zeit sah ich, dass er Valaron-Tropfen, ebenfalls ein starkes Schmerzmittel, einnahm. Er meinte, das wäre bald wieder vorbei. Eines Tages fand ich beim Aufräumen hinter dem Schrank in einer leeren Blumenvase mehrere leere Ampullen Fortral. Ich erschrak, denn was das bedeutete, wusste ich. Ich sprach das an und er meinte, das wäre ganz harmlos, ich solle mir keine Gedanken machen. Dies wiederholte sich. Ich war nur noch misstrauisch; wenn ich alleine war, durchsuchte ich oft die ganze Wohnung und prompt fand ich wieder versteckte leere oder volle Ampullen

Ab diesem Zeitpunkt nahm ich die Pille, denn ich dachte, unter solchen Umständen will ich kein Kind bekommen. Viele Monate sprach ich immer wieder das Suchtproblem an, es änderte sich nichts, außer dass unser Verhältnis nur noch angespannter war. Einmal hatten wir ein Beratungsgespräch bei einem Klinikseelsorger. Am Ende fragte dieser mich, ob es für mich ein Novum gäbe. Da ich nicht wusste, was das Wort bedeutet, konnte ich auch nichts darauf antworten. Es gab auch nichts Neues. Mein Mann wechselte die Klinik und es änderte sich nichts. In der neuen Klink begann er ein Verhältnis mit einer Kollegin. Ich war verzweifelt und wusste nicht, was ich tun sollte. Eines Tages rief mich diese Kollegin an und sagte mir: „Ich will Ihnen Ihren Mann nicht wegnehmen." Da klickte etwas in mir und ich sagte: „Aber ich will ihn auch nicht mehr zurück." Ab diesem Zeitpunkt war mir klar: Diese Ehe geht auseinander und ich werde eines Tages wieder unbelastet sein. Dass es noch viele Jahre dauern würde, habe ich nicht geahnt.

Zu dieser Zeit hat mein Bruder die Schule in Ansbach beendet und eine Stelle in München angenommen. Als er zum Wehrdienst eingezogen hätte werden sollen, erreichte er die Anerkennung zur Wehrdienstverweigerung. Sein Argument war, dass er nicht mit Waffen umgehen wollte. Als er nach vier Jahren von Südafrika zurückkam, hatte er eine Pistole in ein Buch eingepasst und sie damit durch ganz Afrika geschmuggelt. Einmal besuchten wir ihn in Klerksdorp bei Johannesburg. Er hatte unseren Besuch gut vorbereitet und wir fuhren vier Wochen durch das wunderschöne Land. Bei Verwandten seiner dortigen Freundin verbrachten wir einige Tage auf einer abgelegenen Farm. Nachts hörten wir die Löwen brüllen. Damals herrschte noch die Apartheid, ich hörte manche Abwertung der schwarzen Menschen. Viele Tage fuhren wir durch unberührtes Land, nur Tiere waren zu sehen und ab und zu einfache Hütten, in denen die Menschen lebten. In diesen vielen Tagen saß ich alleine hinten im Auto. Ich nahm die Spannung der beiden vorne sitzenden Männer wahr. Mein Bruder nahm auch Medikamente, wie ich einmal bemerkte. Er hatte immer noch, wie in seiner Kindheit, Angstzustände, die er nur mit Tavor aushalten konnte. Ich fühlte mich von diesem Wissen bedrückt. Auch gab es einige unschöne Ereignisse, als beide die Nächte wegblieben und ich alleine im Hotel saß. Einmal war ich in Durban am indischen Ozean mit in einem Nachtclub. Eine schwarze Prostituierte tröstete mich: „All men are the same." Beide Männer, die ich eigentlich liebte, kamen mit dem Leben nicht zurecht, ich litt darunter und war gefangen. In einer einsamen Stunde, in der ich in die Schönheit der afrikanischen Natur eintauchte, spürte ich eine Erkenntnis: „Du kannst nicht von der Erde fallen." Ich erlebte ein tiefes Vertrauen in die Welt. Mit dieser Erfahrung gestärkt, nahm ich mir vor, die Scheidung einzureichen.

Als wir wieder zu Hause waren, sprach ich das an. Mein Mann sagte: „Wenn du gehst, bringe ich mich um." Damit ließ ich mich eigentlich erpressen, ich durchblickte das, konnte es aber zu diesem Zeitpunkt nicht ändern.

Mit dem Gedanken im Hinterkopf, dass ich irgendwann wieder einmal alleine sein würde, wollte ich mein Leben neu in die Hand nehmen. Mein Wissensdurst war noch groß, vielleicht konnte ich ein Studium anstreben, dazu brauchte ich aber vorher das Abitur. So erkundigte ich mich über die verschiedenen Möglichkeiten. In einigen Bundesländern gab es an den Ministerien so genannte Sonderprüfungen. In Bayern war das das Begabtenabitur. Ich ließ mir alle Unterlagen schicken. Zu meinem Erstaunen zeigten sich nicht das Lernen und die Prüfungen als die größte Hürde, sondern die Vorbedingungen dazu. Ich brauchte eine Begutachtung von zwei namhaften Persönlichkeiten, die mir bescheinigten, dass ich in der Lage dazu wäre, mich für diese Prüfung zu bewerben. Welche namhaften Persönlichkeiten würden das für mich tun? Ich fand das ungemein demütigend. Jeder junge Mensch in Deutschland kann, wenn er das möchte und die Fähigkeiten hat, das Abitur anstreben. Ich musste vorher etwas erbringen. So überlegte ich mir, bei dem Chefarzt, dem ich vier Jahre lang als Operationsschwester gedient hatte, anzufragen. Es dauerte einige Zeit, bis er verstand, was mein Anliegen war. Endlich war er dazu bereit, mir nach den Vorgaben des Kultusministeriums in München ein Gutachten zu schreiben. Ich dachte, eine Hürde sei geschafft. In diesem standen einige allgemeine Sätze über meine Tüchtigkeit, aber dass mein Ehemann, der ein erfolgreicher Arzt ist, noch tüchtiger sei. Ich war niedergeschmettert. Ich erzählte es Erich und dieser meinte: „Na, da musst du gleich zum höchsten Chef der Unikliniken Erlangen gehen." Der Rat war gut, ich hätte mich das nicht getraut. So fragte ich nach einem Termin beim Ordinarius Hegemann, der als große Autorität bundesweit bekannt war, schriftlich an. Mein Anliegen habe ich kurz mitgeteilt. Statt eines Termins kam ein Schreiben mit folgendem Inhalt: „Hiermit bestätigen wir, dass Frau … fähig ist, Abitur zu machen." Wieder traf mich der Schlag. Da ich doch recht beharrlich bin, wie es im chinesischen I Ging als zum Guten führend beschrieben ist, wagte ich einen neuen Anlauf.

Vorweg möchte ich noch erwähnen, dass ich – es war mein erster Versuch, mich aus der Ehe zu lösen – im Jahr zuvor an der Universitätsklinik in Erlangen auf der Intensivstation gearbeitet hatte. Von daher kannte ich den Ordinarius, natürlich er mich nicht.

Also erreichte ich über die Sekretärin einen Termin, was schon etwas Besonderes war. Diese Begegnung ist mir noch höchst eindrücklich in Erinnerung. Ich kam in das

Büro. Zwischen der Türe und einem großen Schreibtisch, hinter dem der Herr Ordinarius kaum zu sehen war, lagen sicher mehr als zehn Meter Entfernung. Ich ging auf einem roten Teppich bis kurz vor den Schreibtisch, da blickte ich von unten nach oben. „Was wollen Sie?" „Ich möchte am Ministerium in München …" Lautstark unterbrach er: „Was wollen Sie?" „Ich bitte um ein Gutachten." „Wer kennt Sie hier im Haus?" „Die Schwester R." (Sie war die Leiterin der Station, auf der ich gearbeitet hatte.) „Nein, ich meine von den Ärzten." In meiner Not sagte ich den Namen eines Oberarztes, der meine Arbeit, glaube ich, sehr schätzte, ich war aber nicht sicher, ob er sich an mich erinnern würde. Der Herr Ordinarius drückte auf den Knopf seiner Sprech-anlage und sagte: „Der D. soll zu mir kommen." „Sie sind ein tüchtiges Mädchen, auf Wiedersehen." Das war's, ich stand vor der Tür. Später besprach ich mit Herrn D. das Schreiben, in dem die Anforderungen an das Gutachten standen. Als ich das dreiseitige Gutachten in den Händen hielt, konnte ich es nicht glauben. Im Leben sind mir auch Menschen begegnet, die ohne Bedingungen einfach das taten, was jemand brauchte. Ich war sehr dankbar.

Nun hatte ich ein Gutachten, doch von wem konnte ich ein zweites bekommen? Mir fiel der Chefarzt der Klinik ein, in der ich ebenfalls gearbeitet hatte. Er musste sich an mich erinnern. Damit das nicht schief gehen konnte, nahm ich das Gutachten von höchster Stelle der Universitätsklinik im Original mit und erklärte bei diesem Chefarzt nicht viel. Nur so müsste das sein. Er war offenbar beeindruckt und ließ von seiner Sekretärin ein ähnliches Gutachten erstellen. So hatte ich die erste Hürde zu meinem Abitur geschafft. Warum ich diese Ausdauer hatte? Ich hatte nichts zu ver-lieren und Zeit hatte ich auch. Ich bereitete mich im Selbst-studium auf das Abitur vor. Physik fiel mir schwer, da mir die Grundlagen fehlten. Englisch ebenfalls, ich hatte es zwar im Telekolleg, jedoch war die Prüfung nur mündlich und da fehlte mir die Praxis. Also fuhr ich nach München zur Prüfung, ohne genau zu wissen, was auf mich zukam. Das schriftliche Hauptfach Medizin bestand ich mit einem Gut. In Physik und Englisch hatte ich eine Fünf und war damit durchgefallen. Es war schade, doch ich hatte es versucht. Zumindest wusste ich jetzt, wie es abläuft. Eine Prüfung in Biologie habe ich noch gut in Erinnerung. Der Prüfer fragte mich, mit welchem Schwerpunkt ich beginnen wolle. Da ich um drei Ecken dachte, sagte ich: „Das ist mir egal." Laut schreiend sagte der Prüfer: „Sie wollen Abitur machen und können sich nicht entscheiden!" Ich zuckte zusammen und stammelte: „Mit …" Er forderte lautstark: „Also los!" Ich erklärte, etwas mit der DNS. Wiederum lautstark fragte er: „Was ist die DNS?" Ich ließ mich nicht aus der Ruhe bringen und erklärte die Desoxyribonucleinsäure. Das weiß ich heute noch im Schlaf. Dieser Prüfungsbeginn hatte System. Am Ende bestand ich mit einem Gut.

Das Verhältnis in unserer Ehe war nach wie vor beklemmend, wir konnten kaum miteinander sprechen. Ich unternahm einen zweiten Versuch des Absprungs. Ich war bereits mit einem Rechtsanwalt in Kontakt, um eine Scheidung vorzubereiten. Ich zögerte immer noch, ich glaube aus Verantwortung und Mitleid. Der Rechtsanwalt, den ich persönlich kannte, ermahnte mich, endlich diesen Schritt zu tun. Ich überlegte eine Strategie, die nicht ganz fair war, aber mir die Möglichkeit gab, Abstand zu gewinnen. Ich sagte: „Wenn du mit der Scheidung einverstanden bist, so will ich noch eine Zeitlang bei dir bleiben und mit dir eine neue Praxis aufbauen." Mein Mann hatte nämlich in Erwägung gezogen, einen Neubeginn zu wagen. Er wollte sich selbständig machen und eine allgemeine Praxis eröffnen. Ich besprach mit ihm die Bedingungen: Ich wollte einen zweiten

Anlauf zum Abitur machen und dazu drei Tage in der Praxis arbeiten, die andere Zeit hätte ich zum Vorbereiten. Er war großzügig und bezahlte mir ein volles Gehalt. So mobilisierten wir beide alle Kräfte, planten die Einrichtung, das Personal und alles, was dazugehörte. Die Praxis war sehr schön, wir sparten nicht und fanden eine sehr erfahrene Sprechstundenhilfe, die auch ein gutes Gehalt bekam. Ich war inzwischen Stationsleitung und kündigte diese Stelle im Krankenhaus. Vorher war ich noch bei einem Kollegen in der Praxis angestellt, um die nötige Erfahrung zu sammeln. Wir machten eine große Einweihungsfeier. Ich machte mich schick und spielte eine Rolle. Die Schwiegereltern meinten, wir hätten jetzt ja wieder zusammengefunden.

Die Praxis lief gut, er hatte moderne medizinische Geräte und viele Patienten kannten meinen Mann aus dem Krankenhaus. Abends kam das Desaster zum Vorschein. Er war völlig erschöpft, ich musste oft am Morgen mit Entschuldigungen und Ausreden in die Praxis fahren, oft übernahm ich auch Aufgaben. Ich hatte vorher Blankkontounterschriften, um Dinge erledigen zu können. So konnte es nicht weitergehen. Er war zur Entziehungskur in einer Klinik bereit. Vier Wochen wurde die Praxis von einem Vertreter geführt. Ich übernahm wiederum Verantwortung und verschiedene Aufgaben.

Die Kur hat nichts gebracht, nach kurzer Zeit hatte sich der alte Zustand wieder eingestellt. Wir waren sprachlos. Ich versuchte einen dritten Absprung, indem ich einen zeitlich unbegrenzten Aufenthalt in London plante. Damit verbunden war die Absicht, mein Englisch für einen erneuten Anlauf zum Abitur zu verbessern. Außerdem hoffte ich, so lange zu bleiben, bis sich unser Verhältnis mit der Zeit auflösen würde, geschieden waren wir ja bereits. Erich rief ständig in meinem Student's House an, schickte mir Geld und bedrängte mich, doch wiederzukommen. Nach fünf Monaten – mein Geld war zu Ende und mein Englisch inzwischen ganz gut – zog ich wieder in die „kalte" Wohnung ein und spielte die Rolle der Frau Doktor in der Praxis. Nach einem halben Jahr schaffte ich die fachgebundene Hochschulreife für Medizin. Mein Notendurchschnitt war 2,9, ich fand es super, dass ich das geschafft hatte. Bei der Übergabe des Zeugnisses sagte der Ministerialbeamte: „Das Medizinstudium können Sie mit dieser Note vergessen." Der Alltag ging weiter, ich war weiterhin in meiner Rolle gefangen. Nach einigen Monaten sprach mich zufällig die ehemalige Oberin des Hauses an, in dem ich gelernt hatte. Sie meinte, sie suche dringend eine Leitung für eine Station, und fragte, ob ich mir das vorstellen könne. Da ich in dieser Zeit immer irgendwie am „Absprung" war, sagte ich zu. An meinem ersten Arbeitstag stellte sie mich auf der Station vor. Im Stationszimmer standen etwa 12 Kolleginnen im Kreis. Ich gab jeder die Hand und erlebte, dass jede zu Boden blickte und lediglich die Putzfrau und eine Praktikantin mir bei der Begrüßung ins Gesicht sahen. Die Oberin verabschiedete sich schnell und alle Kolleginnen verschwanden in den Patientenzimmern. Ich stand mit Schwester W., die bisher die Station stellvertretend geleitet hatte, im Stationszimmer. Sie gab mir den Schlüsselbund und schaute mich fragend an. Eine total befremdliche Situation, ich kannte nichts. So sagte ich: „Sie haben bisher die Station gut geleitet, ich möchte, dass Sie das alles genau so weiterführen." Ich beobachtete nur die Abläufe, ging zur Visite mit, ohne etwas zu sagen, und verschaffte mir so Informationen. Nach und nach bekam ich einen Einblick und übernahm die Aufgaben der Leitung. Da ich vorher auf einer Intensivstation einer Universitätsklinik gearbeitet hatte, war ich auf dem neuesten Stand und konnte die Pflegequalität gut beurteilen. So führte ich einige Neuerungen ein, ich veränderte etwa die Medikamenten-

und Verordnungspläne. Die Mitarbeiterinnen waren zwar höflich, jedoch auch sehr ablehnend. Als ich einmal nach einigen freien Tagen wieder zum Dienst kam, waren alle Pläne wieder in ihrem vorhergehenden Zustand. Es war ein kleiner Machtkampf. Ich sagte in klarem, sicheren Ton: „Ich erwarte, dass alles in zwei Tagen wieder dahingehend verändert wird, wie ich es vorher angeordnet hatte." Und so klappte es auch. Weiters führte ich das sterile Katheterisieren der Harnblase ein. Damals war noch „handsteril" üblich, das heißt, die Katheter wurden nur ausgekocht und ohne sterile Handschuhe eingeführt. Das konnte nur Bakterien in der Harnblase verursachen. Ich vereinbarte mit der Sterilisationsabteilung des Hauses, dass sie uns Katheter einzeln steril verpackt zubereiten. Das war damals etwas Neues, heute ist das selbstverständlich. An einem Tag versammelte ich alle Kolleginnen im Stationszimmer und erklärte das sterile Katheterisieren von Frauen. Auf einmal kam die Stationsärztin hereingerauscht, hörte kurz zu und sagte: „Glauben Sie, Schwester Christa, dass die Vagina steril ist?" An den Gesichtern der Kolleginnen sah ich, dass sie das nun doch nicht angemessen und vor allem fachlich nicht richtig fanden. Ab diesem Zeitpunkt veränderte sich die Atmosphäre mir gegenüber, ich erhielt Anerkennung für meine fachliche Kompetenz. Nach einigen Tagen rief eine Kollegin abends bei mir zu Hause an. Sie meinte, ich solle ja nicht sagen, dass sie mich angerufen hat, aber sie fände gut, wie ich die Station leite, sie könne das nur nicht vor den anderen sagen." Ein paar Tage später erhielt ich einen ähnlichen Anruf von einer anderen Kollegin. Die Stimmung war also zu meinen Gunsten umgeschlagen. Dazu hatte noch ein Ereignis beigetragen: Eines Tages hörte ich einen lauten Knall im Vorraum des Stationszimmers. Eine Kollegin war umgefallen und mit dem Kopf aufgeschlagen. Alle liefen zusammen; die stellvertretende Leitung, die die Kollegin lange kannte und gut Bescheid wusste, drückte mir eine Spritze in die Hand. Eine intravenöse Injektion, die eigentlich nur Ärzte verabreichen durften. Ich vertraute auf die Richtigkeit und führte die Injektion durch. In diesem Moment kam der Oberarzt der Abteilung vorbei, schaute mir zu und ging dann ohne ein Wort zu sagen wieder weg. Die Kollegin erwachte aus ihrer Bewusstlosigkeit. Ich erfuhr dann, dass sie vor einiger Zeit einen schweren Autounfall gehabt hatte und immer wieder in diese Bewusstlosigkeit fiel. Alles war gut gegangen. Nach diesem Vorfall brachte mir das gesamte Team Respekt entgegen. Die Praktikantin, die ihre Zeit um hatte und uns verließ, sagte zu mir: „Die fressen Ihnen jetzt alle aus der Hand." Die Leitung dieser großen Station sowie die Zusammenarbeit mit dem sehr kompetenten Team entwickelten sich sehr positiv. Die Arbeit machte allen Freude. Leider bahnte sich bei mir privat wieder eine Veränderung an und ich musste mich nach nur einem Jahr verabschieden. Noch zum Verständnis der anfänglichen Zurückhaltung des Teams: Die Stationsleitung war in den Ruhestand gegangen. Da im Team fast alle Kolleginnen gleich alt und gleich lange auf dieser Station waren, bildeten sie eine feste Gruppe und keine von ihnen wollte sich durch eine höhere Position herausheben, so war keine zur Leitung bereit, das war nachvollziehbar. Deshalb hatte die Oberin diese Position mit einer Stationsschwester von außerhalb besetzt. Diese hatte nach einigen Wochen aufgegeben, warum auch immer. Als die Oberin mich ankündigte, waren wohl ihre Worte nicht sehr günstig, denn sie sagte in etwa: „Die neue Stationsleitung wird es euch schon zeigen." Damit war der anfängliche Machtkampf auf dieser Station zu erklären. Welche Wirkung manche unbedachten Worte doch haben können.

Mein Vater

Eine andere Aufgabe beschäftigte mich. Mein Vater wohnte weiterhin alleine in diesem alten Haus, in dem es kein fließendes Wasser und keine Heizung gab und das inzwischen schon in einem fast verwahrlosten Zustand war. Da keine andere Möglichkeit der Veränderung ersichtlich war, stand ein neues Haus an. Außerdem war meine Überlegung, dass ich nach meiner Trennung ebenfalls wieder ein neues Zuhause brauche. So besprach ich das mit meinem Vater. Wie ich ihn kannte, konnte er keine Entscheidung treffen, er sagte stets: „Wir werden mal sehen." Er war aber nicht ausgesprochen abgeneigt und meinte: „Wenn das möglich ist."

So begann ich eine umfangreiche Planung für ein neues Haus für meinen Vater. Nicht ganz uneigennützig auch für mich.

Nach meiner Ausbildung hatte ich einen Bausparvertrag abgeschlossen, diesen ließ ich jetzt meinem Vater überschreiben. Es war kein großer Betrag darauf, aber der zeitliche Abschluss war wichtig für einen Kredit. Mein Vater hatte eine Behindertenrente, diese konnte man teilweise kapitalisieren lassen. Außerdem wusste ich, dass er auf seinem Konto einiges an Geld hatte, da er in diesem Dorf nie was ausgeben konnte. So gelang mir eine vorläufige Finanzierung.

Als ich diese zur Kapitalisierung an das Amt in Ansbach abgegeben hatte, kam ein Bescheid: Mit dieser Finanzplanung sei kein Haus zu bauen. Mein Vater meinte, der Beamte hat doch recht, wir können das nicht. Also setzte ich mich hin, berechnete alles neu, und siehe da, es funktionierte.

Das andere Problem war das Haus selbst. Es war klar, dass nur ein Fertighaus in Frage kam. Also überredete ich meinen Vater, mit mir einige Fertighäuser zu besichtigen. Er konnte sich nicht entscheiden. So ein Haus war ihm doch zu fremd. Wer hatte schon so was? Ich hatte eine gute Entscheidung getroffen mit einem Okalhaus, solide, entsprechend der Finanzierung und auch so groß, dass ich ein Zimmer hatte und eventuell auch mein Bruder, der immer noch in Südafrika war. Die Entscheidung zum Hausbau wäre nie gefallen, hätte sich nicht der Zufall ergeben, dass bei unseren Nachbarn der Bruder, ein Ingenieur aus Nürnberg, zu Besuch war. Er sagte: „Ja Otto, genau das gleiche Haus wollen wir auch bauen, es ist das Beste." Der Bruder hatte allerdings eine Kategorie kleiner geplant. Nachdem ich mit ihm darüber gesprochen hatte, meinte er, dass er doch das gleiche Haus wie ich bestellen würde. Da war mein Vater einverstanden.

Das nächste Problem war das Grundstück. In dem Dorf war ein neues Siedlungsgebiet ausgeschrieben. Die Grundstücke gehörten den Bauern, die wir kannten. Also besichtigten wir einige und ich meinte: „Dieses wäre schön, es gehört dem Herrn E., den du gut kennst und für den du viele Jahre die Rente aus der Stadt mitgebracht hast. Also frag ihn, ob wir sein Grundstück kaufen können." Daraus wurde nichts, denn Herr E. sagte jedes Mal: „Es pressiert nicht." Dann sagte mein Vater auch: „Es pressiert nicht." Ich besprach mich dann mit meinem Nachbarn, der ebenfalls ein Grundstück zu verkaufen hatte. Das klappte und mein Vater war einverstanden, denn der „Herr Ingenieur" kaufte das Grundstück nebenan.

Das Haus wurde bestellt und die Voraussetzung für dessen Bau war, dass zum Liefertermin der Keller, auf dem es aufgesetzt werden sollte, in Eigenregie erstellt sein musste. Also vereinbarte ich mit der uns bekannten kleinen Baufirma aus dem Nachbardorf, dass der Keller bis zu dem Zeitpunkt fertig sein muss. Hubert meinte: „Ja ja, das machen wir schon", und nahm mich nicht ernst. Ich schickte meinen Vater hin, er sollte darauf drängen, dass der Bau beginnt, denn der Termin rückte näher. Mein Vater meinte, der Hubert habe halt viel zu tun. Also musste ich mehrere Male energisch mit

Hubert sprechen, es ging nichts voran. Als letzte Konsequenz trat ich in seinem Haus lautstark auf und drohte der Frau, dass ich ihren Mann mit Anwalt verklagen würde, wenn sie ihn nicht dazu bringt, den Keller jetzt fertig zu stellen. Die Vertragsbedingungen mit der Fertighausfirma mussten eingehalten werden. Ein paar Tage vor dem Termin war tatsächlich der Rohbau so weit fertig, dass das Haus aufgestellt werden konnte. Wirklich fertig wurde der Keller nie, aber das war nicht so wichtig. Das Haus war sehr schön, alles hat gepasst, die Einbauküche war eingerichtet, das Bad war komplett. Ich brachte die Vorhänge und Lampen an. Ich konnte sofort darin wohnen. Mein Vater aber, der sich nie entscheiden konnte, blieb im alten Haus.

Einige Jahre zuvor hatte mein Vater im Dorfgasthaus – dort gab es die ersten Ferienzimmer – Elisabeth kennen gelernt. Sie war mit ihrem Vater in den Sommerferien auf dem Dorf. Sie war etwa 45 Jahre alt und wohnte immer noch mit ihrem Vater zusammen. Sie war eine nette, stille, eher schüchterne Frau. Mein Vater freundete sich mit ihr an. Da er auch nett war und still und zurückgezogen lebte, verstanden sie sich. Elisabeth kam ein paar Mal im Jahr zum Urlaub und so besuchte sie ihn. Er fuhr etwa einmal oder zweimal zu ihr nach Nürnberg. Ihr Vater war inzwischen verstorben. Ich freute mich über diese freundschaftliche Beziehung meines Vaters. Allerdings war sie nicht von viel Aktivität geprägt. Wenn ich meinen Vater fragte, ob denn Elisabeth wieder einmal hier gewesen sei, so meinte er: „Ach, sie meldet sich ja nicht und kommt auch nicht." Ich telefonierte dann mit ihr und hörte sie sagen: „Ach, er meldet sich ja nicht und kommt auch nicht." So intensivierte ich das Glück für beide, indem ich Taxi spielte.

Unser Haus war fertig, Weihnachten kam und mein Vater lebte immer noch in seinem alten Haus. Ich lud Elisabeth ein, schmückte einen Baum, kochte etwas zu essen und sagte ihr, sie müsse jetzt den Otto dazu überreden, dass er hoch zu uns in das neue Haus kommt. Er kam tatsächlich zum Heiligen Abend mit einer Aktentasche, das war sein Umzug und er blieb auch. In dem neuen Haus konnte auch Elisabeth wohnen, sie blieb längere Zeit und kam dann immer öfter. Irgendwann war mein Bruder aus Südafrika auch wieder hier. Ich schrieb ihm, dass wir jetzt ein neues, schönes Haus hätten und er wieder nach Hause kommen könne. Das kam ihm gelegen, denn er hatte sich mit einer Reisegruppe mit einem Lastwagen auf den Weg quer durch Afrika gemacht. Das war eine lange, gefährliche und anstrengende Reise mit Gefängnisaufenthalt sowie einer verletzten und zwei toten Personen.

Eine Episode möchte ich noch erzählen: Ich wohnte etwa ein Jahr lang an den Wochenenden alleine in dem Haus. Eines Nachts polterte es ungemein laut an der Haustüre, ich schreckte aus dem Schlaf hoch und dachte, meinem Vater sei etwas passiert und er stehe vor der Haustüre. Ich öffnete das Fenster, Schweigen umfing mich, vor Schreck schloss ich das Fenster wieder. Dann polterte es unten an der Kellertür. Ich schloss schnell die Zwischentüre ab und hoffte, dass alle Türen und Fenster zu sind. Irgendwann war es dann wieder ruhig. Am nächsten Morgen sah ich Fußspuren im Schnee, die direkt vom Haus wegführten, ich konnte sie bis ins nächste Dorf zu einer Haustüre verfolgen. Die Familie kannte ich. Ich klopfte und fuhr Margret heftig an: „Wo waren deine Männer gestern Abend?" Sie berichtete eingeschüchtert, wo alle drei waren und wann wer nach Hause gekommen war. So wusste ich, dass es der Sohn gewesen war. Ich kündigte für den Abend meine Anwesenheit an. Ich nahm mir Hermann dann vor, einen großen, kräftigen Maurer. Ich drohte ihm: „Das ist Hausfriedensbruch, und wenn das noch mal vorkommt, zeige ich dich an." Ich plusterte mich mächtig auf. Innerlich amüsierte mich das, denn es war harmlos. Jedoch wollte ich nicht, dass das wieder passiert. Ich wusste, dass eine Witwe im Dorf ständig des Nachts von den Burschen an der Haustüre belästigt wurde. So waren die Dorfburschen früher eben.

Mehrere Jahre vergingen. Mein Vater wohnte zufrieden in seinem Haus, das bald abbezahlt war. Ab und zu kam Elisabeth für zwei bis drei Wochen. In der Siedlung waren inzwischen sehr nette, neue Nachbarn, die sich etwas um meinen Vater kümmerten, ihn besuchten oder zum Essen einluden. Er bastelte viel und legte einen kleinen Garten an. Mein Bruder war vorübergehend weggezogen. Ich lebte drei Jahre in Münster und bekam dann einen Studienplatz in Würzburg, also war ich wieder in der Nähe.

Mit 63 Jahren konnte mein Vater in Rente gehen. Er war nicht wirklich krank, aber man merkte ihm das Alter an, schließlich hatte er ab den 50er-Jahren durchgehend bei der Firma Loos, einem Eisenwerk, gearbeitet. Er hatte seine Schlosserlehre bis zum Kriegsbeginn nicht abschließen können. Er wurde aber als Facharbeiter eingestellt, und da er kriegsverletzt war, hatte er seine Stelle dauerhaft. In etwa den ersten 10 Jahren fuhr er jeden Tag mit dem Fahrrad acht Kilometer in die Arbeit und abends wieder die gleiche Strecke zurück, sommers und winters. Er hatte sich an dem Fahrrad ein Pedal verkürzt, sodass er mit einem Fuß treten konnte. Später wurde er mit dem Firmenbus abgeholt.

Als ich merkte, dass er nicht mehr rauchte, sah ich das als gutes Zeichen. Bald wusste ich, dass er hatte aufhören müssen, weil er keine Luft mehr bekam. Er hatte ein Bronchialkarzinom.

Als ich die Diagnose am Telefon hörte, überkam mich, wie vor vielen Jahren bei meiner Mutter, ein grenzenloses

Mitleid. Was hatte mein Vater vom Leben gehabt? Seine besten Jahre waren in der Hitler-Jugend, damals war er jung und sportlich, er war Vorturner und konnte den Salto, sogar rückwärts. In dieser Zeit prägte sich seine Identität. Dieses nationalistische Gedankengut hatte sich so fest verankert, dass er es später nie mehr ändern oder loslassen konnte. Er lebte in dieser Zeit weiter. Der Krieg in Russland muss so schlimm gewesen sein, dass man sich das nicht vorstellen kann. Er kam als „Krüppel", so sah er sich selbst, nach Hause. Mit meiner Mutter fand er keine Gemeinsamkeit. Er sagte: „Mit dieser Frau kann man nichts machen." Sie sagte: „Mit diesem Man kann man nichts machen." Als meine Mutter von ihrem Haus einen Geldbetrag als so genannten Lastenausgleich bekam, ging sie zum Schreiner und bestellte einen Schrank und ein Bett. Mein Vater ging dann ebenfalls zum Schreiner und bestellte das wieder ab. So kamen sie nie zusammen und setzten sich gegenseitig ins Patt. In den Augen meines Vaters war ich eine gescheiterte Tochter, denn er hatte ein konservatives Frauenbild. Ich hatte keine Kinder, und den Ehemann, der als Arzt für ihn Prestige und Selbstwerterhöhung bedeutete, hatte ich verlassen. Das war für ihn absolut nicht zu verstehen. Einmal erzählte er mir, dass ein Mann aus dem Dorf zu ihm gesagt hätte: „Deiner Tochter gehört der Arsch versohlt." Mit meinem Bruder konnte er ebenfalls keine gute Beziehung leben. Es lag wohl an beiden.

Als ich ein Kind war, liebte mich mein Vater, glaube ich. Er beschäftigte sich mit mir, bastelte mit mir und malte oder zeichnete stets meine Hausaufgaben, die wir im Zeichenunterricht aufbekamen. Ich bekam jedes Mal eine Eins, unserem Dorfschullehrer war wohl bewusst, dass das mein Vater gezeichnet hatte und das keine Kinderbilder waren.

Oft forderte ich ihn dazu auf, mir etwas vom Krieg zu erzählen. Er erzählte dann von Russland, von eisiger Kälte und viel Schnee. Wenn die Soldaten in ein russisches Bauernhaus kamen, so lagen die Menschen auf den Kachelöfen, die Decken waren voller Läuse und Flöhe, aber es war warm und es gab zu essen. Mein Vater war Funker, er saß vorne auf dem Panzer, was sehr gefährlich war, so erzählte er. Bei Angriffen, wenn die Kugeln umher flogen, legte er sich auf die Erde und schlief ein. Unsere Mutter meinte dann öfters: „Euer Vater hat gute Nerven und einen guten Schlaf." Später dachte ich mir, dass das eher ein Totstellreflex war, der ihm das Leben gerettet hat. Als er dann 1943 einen Knieschuss erlitt, musste er zurückbleiben. Er erzählte, er habe dann sein verletztes Bein auf einen Schlitten gelegt und so, mit einem Stock den Schlitten anschiebend, sei er bis zu seiner Einheit gelangt. Im Lazarett wurde er von einem jungen Arzt operiert, dieser bereitete ihn darauf vor, dass sein ganzes Bein amputiert werden müsse. Ein weiterer Schock. Nachdem mein Vater von der Narkose aufgewacht war, nahm er sein Bein wahr, es war noch da. Welche Erleichterung muss das gewesen sein. Dem geschickten Chirurgen war das zu verdanken, er hatte das gesamte Knie entfernt und die Knochen irgendwie zusammengefügt. Später kam noch ein so genannter Knochenfraß dazu, trotzdem blieb das Bein erhalten. Es war ein Heimatschuss gewesen, so sagten die Soldaten damals, der vielleicht auch sein Leben gerettet hat.

Solange ich klein war, war ich ein liebes Kind. Als ich älter wurde und Fragen stellte, vor allem über das Dritte Reich, änderte sich das. Als ich erstmals zur Wahl gehen konnte, nahm mich mein Vater mit und ich wählte NPD. Heute ist das für mich unglaublich, aber es war so. Als ich eigenständig zu denken begann, entfremdete sich mein Vater so von mir, dass seine Gefühle mir gegenüber fast in Hass umschlugen. Ich erlebte so viel Unverständnis und Ablehnung, dass ich nie mehr mit ihm über Politik sprach. Ich erinnere mich an ein Gespräch; ein Bekannter war zu Besuch und ich war im Wohnzimmer anwesend, mischte mich jedoch nicht ein. Plötzlich sagte mein Vater: „Vorsicht, hier sitzt eine Grüne unter uns." Verschiedene Welten trennten uns. Ich hatte eigentlich Verständnis für ihn, er hatte seine Jugend verloren, darin war er stehen geblieben. Es war ihm nicht möglich, sich für eine neue Welt zu öffnen.

In vielen Dingen war mein Vater geschickt. Er hatte Ideen, konnte diese jedoch nicht umsetzen oder etwas daraus machen. So hat er in den ersten Nachkriegsjahren, als er noch keine Arbeit hatte, für einige Familien Dinge repariert, Dachrinnen, Eisenteile an Maschinen oder Ähnliches. Er hatte ja Schlosser gelernt. Die Dorfbewohner nannten in den Pfannenflicker. Er hätte eigentlich ein Geschäft daraus machen können, aber er hat sich mit Brot und Speck als Lohn zufrieden gegeben. In unserem alten Haus hatte er sich eine Werkstatt eingerichtet, dort, so sehe ich es noch vor meinen Augen, hatte er Brutkästen mit vielen kleinen Kücken, die da schlüpften. Am Waldrand hatte er eine Zucht mit Weinbergschnecken aufgebaut. Einige große Kisten hatte er dann zu einer Firma nach Augsburg geschickt, die diese nach Frankreich verkaufte. Da er vorher keinen Vertrag gemacht hatte, bezahlte ihm die Firma nichts. Er war enttäuscht, er war kein Geschäftsmann.

Jetzt war er krank und das Lebensende war abzusehen. Ich fuhr ihn einige Male zur Diagnostik in die Klinik nach Ansbach. Mit einer letzten Hoffnung vereinbarte ich bei einem bekannten Pulmonologen einen Termin. Dieser war sehr ehrlich und sagte uns, er würde uns von einer Operation und weiteren Behandlungen abraten. Für mich war klar, was das bedeutete. Mein Vater hatte noch etwas Hoffnung, fügte sich jedoch sehr ergeben, wie meine Mutter damals, in das Unausweichliche, so blieb er zu Hause. Wir sahen zunehmend die Verschlechterung. Elisabeth wohnte in den letzten Wochen des Krankenlagers bei ihm. Ich erledigte alle Dinge rundum, die notwendig waren. So war ich nicht an erster Stelle mit der Pflege, wie bei meiner Mutter, sondern an zweiter; ich unterstützte eher Elisabeth, die sehr tapfer war. In den letzten Tagen legte sie sich eine Matratze neben das Sofa im Wohnzimmer und schlief so in den Nächten in seiner Nähe. Wir waren froh und ich glaube, mein Vater war auch dankbar, dass er zu Hause sein konnte und nicht mehr in ein Krankenhaus musste. Einiges an Pflege übernahm ich, zum Beispiel erinnere ich mich noch an digitale Ausräumungen, die notwendig waren und die ich als Krankenschwester machen konnte. Als das Ende absehbar war, hatte ich gerade in der Vorwoche ein Seminar in Italien. Ich wollte es nicht absagen und so fuhr ich hin und kam am Sonntag wieder. Da lebte mein Vater noch und fragte: „Bist du wieder hier?" Das waren seine letzten Worte an mich. Ich hatte ihm noch Feigen mitgebracht, eine konnte er gerade noch essen, für alles andere war er bereits zu schwach. Am Montag, dem nächsten Tag, verstarb er. Es war eine Erlösung, er hatte in den letzten Tagen fast keine Luft mehr bekommen. Viel Trauer lag in unserem Haus, wir bereiteten alles vor. Die Beerdigung war am Friedhof, wo auch meine Mutter lag.

Bevor ich meine neue Stelle antrat, nahm ich mir eine Auszeit und entschied mich, für sechs Wochen eine Au-pair-Stelle in Frankreich anzunehmen. Wie so oft in meinem Leben kamen die Herausforderungen unerwartet auf mich zu. Eine Lehrerin, bei der ich einige Jahre zuvor einen Französischkurs an der Volkshochschule belegt hatte, meldete sich bei mir, um zu fragen, ob ich nicht Lust hätte, einer älteren Dame auf einem Landgut im Ardèche, Südfrankreich, Gesellschaft zu leisten.

Spontan sagte ich zu und befand mich einige Tage später im Zug nach Lyon. Auf der langen Reise unterhielt ich mich im Zugabteil in meinem unvollständigen Französisch mit Claude. Sie war auch Krankenschwester und so hatten wir viel Gesprächsstoff.

Bevor ich ausstieg, gab sie mir ihre Adresse. Sie wohnte in der Provence und meinte, ich solle sie einmal besuchen. Spät in der Nacht wurde ich vom Bahnhof von zwei jungen Männern mit dem Auto abgeholt. Ich kannte sie nicht und hatte auch keine genaue Adresse, wo es hingehen sollte. Mir war es doch etwas mulmig zumute, auf was hatte ich mich da eingelassen? Weit nach Mitternacht kamen wir auf dem Land an. Madame empfing mich freundlich, bot mir noch etwas zu essen an, und dann fiel ich müde von der langen Reise ins Bett.

Am nächsten Morgen zeigte sie mir alles. Es war ein sehr schönes, altes Gutshaus mit großem Garten. Die vielen Blumen pflegte ein Gärtner während ihrer Abwesenheit. Sie sprach sehr gut Deutsch, ebenso ihre Söhne, die in Paris wohnten, mich abgeholt hatten und wieder abfuhren. Mit ihr alleine war ich mehrere Tage damit beschäftigt, die alten, ehrwürdigen Möbel vom Winterstaub zu befreien und alles auf Hochglanz zu putzen. Das Essen kochte sie selbst, ich musste ihr nur helfen. So hätte eigentlich auch für mich ein entspannender Urlaub beginnen können. Allerdings fühlte ich mich nicht sehr wohl, denn wir hatten keine gemeinsamen Themen und sie sprach nur Deutsch mit mir. Ich wollte doch Französisch lernen. Wenn Besuch kam, so war das alles etwas „vornehm". Besucher wie die Nachbarn oder der Gärtner wurden im Hof an einem großen Steintisch mit Wasser empfangen, wichtigere Besuche wurden an einem großen Eichentisch im Vestibül mit Pastis begrüßt. Freunde und Verwandte wurden in den Salon eingeladen. Als ich einmal bei Tisch mein Weinglas, das nicht ganz leer war, zum Nachfüllen hochhob, merkte ich, wie daneben ich mich benahm. Als ich in einen saftigen Pfirsich biss, den ich vorher nicht abgeschält hatte, streiften mich die Blicke: Was für eine Proletin. An den Gesprächen konnte ich mich nicht beteiligen und so wurde mir bald langweilig. Der Tagesablauf war sehr genau eingeteilt, pünktlich um 08:30 Uhr musste ich das Frühstück vorbereiten. Wenn ich zwei Minuten später noch nicht da war, rief sie die Treppe hinauf, ich solle kommen. Das nervte mich fast jeden Tag. Am Nachmittag hatte ich „frei", jedoch konnte ich nichts anderes unternehmen, als stundenlang in der Umgebung die einsame Natur zu durchstreifen, ohne einem Menschen zu begegnen. Einmal stand ich am Ende eines Feldweges vor einem Zaun. Da es nirgends weiterging, überstieg ich den Zaun. Ein Mann kam laut brüllend auf mich zu. Mit meinem schlechten Französisch verstand ich nur: „Hauen Sie von hier ab!" Ein anderes Mal stand ich vor ein paar Häusern, plötzlich kam ein großer, knurrender Hund auf mich zugeschossen. Ich blieb wie erstarrt stehen, nur keine Bewegung, er hätte mich angegriffen. Es dauerte eine Weile, bis der Besitzer kam und ihn zurückpfiff. Mit schlotternden Knien trat ich meinen Rückzug an. Oft war ich in Sorge, dass ich mich verlaufen könnte. Heute hätte ich mein GPS dabei.

So vergingen zwei Wochen und ich konnte mir nicht vorstellen, noch weitere vier Wochen hier auszuhalten. Am nächsten Wochenende kamen Verwandte zu Besuch. Ich bat den Mann mich mitzunehmen, wenn er wieder abfuhr. Er sagte zu, und nachdem er es am Montagmorgen seiner Schwester mitgeteilt hatte, entstand eine große Aufregung. Am Tisch war ich die Einzige, die frühstückte, denn ich dachte mir, es kann ein langer Tag werden und ich will gestärkt sein. Madame schoss hysterisch durch das Haus und schrie: „Sie können nicht einfach abfahren." Dann stellte sie sich in die Türe und versperrte mir den Durchgang. Ich zwängte mich mit meinem Köfferchen durch und ging schon mal die Ausfahrt entlang. Ich dachte, das Ehepaar würde mich, wenn es gleich abfuhr, mitnehmen. Sie kamen und fuhren an mir vorbei. Ich befand mich auf einem mir völlig unbekannten Feldweg. Irgendwann und irgendwo würde der Weg ja enden und so ging ich stundenlang durch die Felder und Wälder. Als es anfing zu regnen, setzte ich mich auf mein Köfferchen, zog die Jacke über den Kopf und dachte, der Regen würde ja wieder aufhören. Ich wusste nicht, wo ich war. Ich erinnere mich, dass ich ein Gefühl von großer Freiheit hatte. Was würde mir das Leben als Nächstes bieten? Nach einigen Stunden erreichte ich eine größere Straße. Endlich kam ein Auto, darin saßen zwei ältere Damen, die mich nicht gut verstanden. Sie waren sehr neugierig, wo ich denn hier in dieser verlassenen Gegend herkäme? Sie sahen, dass ich wohl mitwollte und so stieg ich ein und kam bis zum nächsten Dorf. Dort nahm mich ein Gemüsehändler zur nächsten größeren Ortschaft mit. Von dort konnte ich mit einer Bahn bis nach Lyon fahren. In dieser schönen Stadt fand ich gleich ein Hotel. Mit Heiß-hunger sah ich eine Patisserie und verzehrte sofort viele leckere Süßigkeiten. Ich hatte wieder Orientierung und das Leben war spannend. Am nächsten Tag saß ich in einem Straßencafé und unterhielt mich mit einem jungen Mann. Er sagte, er führe morgen nach Toulon und würde mich bis in die Provence mitnehmen. Denn mir war inzwischen die Adresse von Claude eingefallen, die ja in der Provence lebte und mich eingeladen hatte. Was für eine gute Fü-gung. Die Autofahrt war angenehm, der junge Mann sprach gut Deutsch, denn er hatte in München studiert und wohl gute Erinnerungen an diese Zeit. Irgendwann meinte er, ich könne auch ganz mit nach Toulon fahren, denn seine Schwester gebe ein großes Fest und er könne mich als Gast mitbringen. Allerdings dürfte ich nicht sagen, dass er mich „auf der Straße aufgelesen" hat. Wir würden sagen, er würde mich aus seiner Zeit in München kennen. Dass ich mich verspreche, wäre kein Problem, denn mit meinem schlechten Französisch würde mich sowieso niemand verstehen. So war es auch und ich genoss eine große Gastfreundschaft. Die Austern schmeckten mir zwar nicht, aber sonst war es ein super Fest. Nach drei Tagen schenkte ich der Schwester einen Blumenstrauß und verabschiedete mich.

Da ich nicht so viel Geld ausgeben wollte, beschloss ich, per Anhalter weiterzufahren. Das war in einer großen Stadt sehr schwierig. Ich stand lange an einer viel befahrenen Straße und winkte mehreren Autos. Den Fahrern, die mir nicht geheuer erschienen, winkte ich weiter. Als ein älterer Herr in einem kleineren Auto hielt, fuhr ich mit. Genau das war die falsche Entscheidung, denn er fuhr irgendwann von der großen Straße in immer kleinere Straßen ab. Mit guter Intuition hatte ich mein Köfferchen nicht hinten im Auto abgelegt, sondern hielt es auf meinem vorderen Sitz fest. Ich dachte mir, sobald er anhält, bin ich aus dem Auto. So kam es auch, er hielt auf einem Feldweg an und sofort war ich aus dem Auto gesprungen. Ich lief auf der rechten Seite. Da er links saß und fahren musste, konnte er mich nicht erreichen, außerdem musste er erst wenden, dann lief ich zurück in Richtung der größeren Straße. Immer wenn er mich wieder eingeholt hatte, lief ich weiter, und so musste er auch wieder weiterfahren. Irgendwann gab er auf und ich erreichte die größere Straße. Da stand ich nun wieder und musste winken. Da nicht viele Autos kamen und ich schon etwas erschöpft war, stieg ich in einen großen Mercedes mit zwei attraktiven Männern ein. Ob das wohl gut geht? Es ging sehr gut. Beide Herren sprachen sehr gut Deutsch, waren äußerst höflich und boten mir an, mich bis zu der Adresse zu fahren, die ich ihnen zeigte.

Als ich vor dem Haus von Claude aus dem Auto stieg, war sie überrascht und wunderte sich, von wo ich plötzlich herkam. Nach dem ersten Schock freute sie sich und lud mich ein vorerst einmal zu bleiben, denn ihr Sohn war in den Ferien in Basel bei den Schwiegereltern und ich konnte in seinem Zimmer schlafen. Pierre, ihr Mann, hatte eine Fahrschule und war tagsüber beschäftigt, und Claude hatte zu dieser Zeit als Krankenschwester Nachtdienst. Ich schaute mir diesen kleinen, beschaulichen Ort an, setzte mich in Cafés und kaufte mir jeden Tag eine Melone – diese wachsen dort und sind daher sehr günstig sowie äußerst lecker. Zum Abendessen brachte ich etwas mit und wir saßen zusammen und plauderten, bis Claude zum Dienst musste. Eines Abends fragte Pierre, ob ich mit ihm ins Schlafzimmer ginge. Mit „Händen und Füßen" erklärte ich, dass ich das auf keinen Fall wolle. Er akzeptierte das und meinte, er hätte das mit Claude besprochen und ich könnte sie ja morgen fragen. Ich erzählte ihr das, und tatsächlich sagte sie, sie wüsste das bereits und sei einverstanden. Da ich das aber nicht wollte, war das Thema nach einigen Erklärungen beendet. Nach einer Woche wollte ich wieder abreisen, denn eine Gastfreundschaft soll man nicht überstrapazieren. Als ich das mitteilte, meinten beide, ich könne noch ein paar Tage bleiben, dann hätten sie Urlaub und würden auf eine Insel fahren und mich mitnehmen. Das nahm ich an und so fuhren wir in Richtung Süden ans Meer. Das Auto blieb auf einem Parkplatz an der Küste und wir fuhren mit einem Boot auf eine mir unbekannte Insel, den Namen habe ich mittlerweile vergessen. So verwundert war ich selten in meinem Leben, es war eine Nudisteninsel, alle Menschen waren nackt. Nicht nur am Strand, das kannte ich ja, sondern auch auf den Straßen, auf den Fahrrädern – es gab keine Autos – und sogar in den Geschäften. Nach einer Woche nur Sonne und Wasser war ich daran gewöhnt und hatte mir einen kräftigen Sonnenbrand an den Stellen, die selbst beim engen Bikini bedeckt gewesen wären, geholt. Nachdem ich bereits mehrere Wochen wieder zu Hause gewesen war, schickten Claude und Pierre mir einige Bilder. Das war mir dann doch zu viel Nacktheit und so habe ich sie alle verbrannt.

Nach dieser außergewöhnlichen Urlaubswoche kündigte ich wiederum an, nach Hause zu fahren. Claude meinte: „Wenn du noch eine Woche bleibst, fahren wir nach Basel, um unseren Sohn abzuholen, und du kannst mitfahren." Das war super, denn ich ersparte mir die lange Zugfahrt quer durch Frankreich. In Basel verabschiedeten wir uns sehr herzlich. Es waren sechs abwechslungsreiche, spannende Wochen gewesen, ich hatte fast kein Geld gebraucht und viel erlebt, ob risikoreich, gut oder leichtsinnig musste ich nicht beurteilen. Das Leben ist intensiv, wenn man es so lebt. Einige Jahre habe ich mit Claude noch korrespondiert, ich musste ihre französischen Briefe entziffern und sie meine deutschen. Obwohl sie immer wieder von einem Besuch bei mir schrieb, hat sie es doch nie geschafft nach Deutschland zu kommen.

Hochzeit meiner Eltern

Meine Hochzeit

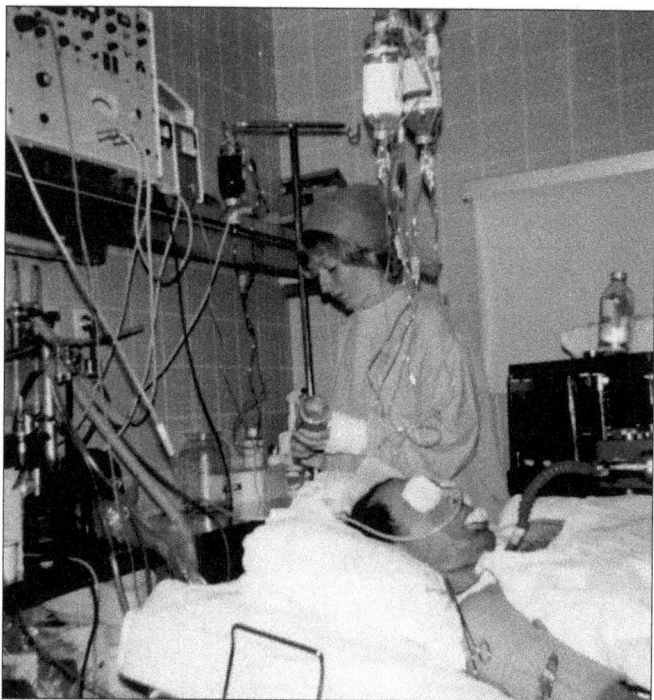

Auf Intensivstation bei der Pflege eines Tetanus-Patienten

Kapitel 4

Neubeginn mit vielen Chancen

Erfolgreicher Absprung

Nach sieben Jahren wurde meine Ehe geschieden, wieder war eine Siebenjahresphase vorbei. Kurz darauf habe ich die Hochschulreife erworben, konnte jedoch wegen des Numerus Clausus noch nicht studieren. Irgendwo als Krankenschwester auf einer Station zu arbeiten erschien mir nicht so erstrebenswert, also arbeitete ich in der Praxis weiter. Diese lief zu dem Zeitpunkt gut, ich konnte sehr selbständig einige Aufgaben übernehmen, die mir viel Freude machten. So wartete ich auf den Kairos, den richtigen Moment in der richtigen Zeit. Dieser kam im Skiurlaub.

Ich war mit meinem Bruder in Österreich zum Skifahren. Im Leseraum des Hotels saß ein großer, attraktiver, blonder Mann um die 40 Jahre. Wir kamen gut ins Gespräch und fuhren tagsüber in wunderbarer Sonne und Schnee Ski. Abends vergnügten wir uns an der Bar. Am letzten Urlaubstag meinte Leo: „Bazi, komm doch nach Münster." Ich antwortete spontan: „Wenn du mir eine Stelle besorgst, komme ich sofort." Als ich zurück aus dem Urlaub war – ich stand gerade in der Praxis im Labor – klingelte das Telefon. „Hallo, du kannst hier in der Evangelischen Krankenpflegeschule sofort als Schulassistentin beginnen." Ich sagte „okay", schrieb die Telefonnummer auf und legte wieder auf.

In den vergangenen Wochen und Monaten war ich mit Erich nie wirklich ins Gespräch gekommen. Wir konnten uns über die Arbeit in der Praxis austauschen, sonst jedoch hatten wir keine Gemeinsamkeiten mehr. Erich war erschöpft, brauchte seine Medikamente, und ich schaute noch etwas Fernsehen, dann war der Abend um. Am Wochenende war ich meistens in unserem neuen Haus. Ich hatte mehrmals versucht, über mein Weggehen zu reden, doch es war nicht möglich. So kam es, dass ich, ohne etwas zu sagen, einfach weggegangen bin. Ich packte meine wenigen Sachen in meinen Karmann Ghia und fuhr nach Münster.

Einige Jahre später besuchte ich Freunde aus dieser Zeit. Es klingelte an der Haustüre. Siegrid ging an die Tür, kam wieder und sagte, dass unten Erich sei. Er wollte nicht heraufkommen, denn „sie hat sich nicht einmal von mir verabschiedet". Mir wurde das nun bewusst. Ich hatte das nicht gut gefunden, aber es war mir damals nicht anders möglich gewesen. So vereinbarte ich einen Termin mit meinem Exmann, wir trafen uns in einem Café in der Stadt, in der er jetzt wohnte. Wir sprachen miteinander, aber fanden nicht wirklich einen offenen Austausch. Ich sagte, es täte mir auch leid, dass ich einfach so gegangen bin. Ich merkte wieder ein beklemmendes Gefühl und war froh, diese Zeit hinter mir zu haben.

In der Zeit nach meiner Ehe erlebte ich ein mir unverständliches Verhalten von einigen Männern, die ich lange kannte und die sich mir gegenüber, solange ich „an der Seite" eines Ehemannes gewesen war, immer respektvoll verhalten hatten. Jetzt meinten sie, ich sei „frei", und so bedrängten sie mich. Ich musste mich heftig wehren. Da ich keine Frau bin, die zuschlägt, wurde mir das sehr lästig. Ich merkte, wie schwer es ist, klar und eindeutig zu sein. Mittlerweile habe ich auch das gelernt.

Unterrichtsschwester

Ein Jahr Schulassistenz war die Voraussetzung für eine Weiterbildung im Bereich Leitungs- oder/und Unterrichtstätigkeit in der Pflege. So bewarb ich mich für diese Weiterbildung in einer Einrichtung in Remscheid. Die Zeit in Münster genoss ich sehr. Schüler zu unterrichten war mir neu, ich war auch jedes Mal sehr aufgeregt. Die Schülerinnen und Schüler waren immer sehr höflich und fragten zurückhaltend, sodass ich auch mit den Antworten zurechtkam und mich in dieses Aufgabengebiet gut einarbeiten konnte. Am Wochenende oder abends lud mich Leo oft zum Essen ein, wir gingen auch mal ins Konzert oder zum Segeln auf dem Dümmersee. Die Freundschaft war nicht sehr verbindlich Es war aber trotzdem eine schöne Zeit. Münster ist eine Reiterstadt und so nahm ich auch Reitunterricht in Warendorf. Aufregend waren die Ausritte in die Umgebung. Einige Male fiel ich vom Pferd, es ist mir aber nie etwas passiert. Ich fand nette Freunde. Mit einer Gruppe wollten wir dann eine Wohngemeinschaft mit sozialem Engagement gründen, das war damals ganz aktuell. Wir besichtigten mehrere Häuser, fanden jedoch nie das richtige, und so veränderte sich einiges. Ein Ehepaar mit drei Kindern, beide Juristen, ging auseinander, da sie plötzlich Lesbiern geworden war. Ein Ehepaar, beide Psychologen, trennte sich ebenfalls, und eine Freundin, die aus Franken kam, ging wieder zurück. So löste sich das Projekt auf.

Ich suchte eine ehrenamtliche Tätigkeit, der ich in meiner Freizeit nachgehen konnte, diese fand ich bei der Telefonseelsorge. Diese Einrichtungen etablierten sich in dieser Zeit, Träger waren meistens die Kirchen. So bewarb ich mich zu einer Ausbildung. Ich erinnere mich noch gut an das Auswahlverfahren. Fast alle Mitbewerber kamen aus therapeutischen Berufen und waren vertraut mit Kommunikationstechniken. Bei den verschiedenen Aufgaben konnten sie perfekte Antworten formulieren. Ich stotterte herum und musste raten, was wohl damit gemeint war. Mir war klar, dass ich da nicht genommen werde. Und siehe da, ich bestand die zwei Tage Auswahlverfahren, wahrscheinlich wegen meiner offenen, spontanen Art.

Nach einer Übung mit verschlossenen Augen – damals war auch Selbsterfahrung ganz wichtig – erzählte mir Gertrud, dass der Ausbildungsleiter, ein katholischer Priester, ihr unabsichtlich voll an die Brust gefasst hatte. Wir amüsierten uns. Dieser einjährigen Ausbildung habe ich viel zu verdanken. Ich hatte ein Zertifikat zur Klientenzentrierten Gesprächsführung nach Rogers erworben. Diese Kommunikationsform habe ich viele Jahre später in den verschiedenen Krankenpflegeeinrichtungen von der Grundausbildung bis zur Hochschule unterrichtet, bis ich sie mit dem Kommunikationskonzept der Idiolektik, der Eigensprache eines Menschen, ablöste. Das unterrichte ich noch heute in Seminaren. Die Tätigkeit bei der Telefonseelsorge, mit vielen Nachtdiensten, übte ich fast vier Jahre aus, als ich bereits in Remscheid war. Danach nochmals fünf Jahre in Würzburg während des Studiums. Hier sammelte ich unwahrscheinlich viele Erfahrungen von Menschen, die in Not waren und ein anonymes Gespräch suchten.

Eine schlimme Erfahrung hatte ich eines Nachts. Ein Mann rief an und sagte, er wolle sich jetzt umbringen, er hätte die Tabletten am Bett und möchte nur noch in der letzten Stunde mit jemandem reden. Ich versuchte ihn davon abzubringen, seine Adresse zu erfahren oder ihm irgendwie zu helfen. Es war nicht möglich. Seine Stimme wurde immer leiser, dann brach der Kontakt ab. Ich war sehr erschüttert und hilflos. Dann setzte ich mich an die Dokumentation, in der wir anonym alle Ereignisse aufschrieben. Einige Tage später kam ich wieder zum Dienst und las die Dokumentation durch. Die Kollegin hatte die Nacht zuvor und vorher noch mehrmals das gleiche Ereignis beschrieben. Es war nicht zu fassen, dieser Mensch hatte sein scheinbares Sterben mehrmals „durchgespielt". In der Supervision konnte ich dann über meine Erschütterung sprechen.

So war meine Zeit in Münster ausgefüllt mit Freizeitbeschäftigungen, mit viel Lehren und Lernen und neuen Erfahrungen. Auch die Freundschaft mit Leo war sehr angenehm. Vor vier Jahren war ich mit einer Reisegruppe in Nepal; ich freundete mich mit Gabi aus Münster an, da ich gute Erinnerungen an diese Stadt hatte. Sie besuchte mich einmal und wir verbrachten heuer einen besonderen Urlaub in Irland. Gabi drängte mich dazu, sie endlich auch zu besuchen. So fuhr ich drei Tage zu ihr, wir gingen am Aasee spazieren und suchten ein paar Plätze auf, die ich meinte von früher zu kennen. Natürlich erzählte ich von Leo, und am letzten Tag kurz vor meiner Abreise erwähnte ich zufällig den Nachnamen. Gabi stoppte fast das Auto und sagte: „Das gibt es nicht, warum sagst du das nicht eher? Herr Dr. W. hatte seine Wohnung im Haus meiner Schwiegereltern und wir wohnten auch mehrere Jahre dort." Sie kannte also Leo, was für ein Zufall. Sie erzählte mir dann, dass er allein in seiner Wohnung an AIDS verstorben sei. Er war ein stattlicher Mann gewesen, promoviert, mit einer einflussreichen Stellung an der Universität. Ich war erschüttert, wie einsam muss er gewesen sein.

In den 70er-Jahren war es noch möglich, eine Leitungs- oder Lehrtätigkeit in den Pflegeberufen mit einem Jahr Weiterbildung zu erreichen. Heutzutage gibt es für jede Richtung jeweils Bachelor- und Masterstudiengänge. Wie sich dieser berufliche Bildungszweig doch in nur 50 Jahren gewaltig verändert hat.

Ich besuchte diese Weiterbildung. Sie war nicht sehr aufregend. Der Soziologe erzählte uns, ohne jemals vorbereitet gewesen zu sein, irgendetwas. Ob das für uns wichtig war, fragte er nicht. Einmal erwähnte er, dass die Sonderprüfungen an den meisten Ministerien – in Bayern ist das das Kultusministerium – eine Durchfallquote von 95 % hätten. Ich dachte im Stillen, ja super, ich gehöre zu den 5 %. Laut getraute ich mich das nicht zu sagen. Zwei junge Psychologen wollten mit uns Übungen zur Selbsterfahrung machen, das hat nicht geklappt. Wir waren eine Gruppe von berufserfahrenen Teilnehmern und keine unbedarften Schüler mehr. Die Leiterin, die Betriebswirtschaft unterrichtete, saß am Pult und las aus einem Buch vor, wir mussten alles mitschreiben. Sie nannte uns die Quelle beziehungsweise das Buch nicht. Mir waren das Mitschreiben und das Auswendiglernen für die Prüfung zuwider. So würde ich nie eine gute Note erreichen. Mit welchem pädagogischen Verständnis man damals Erwachsene unterrichtete. Ich wohnte in einem Zimmer im Personalwohnheim, war jedoch am Wochenende und oft auch abends weiterhin in Münster. Oft machte ich Nachtdienst bei der Telefonseelsorge. Tagsüber besuchte ich die wenigen Unterrichtseinheiten, die mir interessant erschienen. Ansonsten legte ich mich ins Bett und las für mich interessantere Literatur. Wegen meiner häufigen Abwesenheit wurde ich oft ermahnt, das zeigte sich dann auch in meinem Abschlusszeugnis.

Da für mich die Welt immer noch Interessantes und Unbekanntes barg, bewarb ich mich beim Deutschen Entwicklungsdienst. Ich wurde nach Berlin zur Vorstellung eingeladen. Ein Psychologe meinte, ich hätte rassistische Tendenzen und lehnte mich ab. Die anderen Begutachter fanden das nicht und so wurde ich auf die „Warteliste" gesetzt. Meine Weiterbildung war beendet, und was nun?

Da ich neugierig auf Erfahrung als nun ausgebildete Unterrichtsschwester war und das schöne Münsterland nicht verlassen wollte, bewarb ich mich in einer kleinen Krankenpflegeschule im Umland. Die Leitung hatte eine katholische Ordensfrau inne. Mit ihr verstand ich mich sehr gut. Sie wollte viel von meinem privaten Leben wissen, ich erzählte ihr einiges und lud sie zu Ausflügen mit meinem Auto ein. Sie genoss die Fahrten im offenen Karmann Ghia und wir kehrten dann zum Essen oder Kaffeetrinken in einen Landgasthof ein. Sie wollte natürlich nicht erkannt werden, und prompt trafen wir auch mal eine Schülerin und eine Mitarbeiterin des Krankenhauses. Einmal fuhr ich allein auf einer Landstraße, als ich plötzlich gestoppt wurde. Blitzschnell standen links und rechts zwei Polizisten mit erhobenen Maschinengewehren. Ich blieb ganz steif sitzen und dachte, jetzt nur keine falsche Bewegung. Nachdem der eine Polizist mein Handschuhfach geöffnet hatte und keine Pistole sah, senkten sie ihre Maschinengewehre. Sie fragten, wo ich herkäme und wohin ich führe. Ich erklärte, dass ich in Münster arbeite und in Gunzenhausen meinen ersten Wohnsitz hätte, deshalb stehe auch auf meinem Nummernschild „GUN". Damit konnte ich wieder weiterfahren. Es war die Zeit der Terroristenfahndungen.

Im Schulalltag musste ich etwas aufpassen, dass ich nicht zu viel Neues einbrachte, denn ich wurde schon mal als Exotin aus Bayern wahrgenommen. Zum Beispiel kam die Schulleitung auf die Idee, im Klassenzimmer ein Podium aufzustellen, von wo aus wir Lehrenden etwas erhöht unterrichten sollten. Das konnte ich mit Mühe abwenden.

Ich hatte den Eindruck, dass man zu dieser Zeit den Wert einer Krankenpflegeschule für eine gute Qualifizierung der Pflegekräfte noch nicht erkannt hatte. Wenn eine Krankenschwester auf der Station nicht mehr voll einsatzfähig war, so sagte man, für die Schule tauge sie immer noch. Ich kannte einige Kolleginnen, die auf diese Weise Schulschwestern geworden waren, so nannte man sie damals auch. Wichtig war das Praxiswissen, das nicht reflektiert wurde. Als ich einmal meiner Schulleitung vorschlug, zwei Wochen auf einer Station zu arbeiten, um mein praktisches Wissen auf den neuesten Stand zu bringen, so war ihr das sichtlich unangenehm. Ihre Kolleginnen, die Stationsleitungen, könnten dann meinen, wir hätten in der Schule nichts zu tun. Ich konnte doch ein paar Tage aushandeln. Diese waren für mich nicht befriedigend. Ich bekam weder eine Einführung, eine Anleitung oder für irgendetwas eine Erklärung. Ich stand im Stationszimmer und musste mir eine „Arbeit" suchen. So nahm ich das Blutdruckgerät und maß bei allen 40 Patienten den Blutdruck. In der Kurve musste dieser für jeden Tag stehen, ob das notwendig war oder nicht. Das Gleiche galt auch für das Fiebermessen. Oder ich ging durch alle Zimmer und teilte Wassergläser aus. Damals hatte man die so genannte Funktionspflege, eine Krankenschwester ging durch alle Zimmer und machte bei jedem Patienten die gleichen Tätigkeiten, die eben notwendig waren, wie zum Beispiel Verordnungen. Deshalb hatte man wenig Bezug zu den einzelnen Kranken, man kannte kaum den Namen. Man verrichtete nur Tätigkeiten. Von einem ganzheitlichen Pflegeverständnis und von einer qualifizierten Praxisanleitung wie heute war man weit entfernt.

Am letzten Tag meiner Probezeit wurde ich zum Verwaltungsleiter bestellt. Er teilte mir mit, dass er meine Probezeit eventuell nicht verlängern wollte. Ich wusste nicht warum und bat um eine Begründung. Er hatte keine Erklärung, er meinte nur, ich solle in die Schule zurückgehen und mich mit der Schulleitung besprechen. Dort saßen die drei Kolleginnen mit betroffenen Gesichtern. Ja, sie wussten auch nicht warum. Also ging ich wieder in das Büro des Verwaltungsleiters und sagte, es habe niemand etwas gegen mich ausgesagt. Er meinte, er habe den Eindruck gewonnen, dass ich nicht in das Team integriert sei. Mit welcher Selbstverständlichkeit ein Verwaltungsleiter seine Macht ausüben und Entscheidungen treffen konnte. Hätte ich das hingenommen, wäre ich tatsächlich am nächsten Morgen „auf der Straße gestanden". So sagte ich zu ihm: „Mein Vertrauen ist damit verloren." Im Stillen dachte ich mir: „So lange werde ich in diesem kleinen, kirchlichen Hause nicht mehr bleiben." Denn ich wartete immer noch auf einen Studienplatz.

Eines Tages, ich stand eben in der Reihe mit dem Essens-
tablett in der Cafeteria, reichte mir jemand das Telefon. Es
war ein Anruf aus Berlin vom Deutschen Entwicklungsdienst.
Sie fragten, ob ich mich sofort dazu entscheiden könnte, in
den Iran – oder war es der Irak? – zu gehen. In ein islami-
sches Land zu gehen, das konnte ich mir so schnell nun doch
nicht vorstellen. Ich sagte nein und damit war meine Vorstellung beim Entwicklungsdienst beendet, denn ich wusste,
bald wäre ein Studium möglich, die Wartezeit des Numerus
Clausus war bald erfüllt.

Medizinstudium

Das war ein halbes Jahr später der Fall. Ich kam aus der Enge
dieser kleinen Schule und diesem kleinen Krankenhaus heraus
und die ganze Welt stand mir wieder offen. Ein gutes Gefühl. Sollte ich mich in Hamburg zum Medizinstudium bewerben? Ich hatte kurz vorher einen Freund, der in Hamburg
arbeitete, gefunden. Oder sollte ich nach München ziehen,
in die Landeshauptstadt von Bayern? Da ich sehr naturverbunden bin, erschien mir die Vorstellung in einer Großstadt zu leben nicht sehr erstrebenswert. So entschied ich
mich für Würzburg. Als ich zum Einschreiben die breiten
Treppen in das alte, ehrwürdige Haus am Sanderring hoch-
stieg, spürte ich ein erhebendes Gefühl. Ein Kindheitstraum
war mehr als Wirklichkeit geworden. Ich erinnerte mich,
wie unser Volksschullehrer in dem kleinen Dorf, in dem ich
groß geworden war, etwas von einer Universitätsstadt Erlangen erzählt hatte. Ich hatte gedacht: „Wenn ich einmal
groß bin, schaue ich mir das an, es wird ein Haus sein, in
dem ganz viel Wissen zur Verfügung steht." Wie, das war

mir nicht vorstellbar. Nun konnte ich das Haus nicht nur „anschauen", sondern nach innen eintreten und studieren. Später erkannte ich, dass nicht das Wissen das Erstrebenswerte für mich war, sondern die Weisheit. So ging mein Entwicklungsprozess über das Wissen hinaus und führte mich zur Meditation.

Der Studentenalltag stellte sich schnell ein. Ich traf überraschend Freunde aus früherer Zeit und fand guten Kontakt zu älteren Studierenden, die wie ich bereits einen Beruf hatten. Wir bildeten eine Arbeitsgruppe. Das war notwendig, denn im Studium war umfangreicher Wissensstoff einzupauken. Auch die jüngeren Studierenden teilten sich Informationen in Arbeitsgruppen. Bald hörte ich: Wenn man das erste Semester geschafft hat, dann wird's leichter. Im nächsten Semester hörte ich: Wenn man das zweite Semester geschafft hat, dann wird's leichter. So ging es fort. Wenn man das Physikum geschafft hat, wenn man das erste Staatsexamen geschafft hat … Ich fühlte mich sehr unter Druck, was mir schon immer zuwider war. Ich hatte einen Stundenplan, der von Montag bis Freitag und von morgens bis abends mit Pflichtvorlesungen ausgefüllt war. Meine Freiheit war wieder einmal dahin. Besonders zu schaffen machte mir das Physik-Seminar. Es war reines Pauken von Theorie. Ich fragte mich, was das mit Medizin zu tun hat. Ebenfalls waren die anderen Fächer wie Chemie, Mikrobiologie oder Statistik nur auswendig zu lernende Theorie. Bei der ersten Physik-Prüfung fiel ich durch, von fünf Aufgaben waren nur vier richtig. Es waren Multiple-Choice-Fragen mit Lösungsangeboten, die jedoch so gestellt waren, dass man leicht in eine Falle tappte. Hatte man etwa das Ergebnis richtig, aber die Kommastelle statt mit drei Nullen nur mit zwei Nullen angekreuzt, so war es schon vorbei. Ich quälte mich durch die zweite Prüfung und bestand diese auch.

Mir wurde klar, so würde ich nicht weitermachen. Zumal ich erfuhr, dass diese Prüfungen im Medizinstudium nur der Auslese dienten, 60 % der Kandidaten sollten durchfallen. Die Physik in Würzburg hatte zu dieser Zeit diesen Ruf. In anderen Fächern oder zu späteren Zeiten mag sich das geändert haben.

Das einzige Fach, das mich interessierte, war die Geschichte der Medizin. Der Professor an diesem Institut war sehr nett und ich kam in persönlichen Kontakt mit ihm. Ich glaube, er freute sich, dass sich jemand wirklich für sein Fach interessierte und seine Seminare nicht nur als Pflicht betrachtete. Eigentlich interessierte mich die Geschichte der Krankenpflege. Das war für ihn neu und er zeigte mir Zugänge zu historischen Dokumenten. Zum Beispiel recherchierte ich in den Archiven des Juliusspitals zur Geschichte der Spitalmeisterin, die in jener Zeit das „Oberhaupt" eines mittelalterlichen Spitals war. So fand ich auch in den Archiven des Nürnberger Heilig-Geist-Spitals die Eintragung, dass im 16. Jahrhundert der erste Arzt (Physikus) eingestellt wurde. Die in altdeutscher Sprache verfassten Dokumente übersetzte mir ein Freund, der Germanist war.

Am Ende des Pädagogik-Studiums nahm ich wieder Kontakt mit ihm auf und legte eine Prüfung im Wahlfach Geschichte der Medizin und Krankenpflege ab. Mit Genehmigung der Pädagogik-Professoren konnte ich in diesem Fach auch meine Diplomarbeit schreiben. Ich beschäftigte mich mit der Diätetik des Hippokrates über das Mittelalter bis zur heutigen Krankenpflege. Diese Inhalte der gesunden Lebensweise waren in der Antike und bis zur Entwicklung der Naturwissenschaften im Aufgabenbereich der Medizin oder von heilkundigen Frauen, zum Beispiel Hildegard von Bingen. Medizin und Krankenpflege waren nicht getrennt. Heute finden wir diese Inhalte in Theorien der Pflegewissenschaft.

Inzwischen überdachte ich meine Zukunftspläne neu. Wollte ich wirklich Medizin studieren oder war das eine Vorstellung aus vergangener Zeit? Ich erinnerte mich an junge Ärztinnen in den verschiedenen Krankenhäusern, in denen ich gearbeitet hatte. Sie standen in der Hierarchie an unterster Stelle. Oft mussten sie weit mehr und länger arbeiten als ihre männlichen Kollegen. Wollte ich das? Nein. Inzwischen hatte ich Erfahrungen als Lehrende, was mir sehr gefiel, auch gab ich bereits Seminare beim Berufsverband für Krankenpflege, hier konnte ich selbst bestimmt Aufträge annehmen. In Würzburg unterrichtete ich stundenweise in einer Altenpflegeschule, so verdiente ich mir auch Geld für das Studium. Mir wurde klar, ich würde das Medizinstudium aufgeben und mich in Pädagogik einschreiben. Nun war es so, dass ich die fachgebundene Hochschulreife hatte und nicht wusste, ob das eigentlich möglich war. Ich fragte nicht lange, sondern schrieb mich einfach in den Fachbereich Diplom-Pädagogik ein; dieses Studium mit Schwerpunkt Erwachsenenbildung war damals ganz neu. Es traf genau mein Interesse. Ich konnte damit auf meinen Beruf aufbauen und mich so weiterentwickeln.

Philippinen

Bevor das neue Semester begann, erlebte ich einen ganz besonderen Urlaub. Zu dieser Zeit war ich mit Friedrich, meiner zweiten großen Liebe, befreundet. Er bekam ganz unerwartet von einer Fluggesellschaft eine Einladung zu einem Kongress in Manila auf den Philippinen. Er eröffnete mir, dass ich als Begleitperson ohne Kosten mitfliegen könnte. Das war verlockend, zumal ich mit einer philippinischen

Kollegin aus einem Krankenhaus, in dem ich einmal gearbeitet hatte, noch in Kontakt war. Tessi gab mir die Adresse ihrer Verwandten und Geschenke für diese mit. Ich versprach, sie zu besuchen.

Der Flug mit einer Thai-Airline war beeindruckend, wir saßen oder lagen bequem in Sesseln der ersten Klasse. Ständig wurde bester Alkohol nachgeschenkt. Mit Trinken und Schlafen vergingen die langen Flugstunden. In Manila wohnten wir in einem Luxushotel, das wir uns nie hätten leisten können. Der Kongress war für drei Tage anberaumt. Am ersten Tag – Friedrich hatte da seinen Vortrag – war ich im Kongresssaal mit anwesend. Die Atmosphäre mit den vielen Piloten war entspannt und heiter, ganz anders als ich das später bei steifen, wissenschaftlichen Kongressen erfahren habe. Am zweiten und dritten Tag nahm ich am Begleitprogramm der Pilotenfrauen teil. Wir wurden von morgens bis abends in dieser riesengroßen Stadt herumgefahren, von einem Vorzeigeobjekt zum anderen. Die Gespräche der Frauen drehten sich um Shopping. Sie begleiteten oft ihre Männer rund um die Welt und kauften natürlich nur das Neueste und Beste. Um nicht noch einmal so einen Tag zu erleben, bat ich den Fahrer gleich anzuhalten und behauptete, mir sei schlecht und ich müsse aussteigen. Befreit von der Enge des Busses, plante ich meine Stadtbesichtigung auf eigene Faust. Ich hatte die Adresse des Hotels und konnte jederzeit mit dem Taxi dorthin zurückfahren. So ließ ich staunend und genießend die Eindrücke dieser so fremden Stadt auf mich wirken. Als ich am Abend im Hotel eintraf, wurde ich sofort von einigen Herrn und Friedrich empfangen. Sie fragten, wo ich denn gewesen sei, sie hätten sich Sorgen gemacht und schon überlegt, die Polizei zu verständigen, denn sie dachten, mir wäre etwas passiert. Ich entgegnete ganz schuldbewusst, dass mir übel geworden war und ich hatte aussteigen müssen und dass es mir sehr leid täte. Es war mir tatsächlich unangenehm, dass ich meinem Partner solche Unannehmlichkeiten bereitet hatte. Mein Fehlverhalten hatte sich auch gleich unter allen Piloten und Pilotenfrauen herumgesprochen, aber bald war das wieder vergessen und der Kongress war zu Ende.

Wir fuhren in das Innere der Insel zu den Verwandten von Tessi. Sie lebten in einem kleinen Ort und bewohnten ein Haus, das von Steinmauern umgeben war, ansonsten war innen nur ein Raum, der an einer Seite mit einer Bretterwand abgetrennt war. Dort befand sich ein großes Bett, in welches wir einquartiert wurden. Gekocht wurde außerhalb auf einem offenen Herd. Uns zu Ehren gab es gebratene Fleischstücke. Die schmeckten gut und ich dachte, davon wird mein Magen nicht rebellieren. Ansonsten waren wir beim Essen mit nicht abgekochten oder rohen Lebensmitteln immer vorsichtig. Die Familie bestand aus mehreren größeren Kindern und vielen Mädchen, das waren wohl alle Freundinnen der Nachbarn. So ein exotischer Besuch war ja nicht alle Tage da. Am Abend, als wir im Bett lagen, tauchte an der oberen Kante der Bretterwand ein Kopf nach dem anderen auf. Da wir brav zugedeckt im Bett lagen, rutschen alle nacheinander wieder hinunter und kicherten. Friedrich war ein großer, attraktiver Mann. Da die philippinischen Mädchen alle sehr klein waren, stellten sie sich für ein Foto gern neben ihn. Sie reichten ihm gerade bis unter die Schultern, wenn er sie dann umarmte, waren das heitere Momente. Die Mädchen plauderten pausenlos miteinander. Einmal fragte ich sie, was sie denn alles zu reden hätten. Sie antworteten: „Little sweet nothings." Wir verbrachten ein paar unbeschwerte Tage mit dieser Familie. Sie wollten viel von Tessi wissen und einige meinten, sie führen auch bald nach Deutschland, da sei alles so wunderbar. Mir wurde bewusst, dass durch unsere Anwesenheit große Illusionen von Reichtum und einem besseren Leben entstanden. Ich hatte absichtlich nur ein einfaches Kleid an und keinen Schmuck. Trotzdem beneideten sie mich um das Einfachste, so verschenkte ich alles, was ich nicht unbedingt brauchte; meinen Kamm, ein kleines Täschchen, eine Cremedose, mehr hatte ich nicht. Wir wurden mit dem Bus zu anderen Verwandten weitergeschickt. Wir zeigten die Adresse vor und mussten uns auf alles Weitere verlassen. In einem Dorf sagte man uns, dass wir hier aussteigen und am Spätnachmittag wieder zu diesem Platz kommen sollten. Draußen standen zwei Männer mit Mofas. Wir sollten aufsteigen, aber wohin mit unseren zwei Koffern? Die blieben hier stehen, mitten im Dorf. Also fuhren wir auf den Mofas durch unwegsames Gelände, wir wären hilflos verloren gewesen, hätten wir ihnen nicht vertraut. Ich erinnere mich noch sehr gut, wir kamen in einem großen Hain mit vielen Obstbäumen an. Es waren Zitrusfrüchte, die wir nicht kannten, aber die hervorragend schmeckten. Inmitten der Bäume war eine kleine Hütte, dort wurden wir von zwei Frauen empfangen. Sie boten uns diese Früchte an, wir waren durstig und das war wunderbar. Ich war sehr gerührt von der Einfachheit und Freundlichkeit dieser Menschen. Ich war sehr froh, dass wir noch Geschenke hatten. Sie lebten wirklich in einer Hütte, in der außer einem Bett fast nichts vorhanden war. Die Verständigung war nicht so einfach wie bei der Familie, bei der wir vorher gewesen waren, denn dort hatten die Jugendlichen ganz gut Englisch gekonnt. Hier waren nur die vier Erwachsenen. Sie zeigten uns das Land. Wir gingen durch Obsthaine und sehr gut erinnere ich mich an den Wald mit Kokosbäumen. Diese hingen voll mit Kokosnüssen, die zum Teil abfielen. Ich hoffte, dass mir keine auf den Kopf fallen würde. Nach einigen Stunden mussten wir wieder aufbrechen. Sie schenkten uns zum Abschied zwei kostbare Muschelstücke, eine Handtasche und einen Lampenschirm, alles aus Muscheln gefertigt. Ich war unwahrscheinlich berührt von der Großzügigkeit dieser Menschen, die fast nichts hatten und doch solche Geschenke machten. Ich hätte ihnen gerne ebenfalls etwas gegeben, aber ich hatte nichts. Die Tasche habe ich wenig getragen, aber ich habe sie lange in Ehren gehalten. Als wir mit dem Mofa wieder an dem Dorfplatz ankamen, wartete der Bus schon auf uns. Unsere Koffer waren auf dem Dach und vorne waren zwei Plätze für uns freigehalten. Auch jetzt, wenn ich mich daran erinnere, bin ich erneut ergriffen von der Menschlichkeit, die wir erfahren durften.

Im Bus zeigten wir wieder den Zettel mit der nächsten Adresse. Irgendwann durften wir aussteigen und wurden abgeholt. Wie die Menschen wohl wussten, wann der Bus ankam? Die Busse fuhren über die gesamte Insel, jedoch mit keinem genauen Zeitplan. An dem Tag, an dem der Bus fuhr, stellte man sich morgens an den Straßenrand und irgendwann im Laufe des Tages kam der Bus. So kamen wir bei der nächsten Familie an. Ihr Haus war größer und hatte eine Veranda und Steinmauern. Im Inneren war wiederum ein großes Bett, das uns als Gästen zur Verfügung gestellt wurde. Alle anderen schliefen auf dem Boden. Dann war da noch ein großer Holztisch, an dem alle Personen einmal morgens und einmal abends zusammen aßen. Es gab nur Reis und Gemüse, in dem kleine Fleischstückchen gebraten waren. Das wahrscheinlich auch nur, weil wir zu Besuch waren. Gegessen wurde mit den Fingern. Es schmeckte hervorragend. Ein besonderes Getränk aus Kokosmilch ist mir gut in Erinnerung, es wurde in der Kokosschale serviert. Wir blieben zwei Tage und man zeigte uns die Umgebung, ein wunderschönes Land, ringsum nur Natur. Auf einem Feld sah ich einen großen Ochsen mit riesengroßen Hörnern, dem wollte ich nicht alleine begegnen, aber scheinbar war er sehr zahm und wurde für die Feldarbeit eingesetzt. Was auf den Feldern angebaut wurde, habe ich nicht mehr in

Erinnerung. Die Familie hatte Obst, Gemüse und Reis. Sie lebten zwar sehr einfach, waren aber, glaube ich, nicht arm. Die Stille dieses Ortes beeindruckte mich, besonders nachts. Ich sah einen Sternenhimmel, wie ich ihn später nur noch in Mexiko gesehen habe, unbeschreiblich. Ich wäre gern noch länger an diesem besinnlichen Ort geblieben, aber wir mussten wieder zurück nach Manila. Dort angekommen, hatten wir noch einen Besuch bei philippinischen Wunderheilern geplant. Mit einem Inlandsflug landeten wir in Baguio, einem Zentrum in den Bergen im Norden der Insel. Dieses Heilerzentrum war auf Gäste und Touristen ausgerichtet. Es war trotzdem ruhig und beschaulich, wir konnten dort übernachten und an Gemeinschaftsveranstaltungen wie Singen und Meditieren teilnehmen. Wir wollten natürlich den Heilern über die Schultern schauen. Sie führten verschiedene Behandlungen und auch so genannte Operationen aus. Von Deutschland wussten wir über diese Arbeit Bescheid, denn immer wieder war davon in den Medien zu sehen und zu hören. Einer der anwesenden Heiler kannte Deutschland, ich meine mich zu erinnern, dass er im Fernsehen seine Operationen demonstriert hatte. Bei diesen „operierte" er nur mit den Händen bei geschlossener Haut Gegenstände aus dem Körper. Darüber gab es anerkennende und ablehnende Berichte.

Wir sahen uns das live an. Es war aber nicht viel zu sehen, wir standen hinter den „operierenden" Heilern und sahen ab und zu einen Wattebausch, der in einen Eimer geworfen wurde, woher das Blut kam, konnten wir nicht sehen. Aus kritischen Berichten aus Deutschland hatte ich gehört, dass es Hühnerblut sei. Andere bezweifelten die Echtheit dieser Handlungen nicht. Ich konnte mir kein Urteil erlauben. Auf dem Gelände redete ich mit einem Mann, der von seiner Heilung überzeugt war. Er erzählt, er hätte jahrelang durch einen Kniesplitter aus dem Krieg Knieschmerzen gehabt, jetzt sei der Splitter nicht mehr zu sehen und er hätte keine Schmerzen mehr. Ich bin überzeugt, dass diese Heiler viel Wissen und Heilkräfte hatte, so wie bei uns früher die weisen Frauen. Allerdings erlebte ich auch eine „Wunderheilung". Als ich in Manila, aus Deutschland kommend, aus dem Flugzeug stieg, lief mir die Nase so stark, dass ich nicht einmal meine Tasche tragen konnte Ich konnte mich nur mit einer Kleenexschachtel in beiden Händen bewegen. Woher das kam, wusste ich nicht, ich hatte keine Erkältung, wahrscheinlich auch keine Allergie. Im Hotel gaben sie uns die Adresse eines Heilers. Wir fuhren am nächsten Tag mit dem Taxi hin. Dort wurde ich mit Hausmitteln behandelt, wie wir sie auch in Deutschland kennen. Ich musste meinen Kopf über eine Schüssel mit heißem Wasserdampf, in dem Kräuter schwammen, halten. Ein großes Tuch über dem Kopf erhöhte die Menge des eingeatmeten Dampfes. Als ich die Praxis verließ, war die Nase frei, ich war mit nur einer Behandlung geheilt.

Unsere Zeit in Manila ging zu Ende. Wir hatten für den Heimflug noch einen Drei-Tage-Stopp in Hongkong eingeplant. Bei der Kontrolle am Flughafen wurde ich herausgewinkt. Mein Flugticket wurde nicht anerkannt, weil ich mit meinem Flugpartner nicht verheiratet war. Ein philippinischer Beamter, wahrscheinlich katholisch, war dieser Meinung. Wir verhandelten. Das Ticket war bezahlt, und was hatte das mit meinem Familienstand zu tun. Es war nicht zu glauben, wir konnten nichts erreichen. Der Beamte blieb stur und so musste ich einen neuen Flugschein von Manila nach Hongkong kaufen. Zum Glück nicht ganz nach Deutschland. Hongkong gehörte damals noch zum britischen Empire und war eine exotische Großstadt, wie es heute viele gibt. Es war ein Einkaufsparadies; von einigen Pilotenfrauen wusste ich, dass sie extra zum Einkaufen in diese Stadt flogen. Wir kauften auch einige Kleinigkeiten, vieles war wirklich sehr billig. Wir besichtigten einige Sehenswürdigkeiten. Die Stadt wirkte auf mich einerseits hochmodern und weltoffen, andererseits sahen wir auch tiefstes Hinterland, alles wurde geboten. Abstoßend war für mich diese viele Spuckerei der Männer; in Bussen, auf den Straßen, überall wurde gespuckt, auf den Boden oder in Spucknäpfe, schrecklich. Als wir einmal ein Restaurant betraten, begegnete uns der Kellner im Eingang und spuckte direkt vor uns auf den Teppichboden. Wir verließen das Lokal sofort. Das Essen war auch jedes Mal ein Abenteuer. Man konnte sich ein Gericht nach Aussehen aussuchen, man wusste dann aber noch nicht, was es enthielt. In kleinen Töpfchen holte man es sich von einer Theke oder von einem Bauchladen, mit dem ein Bediensteter des Lokals umherging. Am Tisch aß man es oder nicht und bezahlte dann nach der Anzahl der Töpfchen. Wenn man vom Inhalt absieht, ist das nicht so schlecht, in China erlebte ich das später ebenfalls so ähnlich. Von den Tischmanieren musste man absolut absehen, die Knochen oder Speisereste flogen umher und lagen am Tisch oder Boden herum. Heute wird das wohl nicht mehr so extrem sein. Damals war das so und ich war sicher, diese Stadt nicht mehr besuchen zu wollen. Am Heimflug genossen wir wieder unser Erste-Klasse-Luxusabteil.

Meine erste mechanische Schreibmaschine bei Beginn des Medizinstudiums

Meine Großmutter und ich

Tante Hilda und ich

Kapitel 5

Neue Freiheit

Pädagogikstudium

Ich hatte wieder Freiheit, konnte meinen Tagesablauf weitgehend selbst strukturieren und mir die Vorlesungen, auf die ich neugierig war, aussuchen. Im Hauptfach hatte ich Pädagogik, in den Nebenfächern Psychologie und Soziologie. Ich belegte Seminare in Theologie und Philosophie, alles war interessant für mich. Das Studium der Diplom-Pädagogik wurde neu etabliert. Es hatte kein klar umrissenes Berufsfeld. Warum man es einführte? Vielleicht erhoffte man in der Gesellschaft mehr Bildungsverständnis in Einrichtungen der Erwachsenenpädagogik wie zum Beispiel der Volkshochschule, oder man zielte auf politische Bildung. Jedenfalls gibt es diesen Studiengang heute nicht mehr. Das Studium war so gut wie jedes andere, wenn die Absolventen etwas daraus machten. Eine Studienkollegin von mir arbeitete danach in einer therapeutischen Kindereinrichtung, dann in der Kinder- und Jugendpsychiatrie einer großen Klinik. Dank einiger Zusatzqualifikationen hat sie heute eine Praxis für Kinder- und Jugendpsychotherapie. In einem Gespräch mit unserem Bürgermeister stellte sich heraus, dass er ebenfalls Diplom-Pädagogik studiert hatte. Für mich passte dieses Studium optimal, ich hatte die Vorstellung, danach in den Pflegeberufen in Aus-, Fort- und Weiterbildung tätig zu sein, und zwar auf einer wissenschaftlichen Grundlage. In Anbetracht meiner marginalen Weiterbildung zur Lehrtätigkeit war das bitter notwendig. Dass ich später einmal in der Didaktik der Hochschulbildung einiges entwickeln würde können, habe ich nicht zu träumen gewagt. Außerdem hatte ich nun auch für mein neues Patenkind genügend Zeit.

Der Studienalltag gestaltete sich sehr entspannt. Im Fach Pädagogik gab es einige Pflichtveranstaltungen, in denen die

Klassiker der Pädagogik wie Humboldt, Herder oder Pestalozzi durchgenommen wurden. Das Seminar des Professors war mehr als langweilig; nur er redete und es war keine Diskussion möglich. Er hatte immer einen Assistenten dabei, der die Bücher trug und die Anwesenheit kontrollierte. Da es eine Pflichtveranstaltung war, mussten die Studenten anwesend sein. Wie so oft im Leben, wenn sich Menschen unter Druck gesetzt fühlen, suchten sie auch hier Auswege und Hintertüren. So formierte sich eine „Unterschriften-Arbeitsgruppe". Man unterschrieb auf der Anwesenheitsliste mit dem Namen eines Kommilitonen. Beim nächsten Termin konnte man sich dafür selbst zurückziehen. Lügen entstehen oft auf dem Hintergrund unbefriedigender Situationen. Das andere Pflichtfach war unter pädagogischen Gesichtspunkten nicht weniger unbefriedigend. Der Professor dozierte nur. Allerdings waren die Inhalte der Psychoanalyse nach Freud für mich interessant, jedoch wusste ich nicht, was das mit Pädagogik zu tun hat. Die Geschichte der Pädagogik wäre eigentlich auch ganz interessant gewesen, jedoch hatte ich den Eindruck, dass die Veranstaltung nur der Selbstdarstellung des Dozenten galt.

Viel motivierender waren die Seminare und Vorlesungen aus den anderen Bereichen. Ein Soziologieprofessor, der auch Theologe war, lehrte Sozialethik. Hier erfuhr ich Beeindruckendes und gewann neue Erkenntnisse in ethisch-gesellschaftlichen Zusammenhängen. Auch die Lehrpraxis gestaltete sich offen mit vielen Aktivitäten der Studierenden. So gab es am Lehrstuhl Arbeitsgruppen, die Innovationen hervorbrachten, zum Beispiel die „OMA", die organische Müllabfuhr. Es waren die ersten Projekte betreffend Mülltrennung, die Vorläufer der heutigen Biomülltonnen. Bei diesem Professor mit seiner Assistentengruppe lernte ich vieles neu zu denken und auch pädagogisch zu gestalten. Ich fand das für mich so wichtig, dass es mir gelang, für zwei Jahre in diesem Institut als wissenschaftliche Hilfskraft mitzuarbeiten. Die Psychologie-Veranstaltungen fand ich ebenfalls sehr lehrreich. Der damalige Psychologieprofessor war über Deutschland hinaus bekannt. Er lud auch externe Dozenten ein. So kam ich in Kontakt mit D. Jonas, er war Psychiater, kam aus Amerika und bot ein ganz neues Konzept der Kommunikation und Therapie an. Aus diesen Seminaren entwickelte sich die Gesellschaft für Idiolektik und Kommunikation in Würzburg. Seit vielen Jahren bin ich Dozentin für Idiolektik in dieser Gesellschaft.

Bei einem ebenfalls sehr bekannten Theologen belegte ich ein Seminar, das mir noch sehr eindrücklich in Erinnerung ist. Er nahm Inhalte von Religion und seelischen Erkrankungen mit in seine Veranstaltung auf. Ich beteiligte mich bei dem Thema „Depression" und konnte dazu aus meiner Erfahrung als Krankenschwester eine Fallgeschichte mit einbringen. So gestaltete sich das Seminar mit viel Austausch sehr praxisrelevant. Als ich am Ende des Semesters in sein Büro kam, um den „Schein" abzuholen, fragte er mich, welche Note ich haben möchte. Das war was ganz Neues. Ich überlegte nicht lange und sagte: „Eine Eins." Er schrieb diese Eins auf, unterschrieb und reichte mir den Schein. Ich war stolz. Später überlegte ich mir, dass eigentlich die Note nicht wichtig war. Wichtig war die selbst bestimmte Entscheidung. Die Identität und das Selbstwertgefühl eines Menschen entwickeln sich mehr über die eigene Beurteilung, weniger über Fremdbeurteilung. Jedenfalls verstärkte sich in mir mit noch ähnlichen Erfahrungen stetig meine Selbstsicherheit. Im Zuge meiner Lehrtätigkeit an der Hochschule versuchte ich in einigen Prüfungsveranstaltungen den Studierenden diese Grunderkenntnis erfahrbar werden zu lassen, was mehr oder weniger gelang, denn es kommt auch immer auf den Kontext an.

An einige Philosophie-Vorlesungen erinnere ich mich noch sehr gut. Ich verstand vom „Dasein" im „So-Sein" und dem „Sein an sich" so gut wie nichts. Trotzdem war es interessant, und vor allem in schönen Räumen der Würzburger Residenz mit Stuckdecken und der berühmten Barocktreppe.

Ein Phänomen der 80er-Jahre scheint mir erwähnenswert. Es war die Zeit der autonomen Gruppen an den Universitäten. Diesen ging es grundsätzlich um Störung und Zerstörung. Ich erlebte das hautnah mit. In den Veranstaltungsreihen gingen die jeweiligen Professoren unterschiedlich damit um. Das Seminar begann, aus dem Plenum meldete sich eine Person dieser Gruppe und begann mit Kritikäußerungen. Der Professor rechtfertigte sich; er hatte noch nicht ausgesprochen, da stand aus der anderen Ecke des Plenums eine Person aus dieser Gruppe auf und führte die Kritik weiter. So ging das ständig im Wechsel weiter. Der Professor versuchte immer wieder eine Antwort zu finden, um diesen Personen gerecht zu werden, was natürlich nie gelingen konnte, denn deren Anliegen war ein anderes. Zwischendurch meldete sich ein Student mit dem Hinweis, wir wollten jetzt das Seminar fortgeführt wissen. Sofort kam wieder aus einer anderen Ecke des Raumes ein störender Monolog. Die ersten Studierenden standen auf und verließen den Hörsaal. Als die meisten gegangen waren, war das Seminar zerstört. Die autonome Gruppe hatte gesiegt. In der nächsten Veranstaltung lief anfangs das gleiche Muster ab. Der Professor als Analytiker übte sich in analytischer Abstinenz, das heißt, er sagte nichts dazu. Die Studierenden ließen sich zuerst auf einen Schlagabtausch ein, versuchten diesen Personen aus der Gruppe zu verstehen zu geben, dass sie hier sind, um die Inhalte des Seminars zu hören. Das wirkte nicht und so verließen sie ebenfalls nacheinander den Hörsaal. Das Seminar war zerstört. In der nächsten Vorlesung erlebte ich den Professor anders. Als die ersten Wortmeldungen der offensichtlichen

Gruppe laut wurden, sagte er, er dulde hier keine ungefragten Wortmeldungen; da dies nicht beachtet wurde, wiederholte er dies einige Male. Dann sagte er, er ließe jetzt die Polizei wegen massiver Störungen rufen. Das Seminar war zerstört. Im nächsten Seminar war die Polizei vorab gerufen und versuchte die Ruhestörer am Eintritt zu hindern. Diese Ereignisse, die sich auch auf anderen Ebenen der Gesellschaft zeigten, hatten viele schädigende Folgen. Sie veränderten sich und heute haben wir im Prinzip ähnliche negative und zerstörende Phänomene. Die Demokratie ist zu allen Zeiten in Gefahr und muss immer neu gelebt und geschützt werden. Das zu vertiefen, bedürfte einer politischen Diskussion.

So verging ein Semester nach dem anderen. Ich las viel, lernte für Prüfungen, ging mit Kommilitonen zum „Schöppeln" ins Bürgerspital oder wir fuhren mit dem Fahrrad in die umliegenden Dörfer zu Weinfesten. Die Heimfahrt war dann meist feuchtfröhlich und endete schon mal im Main. Einmal nahm mich eine Mitstudentin in ihrem Auto mit. Am Weinfest trank sie nur Wasser, doch was wir nicht sahen, war, dass sie dieses mit Wein verdünnte. Der Weinort lag auf der anderen Seite des Mains und wir mussten auf der Heimfahrt den Main mit einer offenen Fähre überqueren. Unsere Kommilitonin – ich glaube, sie hieß Sybille – gab Gas und schoss beinahe über das Floß hinaus. Wir alle kamen mit einem Schrecken davon. So dachte ich mir, das nächste Mal nehme ich wieder mein Fahrrad. Finanzielle Sorgen musste ich mir keine machen, denn ich bekam BAföG; da ich schon älter war, wurde ich elternunabhängig gefördert. Ab und zu gab ich Unterricht, zum Beispiel Psychologie an der Krankenpflegeschule am Missionsärztlichen Krankenhaus, oder ein Seminar zum Thema Kommunikation für die Pflege. So blieb ich in der beruflichen Praxis und verdiente mir noch zusätzliches Geld.

Während meiner Weiterbildung in Remscheid zur Leitungs- und Lehrtätigkeit in den Pflegeberufen interessierte ich mich für Supervision. Ich schrieb zu diesem Thema, das ich für die Pflege als sehr nützlich erkannte, meine Abschlussarbeit. „Supervision für die Krankenpflege", das war etwas Neues. Diese Arbeit wurde in der Krankenpflegezeitschrift, die einzige, die es damals gab, veröffentlicht. Nun ergab sich für mich die Möglichkeit, Supervision nicht nur theoretisch zu betrachten, sondern sie in einer Weiterbildung kennen zu lernen. Also besuchte ich diese zweijährige Weiterbildung zur Supervisorin in Gelnhausen. Das Studium ließ mir genügend Freiraum dazu. Dieses Weiterbildungsinstitut war zu dieser Zeit eine sehr renommierte Einrichtung der Sozialarbeit, aus der sich die Supervision, von Amerika ausgehend, etablierte. Die Supervision, die dort gelehrt wurde, hatte einen analytischen Schwerpunkt. Vom Studium kannte ich die Theorie der Psychoanalyse. Nun lernte ich ihre praktische Umsetzung kennen, das fand ich sehr interessant. Allerdings war dieser Ansatz für die Pflege nicht sehr geeignet. So übertrug ich das auf einen anderen, nämlich den der personenzentrierten Beratung. Hiermit hatte ich bereits in Münster Erfahrungen gesammelt. Viele Jahre gab ich Supervision in Pflege- und Sozialberufen, dabei verdiente ich auch, was gerechtfertigt war, denn diese Weiterbildung war nicht billig gewesen. Noch heute habe ich Kontakt zu einer Kollegin aus dieser Zeit; sie erzählte mir, dass erst kürzlich die Leiterin, eine anerkannte Psychoanalytikerin, verstorben sei. Während dieser Weiterbildung mit analytischen Sitzungen liefen viele innere und äußere Prozesse, die meine Weiterentwicklung förderten, ab. Von ihnen zu erzählen, wäre spannend, jedoch möchte ich jetzt wieder zum Studium zurückkommen.

Dieses näherte sich dem Ende und es standen verschiedene Prüfungen an. Die Pädagogikprüfungen bestand ich größtenteils mit Auswendiglernen, das war nicht sehr anspruchsvoll. Die Soziologieprüfungen bei dem Professor, der mich mit seinen ethischen Ansätzen sehr beeindruckte, fand ich anspruchsvoll. Da ich mich ja in diesem Institut engagiert hatte, war das auch gut zu bewältigen und machte mir sogar Freude.

Von der Psychologieprüfung möchte ich genauer berichten. Zur Vorbereitung für die mündliche Prüfung musste man mit dem Professor ein Thema absprechen. In der letzten Vorlesung gab er bekannt, man solle die Themen wählen und in seine Sprechstunde kommen. Da ich viel zur Psychologie gelesen hatte, stellte ich eine Literaturliste mit etwa 15 Büchern zusammen. In der Sprechstunde sah er sich die Liste an und sagte: „Da ist kein einziges prüfungsrelevantes Thema dabei." Ich war ratlos, was sollte ich sonst nehmen? Er meinte, ich müsse ein Thema aus dem klassischen Lehrbuch der Psychologie nehmen. Ach so, so einfach war das, aus dem Lehrbuch mit den Grundthemen. Das war ja kein Problem, ich musste mir nur das Buch kaufen. Er meinte: „Sie können jedes Kapitel wählen und dann zur Prüfung kommen." Also studierte ich zu Hause die Themen der Psychologie aus dem Lehrbuch und dachte, diese üblichen Kapitel der Wahrnehmung und so weiter sind langweilig. Damit entschied ich mich für das Thema Persönlichkeitsentwicklung, das kannte ich nicht und ich fand es spannend, mich damit zu beschäftigen. Ich erschien zur Prüfung und nannte mein Thema. Der Professor machte ein ablehnendes Gesicht und sagte: „Genau dieses Thema ist nicht zur Prüfung vorgesehen." „Aber es stand doch in dem Lehrbuch", entgegnete ich. Ich dachte, die ganze Prüfung platze jetzt. Er meinte schließlich: „Also beginnen wir." Ich erklärte alles, was ich vorbereitet hatte und strengte mich an. Allmählich entwickelte sich ein angenehmes Prüfungsgespräch. Am Ende bekam ich eine Eins. Ich freute mich, dass das noch mal so gut gegangen war. Als ich später einem bekannten Psychologen von der Eins erzählte, meinte dieser lapidar: Beim P. bekommen alle blonden und selbstsicheren Frauen eine Eins. Da hatte ich es nun wieder.

Insgesamt schaffte ich alle Prüfungen mit einem Durchschnitt von 1,3. Die Noten an sich wären nicht so wichtig gewesen, jedoch gab es beim BAföG einen Erlass von 30 % der zurückzuzahlenden Summe, wenn der Notendurchschnitt mindestens 1,3 betrug. Meine BAföG-Schulden beliefen sich am Ende der Förderung auf circa 30.000 DM. Das war eine sehr hohe Summe. Bei der Rückzahlung gab es dann noch einmal einen Erlass von 30 %, wenn man den Betrag als Gesamtsumme sofort zurückbezahlte. Da das erst nach zwei Jahren Berufstätigkeit gefordert wurde, konnte ich vorher etwas sparen und die Summe von 11.000 DM auf einmal zurückbezahlen.

Ein Patenkind

Irgendwann hatte ich realisiert, dass ich keine Kinder bekommen würde, denn nach unserer Scheidung bekam die Frau, die meinen Exmann tröstete, da er ja so schändlich von seiner Frau verlassen worden war, sofort ein Kind. Die Unfruchtbarkeit lag also nicht bei ihm, sondern bei mir. Wäre ich von meiner ersten Jugendliebe oder dann von meinem Ehemann schwanger geworden, wäre mein Leben anders verlaufen. Am Anfang meines Pädagogikstudiums hatte ich noch freie Zeit. Ich hatte Kontakt zur Leiterin eines Kinderheimes, diese erzählte mir, dass sie drei Kinder in ihrem Hause hätten, die keinerlei Kontakt zu Verwandten oder Personen in der Stadt hätten. Ich besuchte sie und die

Leiterin stellte mir Philipp vor. Er war acht Jahre alt, ein kleiner, sehr schüchterner, aber freundlicher Junge. Ich lud ihn zu mir zu Kakao und Kuchen ein. So freundeten wir uns an. Ich konnte mir gut vorstellen, mit ihm zu lernen, zu spielen und einiges zu unternehmen. Eine Patenschaft wurde vom Heim mit einem Vertrag vereinbart, der verbindlich war. So wurde ich offiziell Patentante für diesen Jungen. Ich vereinbarte Abholungszeiten für jedes zweite Wochenende, jeden Mittwochnachmittag und alle Ferienzeiten. Diese Zeiten hielt ich strikt ein, und so entwickelte sich eine intensive Zeit, die wir gemeinsam verbrachten. Wenn Philipp bei mir war, war er in meine Lebensgestaltung beziehungsweise in meinen Alltag integriert. So lernte er viel vom Leben außerhalb eines Kinderheimes kennen. Er lernte schwimmen und Fahrrad fahren, wir gingen ins Kino oder mit Freunden aus, besuchten sie und waren auf Weinfesten oder sonstigen Veranstaltungen. Nach kurzer Zeit meinten die Erzieherinnen, dass Philipp viel neues Sozialverhalten gelernt hätte. Ich hatte damals noch meinen Karmann Ghia und wir fuhren mit offenem Verdeck durch die Stadt oder machten Ausflüge in die Umgebung. Wir fuhren auch mit einer Freundin und deren Sohn in Urlaub, zu viert in meinem kleinen Auto bis nach Italien. Die Kinder sahen das erste Mal das Meer und ich hatte sogar ein Schlauchboot eingepackt. Wir hatten viel Freude, später dachte ich manchmal, wie mutig das war. Einmal nahmen uns Freunde mit ihren zwei Kindern in den Urlaub nach Frankreich mit. Wir hatten ein Haus in der Bretagne gemietet, unternahmen viel, es war wunderbar. Noch heute erzählen die inzwischen Erwachsenen von diesem Urlaub. Meine Großmutter wohnte ja in Nordenham, also fuhr ich mit dem Kind an die Nordsee. Auch das waren einmalige Eindrücke für Philipp. Ich erinnere mich noch, dass ich im Auto die hintere Sitzbank umgelegt hatte, so war eine Liegefläche vorhanden, auf der Philipp schlafen und spielen konnte. Auf der langen Heimfahrt regnete es und ich erinnere mich, dass auf dem Boden des Autos Wasser stand, und so musste Philipp mit einem Becher Wasser schöpfen, das ich dann aus dem Fenster schüttete. Das Auto war dann bald durchgerostet, ich musste es nach zwölf Jahren mit etwas Trauer abgeben. Da es bereits ein Oldtimer war, bekam ich noch 1.000 DM. Es war mein bestes Auto und ich habe die besten Erinnerungen daran.

Leider klappte das mit meiner Unterstützung beim Lernen nicht gut. Der Junge konnte sich nicht lange konzentrieren und so waren das Lesen und Schreiben sehr schwierig für ihn. Ich befürchtete, dass er einmal den Schulabschluss nicht schaffen würde, was dann auch so kam. Leider waren die ersten Lebensjahre dieses Kindes mit vielen Schwierigkeiten verbunden gewesen. Vater gab es keinen und die Mutter war Alkoholikerin, sie verwahrloste selbst mit dem Kind. Als Philipp fünf Jahre alt war, wurde er in ein Kinderheim gegeben. Die Erzieherinnen erzählten mir, dass er kaum hatte sprechen können. In den folgenden drei Jahren, bis ich mit ihm Kontakt hatte, war seine Entwicklung einigermaßen gut, hatte aber auch ihre Grenzen. So übte ich keinen Druck mit Lesen und Schreiben aus, sondern unternahm viele andere Aktivitäten mit ihm. Wir fuhren öfters zum Skifahren und ich organisierte einen Kinderskikurs, was ihm Spaß machte. Nach einigen Jahren fuhren wir sogar auf den 3000 Meter hohen Hintertuxer Gletscher. Zwischendurch dachte ich: „Hoffentlich geht das alles gut." Denn sein Verhalten war oft nicht ganz nachvollziehbar. Ich erinnere mich, dass er in den ersten Wochen, die er bei mir war, unwahrscheinlich viel gegessen hat. Ich hatte das Gefühl, er hat Hunger nach allem. So wollte ich ihm das Essen nicht verweigern, hatte aber Bedenken, dass sein Magen das nicht aushält. Ich dachte mir, dass er als kleines Kind viele Entbehrungen erlitten haben muss, vielleicht waren diese Erfahrungen wieder etwas auszugleichen. Einmal waren wir mit mehreren Studienkollegen von mir beim Essen in einem Biergarten. Philipp hatte bestimmt bereits fünf oder sechs Bratwürste und genauso viele Brote gegessen. Michael sagte mehrmals: „Aber Philipp, jetzt schaffst du doch noch eine." Davon angestoßen, aß Philipp immer weiter. Ich konnte Michael dann unbemerkt ein Zeichen geben, dass er damit aufhören soll. Auf der Heimfahrt hatte der Junge große Bauchschmerzen, er krümmte sich nur so auf seinem Sitz neben mir. Ich hatte das nicht verhindern können. Er musste seine Erfahrungen machen und ich brauchte viel Einfühlungsvermögen, um immer wieder eine Balance zu finden. Nach einigen Monaten war das dann im Gleichgewicht.

Da ich inzwischen kein Auto mehr hatte, fuhren wir öfters mit dem Fahrrad und der Bahn. Einige Wochenenden verbrachten wir in Haundorf, dort hatte er bereits Kinder zum Spielen und war mit meinem Vater und Bruder in unserem Haus gut vertraut. Im Umgang mit männlichen Bezugspersonen musste er einiges lernen, denn wenn ein Freund oder Studienkollege zu mir zu Besuch kam, klammerte sich der Junge an diesen Mann und wollte auf dessen Schoß, er konnte keine Distanz wahren. Später normalisierte sich das. Als wir wieder einmal am Ende eines Wochenendes mit der Bahn nach Hause fahren mussten, fuhren wir mit dem Fahrrad zum Bahnhof. Plötzlich fuhr Philipp mit hoher Geschwindigkeit einfach vom Bahnhofsvorplatz in die Stadt, er war verschwunden. Ich wartete erschrocken, denn oft war er in seinem Verhalten nicht einzuschätzen. Der Zug fuhr gleich ab, wir mussten doch zurück und dann pünktlich am Sonntagabend im Heim sein. Vertrauen war angesagt und in der letzten Minute bog er um die Ecke, wir stiegen schnell in den Zug und geschafft war wieder mal eine schwierige

Situation. Ich konnte ihn gut verstehen, er wollte oft nicht mehr in das Heim zurück. Aber auch das musste er lernen.

Die Jahre vergingen, mehrere Chancen einer Berufsausbildung waren vergeben. So arbeitete er mehrfach als Praktikant in einem Betrieb. Er konnte weiterhin im Heim bleiben, denn sehr selbständig war er nicht. So kam es, wie es kommen musste. Als er 20 Jahre alt war, holte ihn ein Mädchen, das etwas cleverer war, aus dem Heim. Sie war schnell schwanger und die beiden bezogen eine Wohnung miteinander. Ich half bei der Wohnungseinrichtung und bezahlte die Hochzeit. Sie hatten bald ein zweites Kind. Mein Studium ging zu Ende und ich zog in eine andere Stadt. Mein Kontakt zu ihm blieb all die Jahre erhalten, jedoch war er nicht mehr so häufig, und so bemerkte ich nicht, dass sie ihre beiden Kinder vernachlässigten. Als ich einmal bei einer Freundin zu Besuch war, war auch eine Sozialarbeiterin aus dieser Stadt anwesend. Als ich zufällig den Namen erwähnte, sagte diese: „Diese Familie haben wir in Beobachtung." Nachbarn hatten sie angezeigt. Bald danach wurden die beiden Kinder zu Pflegeeltern gegeben und die Ehe ging auseinander. Mit der zweiten Frau hatte er drei Kinder, die inzwischen fast groß sind. Da Philipp eigentlich selbst ein Kind geblieben war, konnte er weder für sich noch für drei Kinder Verantwortung übernehmen, und eines Tages war er verschwunden. So unterstütze ich heute noch die allein erziehende Mutter durch Kontakte und finanzielle Hilfe, denn sie ist sehr bemüht und verantwortungsvoll.

Meditation

Während des Studiums bekam ich Einblick in Strukturen und Inhalte einer Universität. Das fand ich alles interessant und wichtig, jedoch war es mir zu wenig. Meine Suche ging darüber hinaus, ich wollte Erkenntnis, nicht nur Wissen. Ich stellte mir die Fragen des Lebens: Was ist der Sinn des Lebens? Was ist der Sinn meines individuellen Daseins? Darauf fand ich mit reiner Informationsanhäufung und kognitiven Theorien keine Antwort.

Wie es der „Zufall" wollte, kam ich mit Heidi ins Gespräch. Sie war auch Krankenschwester und arbeitete im Krankenhaus Bad Windsheim, von dort wurde ich zu einem Seminar eingeladen. Heidi war viele Jahre in Japan und kannte von dort Pater Willigis Jäger gut. Sie erzählte mir, dass er kürzlich aus Japan nach Würzburg zurückgekommen war und ein Meditationshaus eröffnen würde. Ich nahm Kontakt auf, es war das Haus Sankt Benedikt in der Benediktstraße, ein ehemaliges Priesterseminar. Da der Priesternachwuchs bereits damals zurückging, wurde es vom Kloster Münsterschwarzach als Bildungshaus für Willigis bereitgestellt. Willigis ist Benediktinermönch und Priester. Er unterzog sich viele Jahre einer Zenschulung und wurde als Zenmeister anerkannt. Da er als katholischer Priester mit der christlichen Mystik vertraut war, konnte er beides lehren. Er gab Kontemplationskurse und Zenkurse. Er erkannte, dass westliche und östliche Mystik im Wesensgrund übereinstimmen. Diese Wahrheit ist nicht mit dem Verstand zu erfassen, sondern nur über Erfahrung zugänglich. Jedem Menschen ist das prinzipiell möglich, jedoch meist nur mit langer Meditationspraxis. Diese Erfahrungen werden dann individuell und kulturabhängig in Sprache ausgedrückt. Wobei die Sprache dann oft nur symbolhaft zu verstehen ist.

So besuchte ich Zenkurse, sogenannte Sesshins, in denen eine Woche geschwiegen wurde, das war eine Herausforderung. Ich fand das großartig. Ich gewann erste Erfahrungen und Erkenntnisse, und so beschloss ich, diesen spirituellen Weg weiterzugehen. Als ich einmal das Zendo, den großen Saal, in dem 50 Personen im Schweigen saßen, betrat, hatte ich ein tiefes Gefühl von Heimat, von Angekommensein. Im Haus Sankt Benedikt wurden jeden Abend drei Schweigerunden von jeweils 30 Minuten angeboten. Man ging zum „Sitzen". So oft es mir möglich war, nahm ich dieses Angebot wahr und fuhr mit dem Fahrrad statt ins Bürgerspital eben mal zum „Sitzen". Auch heute, nach so vielen Jahren, habe ich wieder eine Sitzgruppe. Willigis wurde in Deutschland, später auch im Ausland, sehr schnell als spiritueller Lehrer bekannt. Viele Menschen fanden damals und auch heute durch die christlichen Kirchen keine zeitgemäßen Antworten. Sie ziehen sich vom Glauben zurück oder treten aus der Kirche aus. Im Grunde hat jedoch jeder Mensch eine Sehnsucht nach Antworten auf letztendliche Fragen. Willigis lud alle Menschen, auch die Atheisten, ein. So wurde er – heute ist er über 90 Jahre alt – für viele Suchende eine geistige Heimat. Sein Gottesverständnis hat Weite und Tiefe, er veröffentlichte dazu viel Literatur. Mit seinem Buch „Die Welle ist das Meer" sprach er vielen Menschen aus der Seele. Auch mir wurden viele Erkenntnisse im Verständnis von Glauben und Kirche klar. Mein Menschen- und Gottesbild wandelte sich.

Die katholische Kirche sah diese Entwicklung sehr argwöhnisch. Schließlich kam von der Glaubenskongregation aus Rom unter Ratzinger ein Redeverbot für Willigis. Wie er später selbst sagte, war dies geschehen, ohne dass er jemals zu einem Gespräch eingeladen worden war. Scheinbar wurde er als eine zu große Gefahr für die Struktur der katholischen Kirche gesehen. Im Mittelalter hätte man ihn exkommuniziert oder als Ketzer auf dem Scheiterhaufen verbrannt. Er bat sich drei Monate für eine Entscheidung aus. Da er für immer mehr Menschen ein Ratgeber war, hatte er eine breite Unterstützung auch aus den Reihen der eigenen Klostergemeinschaft. So entschloss er sich dazu, weiterhin zu reden und zu lehren. Daraufhin wurde er seiner priesterlichen Aufgaben, der Spende von Sakramenten (Taufe, Eheschließungen, Beerdigungen), enthoben. Um seinem Kloster keine Schwierigkeiten zu bereiten, gab er das Haus Sankt Benedikt und ebenfalls sein Zimmer in diesem auf. Er war heimatlos im doppelten Sinne. Es war unfassbar. Ich erinnere mich an ein Bild, auf dem Willigis mit Rückenansicht einsam durch eine weite Landschaft geht. An den Spruch dazu kann ich mich nicht mehr erinnern, jedoch an die tiefe Betroffenheit, die in mir aufstieg. Er fand Unterkunft in einem Bildungshaus in einer anderen Stadt. Dort nahm er wieder Kurse und Vorträge auf.

Die Entwicklung ging weiter. In christlicher Terminologie könnte man sagen „von Gottes Hand gelenkt". Willigis Jäger bekam von einer sehr reichen Schülerin eine Stiftung.

Mit mehreren Millionen € konnte ein 1300 Jahre altes Benediktiner(!)-Kloster im Spessart gekauft und renoviert werden. Der Benediktushof in Holzkirchen ist heute europaweit das größte Meditationszentrum. Willigis hat die spirituelle Leitung seines Hauses inzwischen an drei Personen, davon eine Frau, weitergegeben. Ich besuche dort auch heute noch ab und zu Kurse.

Mein Bruder

Mein Bruder war um vier Jahre jünger als ich, er war ein hübscher Junge mit blonden Locken. Meine Mutter machte sich viele Sorgen um ihn, denn ihrer Meinung nach war er schwach und kränklich. Auch ich umsorgte ihn, ich kann mich erinnern, dass ich ihn in der Badewanne abschrubbte, mit ihm spielte und mich viel mit ihm beschäftigte. Etwa im Alter von drei bis vier Jahren hatte er nachts scheinbar Angstzustände, er schreckte auf und schrie. Meine Mutter ließ in der Sorge, es könnte eine Herzattacke sein, den Kinderarzt rufen. Dieser kam zweimal nachts mit seinem VW-Käfer – er hatte eines der ersten Autos – aus der Stadt in unser Dorf. Er konnte nichts feststellen. Beim dritten Mal sagte er meiner Mutter, sie solle ihm den Hintern versohlen. Das tat sie natürlich nicht. Zu dieser Zeit, Anfang der 50er-Jahre, hatte man noch diese Erziehungsvorstellungen. Ob es tatsächlich Angstzustände waren, ist nicht sicher. Vielleicht hat auch unsere Mutter ihre Ängste auf ihn übertragen. Als er geboren wurde, lebten wir zu viert in einem kleinen Zimmer mit einer Dachschräge, ich denke, meine Eltern hatten damals schon Spannungen in ihrer Beziehung. Diese Nachkriegszeit mit allen schrecklichen Umständen konnte nicht spurlos vorübergehen. Ich erinnere mich, dass meine Eltern abends, wenn wir schlafen sollten, die einzige Lampe in dem Zimmer mit einem Tuch verhängten, damit es etwas dunkler für uns zum Schlafen war. Sie konnten jedoch nicht schon um 08:00 Uhr ins Bett gehen und brauchten etwas Licht. Plötzlich fing das Tuch zu brennen an. Mein Vater konnte es schnell löschen und es ist nichts weiter passiert.

Als meine Mutter so schwer an Krebs erkrankte, war mein Bruder 14 Jahre alt, er hätte sie noch brauchen können. Leider vergrub er seinen Kummer tief in seinem Inneren. In diesem Jahr begann er auch seine Ausbildung als Maschinenbauer in Ansbach, wo er in einem Wohnheim lebte. Ich war auch nicht mehr zu Hause und so hatten wir nicht viel Kontakt und Austausch miteinander. Trotzdem hatten wir eine gute Beziehung. Als ich ihn einmal mit meinem neu erworbenen Auto von Ansbach abholte, stoppte mich die Polizei und fragte meinen Bruder, der neben mir saß: „Hat denn die Dame einen Führerschein?"

Nach dem Tod meiner Mutter arbeitete er in München und wanderte kurze Zeit später nach Südafrika aus. Es war eigentlich eine Flucht vor der Bundeswehr, obwohl er die Anerkennung der „Kriegsverweigerung" mit viel Anstrengung erreicht hatte. Sein Hauptargument war, dass er keine Waffe in die Hand nehmen könne. Eine gewisse Tragik birgt, dass er später eine Pistole, mit der er sich Jahre später selbst erschoss, in seinem Gepäck durch ganz Afrika schmuggelte. Nach dem Tod meiner Mutter und später in Südafrika muss er wieder unter Angstzuständen gelitten haben, denn er nahm über viele Jahre Tavor, ein starkes Antidepressivum, dessen Einnahme zu einer Sucht führt.

Er kam wieder nach Deutschland zurück, nachdem ich ihm geschrieben hatte, er könne wieder nach Hause kommen, wir hätten jetzt ein schönes Haus. Er bezog darin dann ein Zimmer und blieb einige Jahre da wohnen. Meinem Vater war das nicht ganz recht, er sagte aber nichts. Ich hatte das andere Zimmer für mich, so waren wir übers Wochenende quasi wieder eine Familie. Oft war dann noch die neue Freundin meines Bruders anwesend. Auch Elisabeth kam, sie war gewissermaßen, obwohl sich nicht oft kam, die Lebensgefährtin meines Vaters. In den Jahren, als Philipp, mein Patenkind aus dem Heim, noch klein war, nahm ich ihn auch noch mit. Ich erinnere mich an einige Weihnachtsferien. Ich schmückte den Baum und kochte und sorgte für alle. Das waren schöne Tage. Die Beziehung zu meinem Bruder war nicht schlecht, aber sie war auch nicht wirklich gut. Wir waren uns fremd geworden. Er verstand nicht, dass ich noch studieren wollte, und – so wie mein Vater –, auch nicht, dass ich mich von meinem Ehemann getrennt hatte. Da er, als er von Afrika wiedergekommen war, nichts besaß, unterstütze ich ihn. Ich lud ihn öfters ein, auch kaufte ich ihm Skier und wir verbrachten einen Urlaub miteinander. Dass er in dem Haus wohnte, das auch mit meiner finanziellen Leistung erbaut worden war, nahm er als selbstverständlich hin, er bezahlte auch keine Miete. Er hatte eine gute Arbeit, war aber, glaube ich, wenig glücklich; er war ruhelos. Und so entschied er sich nach Brasilien auszuwandern. Er bereitete sich gut darauf vor, indem er Portugiesisch lernte. Jedoch wollte er nicht durch die Kontakte einer deutschen Firma in dieses Land gehen, er wollte unabhängig sein. Das gestaltete sich in Sao Paulo schwierig. Er fand nur schlechte Arbeit und konnte sich keine gute Wohnung leisten. Nach einem halben Jahr trat er die Heimreise an. Da er kein Geld hatte, musste er sich auf einem Frachtschiff die Überfahrt erarbeiten. Das müssen sehr negative Erfahrungen gewesen sein. Einmal, so erzählte er mir, hätte das Schiff haushohe Wellen überstehen müssen. Er kam dann sehr erschöpft in Hamburg an und fuhr zu mir nach Münster, was nicht weit war. Er konnte sich bei mir etwas erholen. Ich unterstützte ihn mit Geld und lieh ihn für drei Monate meinen Karmann Ghia, so war er beweglich und konnte nach Hause fahren und sich wieder eine Arbeit suchen. Seine Freundin Lilo kam auch wieder und so vergingen einige Monate, bis er erneut die Idee hatte, auszuwandern, diesmal nach Australien. Lilo und ich redeten es ihm aus, dafür reiste er einige Wochen durch das Land, was ihm guttat. Wieder zurück, klappte vieles nicht mehr. Eine Arbeit war nicht befriedigend, er kündigte, bei der nächsten Arbeitsstelle wurde er gekündigt. Dann konnte er sich ganz gut mit freiberuflicher Tätigkeit über Wasser halten. Bei verschiedenen Firmen reparierte er mit Auftrag Maschinen. Einmal hatte er bei einer Firma im Osten über mehrere Wochen eine Maschine repariert, sie funktionierte dann auch. Aber er bekam sein Geld, circa 10.000 DM, nicht. Als er mir das frustriert und verbittert erzählte, spürte ich großes Mitleid, fast körperlich, in mir. Ich ahnte, dass dies den Umständen des zu hohen Alkoholkonsums meines Bruders geschuldet war.

Mein Vater wurde schwer krank, mein Bruder lebte in keiner guten Beziehung mit ihm, vielleicht war es auch umgekehrt. Jedenfalls konnte er ihn nie im Krankenhaus besuchen, sie sprachen kaum miteinander. Nach seinem Tod erbten wir Kinder das Haus je zur Hälfte. Für meinen Bruder war es selbstverständlich, dass er das Haus behält, er hatte ja bereits viele Jahre darin gewohnt. So bot er mir 30.000 DM Ausbezahlung an. Bei aller Liebe, aber das war zu wenig. Aus materieller Sicht war es eingerichtet und mit großem Garten weit mehr als 200.000 DM wert, vom immateriellen Wert ganz abzusehen. Mein Vater hatte auf einem Sparbuch noch circa 60.000 DM gehabt, die wir auch noch bekommen hatten. So verhandelte ich mit ihm, dass er mir wenigsten 60.000 DM geben müsse. Letztlich sah er das ein, war aber wütend auf mich. Ich musste mein Zimmer räumen und den Hausschlüssel abgeben. Eine unangenehme Szene erlebte ich vorher noch. Elisabeth war nicht arm, sie hatte auf der Sparkasse im Dorf ein Konto mit 30.000 DM. So hatte sie Geld, denn sie war ja gerade in der letzten Zeit vor dem Tod meines Vaters länger hier gewesen. Auf dem Konto war auch der Name meines Vaters eingetragen. Plötzlich behauptete mein Bruder, das Geld gehöre unserem Vater und damit ihm. Ich dachte, ich höre nicht recht, so eine Unverschämtheit. Im Beisein von ihm und Elisabeth sagte ich: „Ich glaube dir, Elisabeth, und schäme mich für meinen Bruder." Sie war eine feine, stille Frau und nicht gekränkt. Sie schenkte dann meinem Bruder diese 30.000 DM und mir schenkte sie 10.000 DM, vielleicht, weil ich ihre Ehrlichkeit bezeugt hatte. Heute lebt sie nach einem schweren Schlaganfall in einem Pflegeheim, ich besuche sie regelmäßig.

Mit meinem Bruder ging es weiterhin bergab. Er wohnte alleine in dem Haus, arbeitete nicht mehr und hatte bereits auf die Hälfte des Hauses eine Hypothek aufgenommen. Lilo, mit der ich oft besprach, wie man ihm helfen könne, besuchte ihn nicht mehr. Sie konnte seinen körperlichen und seelischen Zustand nicht mehr ertragen. Einmal besprachen wir, dass wir beide doch noch ernsthaft mit ihm sprechen müssten. Wir vereinbarten, dass ich am Sonntag kommen würde. Als ich um 11:00 Uhr ankam, war er bereits zugedröhnt. Er wusste, dass ich komme. Ich versuchte, ein Gespräch darüber anzufangen, dass es so nicht weitergehen kann und er unbedingt eine Entziehungskur machen müsse. Plötzlich sagte Lilo: „Ach, es geht ihm ja wieder besser." Ich sah in seinem Gesicht die Genugtuung aufgrund ihrer Unterstützung. Was sollte ich jetzt noch sagen? So fuhr ich wieder ab. Eines Tages rief mich die Nachbarin an, ich solle am Mittwoch kommen, der Hausarzt würde auch da sein. Mein Bruder war inzwischen so verwahrlost, dass der Hausarzt ihn zur Entziehung zwangsweise in die Psychiatrie einliefern lassen wollte. Die vorhergehenden Einweisungen in das Kreiskrankenhaus waren vergebens gewesen, dort wollten sie diesen Alkoholiker auch nicht mehr aufnehmen. Es gab keine Wahl, ich unterschrieb und musste überlegen, ob ich eine Betreuung übernehmen konnte. Ich besprach das mit Lilo, aber sie wollte oder konnte sie nicht übernehmen. Also blieb mir nichts anderes übrig. In der Psychiatrie in Ansbach hatte man ihm viele Therapieangebote gemacht, aber er hatte nichts angenommen. Er vertrat den Standpunkt, die drei Bier am Tag seien kein Problem. Voraussetzung für eine Entziehungskur ist die Einsicht in die Erkrankung. Diese hat bei ihm immer schon gefehlt. Ich besuchte ihn, redete mit ihm, es half alles nichts. Einmal besuchte ich ihn in der geschlossenen Abteilung. Als ich diese betrat, überfiel mich nur Erschrecken, dort waren ausdruckslose Gesichter, die mich ansprachen und anfassten. Ich dachte, das ist die Hölle. Als mein Bruder auf mich zukam, sagte er: „Das hier ist die Hölle, hol mich hier raus." Dreimal war es möglich, dass er wieder zu Hause sein konnte, aber nur für kurze Zeit, er verwahrloste wieder. Nach dem dritten Psychiatrieaufenthalt ordneten die Ärzte eine geschlossene Abteilung in einem Pflegeheim an. Ich musste unterschreiben, es gab keine andere Lösung. In diesem Pflegeheim konnte er sich etwas stabilisieren, sein körperlicher und seelischer Zustand verbesserten sich. Er passte sich gut an und konnte dann auf eine offene Abteilung verlegt werden. Allerdings noch ohne Ausgang. Ich besuchte ihn, fuhr mit ihm nach Genehmigung übers Land, wir gingen spazieren und in ein Café. Ich schöpfte Hoffnung, vielleicht war doch noch eine Wende möglich, wenngleich mir bei unseren Gesprächen keine Veränderung seiner Haltung auffiel, immer noch meinte er: „Ein Bier kann ja nicht schaden." Trotzdem gab es eine positive Entwicklung, einmal durfte er ein Wochenende bei Lilo sein, ein anderes dann bei mir. Er bekam auch Ausgang in das Städtchen und später dann noch die Genehmigung, ein Wochenende alleine in seinem Haus verbringen zu können. Danach konnte er auch sein Auto mitnehmen, um ab und zu alleine nach Hause zu fahren. Die strenge Auflage war, nirgendwo Alkohol zu trinken. Einmal wurde er in der Stadt gesehen, als er mit einem Bier auf der Terrasse des Gasthauses saß. Es war abzusehen oder auch nicht abzusehen, jedenfalls kam er eines Tages nach einem Ausgang abends sichtlich alkoholisiert in das Pflegeheim zurück. Ich wurde verständigt und musste kommen, es war Sonntag, die Sozialarbeiterin war anwesend und sprach mit uns. Das Maß sei überschritten, ab Montag müsse er wieder in die geschlossene Abteilung. Als ich mich an meinem Auto bei ihm verabschiedete, war ich sehr betroffen und hilflos. Mein Bruder reagierte verständnislos und verärgert. Ich fuhr ab und er ging nicht in das Haus zurück, sondern fuhr mit seinem Auto nach Hause in sein Haus. Am Montagmorgen verständigte mich die Kriminalpolizei über seinen Tod, er war genau 50 Jahre alt geworden. Ich rief Lilo an, sie sagte mir, er hätte gestern Abend noch bei ihr angerufen. Als sie fragte: „Wo bist du?", antwortete er: „Ich bin an der Pforte." Sie meinte, er sei an der Pforte des Heimes. Uns beiden blieb nur Trauer, und alles, was zu erledigen war. Er wurde in einer Urne im Grab meines Vaters beerdigt. Das Grab meiner Mutter war inzwischen nach 30 Jahren aufgelöst.

Der Schmerz war groß und noch nicht zu Ende. Als ich bei der Kriminalpolizei saß, gab mir der Beamte einen Zettel, quasi einen Abschiedsbrief. Darauf stand: „Ich lasse mich nicht von meiner Schwester einsperren." Ich hatte nicht geahnt, was in ihm vorgegangen war. Lilo erbte das Haus oder was noch davon übrig war. Ich hatte es mir gedacht, es war in Ordnung. Als uns auf der Sparkasse der Angestellte das Testament vorlas, stand in einem Nachsatz. „Falls sie das Haus nicht annehmen kann oder will, so soll es N. N. bekommen." Das war ein Bekannter von ihm, den er aber lange nicht mehr gesehen hatte. Es wurde mir bewusst, dass ich das Haus, das mir so viel bedeutete, auf keinen Fall bekommen sollte. Woher dieser Hass auf mich kam, konnte ich nie ergründen. Ich hatte ihm so oft geholfen, nicht nur materiell. Zum Beispiel hatte ich ihm mein erstes Auto, den VW-Käfer, geschenkt. Wir hatten viele Gespräche geführt und ich war immer für ihn da. Auch dadurch, dass ich die Betreuung für ihn übernahm oder übernehmen musste, konnte ich ihn besser unterstützen, als das ein fremder Betreuer hätte tun können.

Etwas Versöhnung hätte ich mir gewünscht, und auch, dass sich mit Lilo ein gutes Verhältnis ergeben hätte. Wir hätten das Haus zusammen ausräumen und verkaufen können, dann wäre das für mich auch noch eine Art der Verabschiedung gewesen. Aber das ging nicht mehr. Sie brach den Kontakt zu mir abrupt ab. Ihr war seine Lebensversicherung ausgezahlt worden und sie hatte mehr als 100.000 DM erhalten. Diese Versicherung hatte ich mit meinem Bruder abgeschlossen, jeder hatte den Namen des anderen eingetragen. Dass er dann den Namen auf sie übertragen hatte, wusste ich nicht, es war aber so auch in Ordnung. Warum sie plötzlich nicht mehr mit mir sprechen wollte, konnte ich mir nicht erklären. Hatte sie den Hass und das Misstrauen meines Bruders übernommen? Oder hatte sie ein schlechtes Gewissen oder Angst, ich könnte etwas fordern? Alles blieb offen. Ich musste gleich den Hausschlüssel abgeben. Später überlegte ich noch, welche Gegenstände ich von mir zurückgelassen hatte. Während unserer Afrikareise hatte mein Bruder wunderschöne Dias gemacht, diese hätte ich gerne gehabt, denn sie hatte dazu keinen Bezug. Sie sagte Nein und das war's dann. Auf einen Brief, den ich ihr noch geschrieben hatte, bekam ich keine Antwort.

Mexiko

Einige Zeit später kam eine neue Reise auf mich zu. Der Bekanntenkreis aus Düsseldorf plante diese mit Yoko. Yoko war Indianer, man sah es ihm auch an und er betonte seine Herkunft immer mit großer Selbstdarstellung. In Mexiko war er Reiseführer und seine Planung klang viel versprechend. Dass ihm seine staatliche Reiseführerlizenz inzwischen aberkannt worden war, wussten wir zu diesem Zeitpunkt noch nicht. Das Angebot sah Folgendes vor: Mexiko-Stadt, verschiedene Kulturstätten mit Pyramiden, Besuch eines Mayadorfes mit Initiationsriten, eine heilige Stätte mit indianischen Ritualen und schließlich Badetage in der Karibik und ein Aufenthalt auf der Halbinsel Yukatan. Ich packte voller Erwartungen meinen Rucksack, viel Gepäck nahm ich grundsätzlich nie mit. Wir waren eine kleine Gruppe von circa neun Personen, davon vier Pärchen, sodass ich bei fast allen Übernachtungen bei einem anderen Pärchen mit einquartiert wurde, was mir nicht so gut gefiel. Mexiko City ist eine unwahrscheinlich lebendig sprudelnde und interessante Stadt, wir unternahmen viel in und außerhalb der Stadt. Wir besuchten ein historisches Museum. Yoko demonstrierte sein Wissen, er dozierte auffallend, immer etwas abseits von unserer Gruppe, über die Grausamkeiten der Spanier bei der Ausrottung der indianischen Völker. Er wiederholte sich immer wieder und es wurde bald langweilig. Einmal fragte ich ihn etwas, er antwortete lange nicht und dann sagte er: „Wenn du eine Frage hast, dann sage *bitte*." Ich dachte auch später oft, dieser Mann ist etwas verquer.

Wir fuhren einige Male mit jeweils zwei oder drei Autos zu einer Besichtigung oder in die Umgebung. Ein Auto war Begleitfahrzeug mit einer Köchin. Das war sehr angenehm; als wir bald alle miteinander nur noch Durchfall hatten, kochte sie uns jeden Tag einen riesengroßen Topf mit Hafersuppe. An einem Tag war ein Ausflug zu einem nahe gelegenen Berg in 4000 Metern Höhe geplant. Wir fuhren morgens mit drei Autos los, doch plötzlich war das Auto mit Yoko verschwunden. Man munkelte, er würde von der Polizei verfolgt. Nach längerem, offenbar planlosem Umherfahren warteten wir mit den beiden anderen Autos auf einem größeren freien Platz. Es war bereits Mittag, als Yoko mit seinem Auto ankam. Ich dachte, wenn

wir heute noch auf diesen Berg wollten, wäre es höchste
Zeit abzufahren. Aber nein, Yoko ordnete einen Kreis an,
wir setzten uns und er dozierte wieder irgendetwas. Als
einer aus der Gruppe quer durch den Kreis ging, begann er
seine Rede von neuem. Er meinte, ein Indianer gehe nicht
durch einen Kreis, das hätte er uns schon oft gesagt, aber
wir „Duffen" – er meinte doofen Deutschen – könnten uns
das nicht merken. Als es bereits 13:00 Uhr war, begannen
wir unseren Bergaufstieg. Jedem erfahrenen Bergsteiger
wären „die Haare zu Berge gestiegen". So kamen auch die
Katastrophen. Wir fuhren mit den drei Autos bis zu einer
gewissen Höhe, dann ließ er die gesamte Gruppe aussteigen.
Wir sollten jetzt allein über diese Hügel in dieser Richtung
bis zu dieser Bergspitze wandern. Er, seine blonde Freundin
und die Fahrer, fuhren mit den drei Autos weiter hoch. Wir
wanderten ohne Führung los, einmal hörte ich – oder sagte
ich es? –, wir müssten unbedingt zusammenbleiben. Nach
einiger Zeit bildeten sich Grüppchen, die unterschiedlich
schnell gingen. Ich ging mit Heike und Michael, die mir
noch am vernünftigsten vorkamen. Manchmal gingen wir
über einen Hügel, ein anderes Mal unterhalb eines Hügels,
je nach Gefühl, was besser ist. Plötzlich sahen wir auf einer
Anhöhe stehend einige Personen, die winkten. Wir stiegen
hoch und Monika hatte einen Höhenkoller, sie weinte und
konnte keinen Schritt weitergehen. Wir bemühten uns alle,
sie zum Absteigen zu bringen. Wir hatten sie immer abwechselnd zu beiden Seiten untergehakt und mühsam ging
es weiter. In einer Talsohle war es dann wieder gut. Bald
lag ein sehr großer See vor unser, wir sahen die Bergspitze,
zu der wir hin mussten. Sollten wir links oder rechts herum
gehen? Wieder teilte sich die Gruppe, anstatt zusammenzu-
bleiben. Ich ging mit der Gruppe rechts und wir landeten am
Seeufer mit riesengroßen Steinblöcken. Sollten wir weiter-
klettern oder umkehren? Ich weiß nicht mehr, was wir getan

haben, wahrscheinlich sind wir umgekehrt. Bald hatten wir wieder die Orientierung, denn die Bergspitze war zu sehen. Es wurde bereits dunkel, als wir endlich auf dem Plateau die Autos stehen sahen. Einige waren vor uns angekommen, die anderen fehlten noch, inzwischen war es ganz dunkel, jedoch nicht stockfinster, denn ein wunderbarer, heller Sternenhimmel zeigte sich auf fast 4000 Metern Höhe. Er war so, wie ich ihn schon damals auf den Philippinen und später wieder in Nepal gesehen hatte. Die Fahrer wollten ein Feuer anmachen, es gelang aber nicht. Wir hatten den ganzen Tag nichts gegessen und wenig getrunken, wir waren ja nicht auf eine Bergtour eingestellt gewesen. Als ich sah, dass sie für das Feuer aus einem Auto Benzin abzogen, wich ich ein paar Schritte zurück. Endlich brannte ein Feuer und eine Art Eintopf wurde warm gemacht. Yoko war nicht zu sehen. Irgendwann sagte seine blonde Freundin, er säße dort drüben im Dunkeln und ärgere sich über uns. Endlich kam die restliche Gruppe, aber ein Mann fehlte. Wir waren froh, etwas Warmes im Magen zu haben, denn es wurde auch sehr kühl. Wir sorgten uns um Franz, der immer noch nicht bei uns war. Inzwischen war Yoko losgegangen, um ihn zu suchen. Wir hatten Hoffnung, dass das Feuer in diesen dunklen Bergen eine Orientierung geben würde. Endlich kamen beide an. Wir machten uns für den Rückweg bereit, doch zuvor hielt uns Yoko eine „Strafpredigt". Wir duffen Deutschen wüssten nicht, wie man sich in den Bergen verhält. Als wir kurze Zeit bergab gefahren waren, hielten die Autos, etwas stimmte nicht. Bei einem Auto waren die Bremsen kaputt. Scheinbar nichts Besonderes auf einer Berghöhe mit keinerlei gesichertem Weg. Das kaputte Auto wurde in die Mitte genommen, so konnte es, wenn es bergab ging, vom vorderen Auto gebremst und bei ebener Fläche vom hinteren Auto vorwärts gestoßen werden. Um die Harmlosigkeit zu demonstrieren, setzte sich Yoko auf den Kotflügel des kaputten Autos und half mit seinen Beinen beim Abbremsen. Super! Wir saßen alle sehr schweigend im Auto, wahrscheinlich hatte jeder auf seine Weise ein Stoßgebet im Kopf. Zwischendurch waren weit unter uns die Lichter von Mexiko City zu sehen, was wiederum sehr beeindruckend war. Als wir fast unten im Tal angekommen waren, wurden die Lichter der Autos ausgeschaltet, man wollte vermeiden, dass eine Polizeistreife auf uns aufmerksam wurde. Als wir weit nach Mitternacht in unserem Hotel angekommen waren, hatten wir nicht nur ein Abenteuer, sondern etwas Unverantwortliches erlebt.

Wir bummelten am nächsten Tag entspannt über einen großen Marktplatz, es gab viel zu sehen, zu essen und zu lachen. Auf dem Platz mit den Schlangenbeschwörern blieb ich fasziniert stehen. Immer wenn sich eine Schlange davonmachen wollte, wurde ihr eine große Tasche entgegengeworfen, dann schlüpfte sie umgehend ins Dunkle. Diese Beobachtung wurde mir zu Hause einmal sehr nützlich. Eines Tages sah ich in meinem Wochenendhaus eine etwa einen Meter lange Schlange um den Henkel meines Holzkorbes gewunden. Wie sollte ich diese aus meinem Haus bekommen? Ich holte meinen Beutel, den ich natürlich aus Mexiko mitgebracht hatte, hielt ihn der Schlange vor den Kopf und siehe da, sie schlüpfte hinein; ich hielt oben zu und trug sie so in den Wald. Ich hatte nicht direkt Angst, denn ich erkannte, dass es eine Ringelnatter war, die ja ungefährlich ist. Aber unheimlich war es doch, zumal mir einfiel, dass ich auch einmal unmittelbar vor meinem Fenster mit Blick in den Wald etwa in zwei Metern Entfernung einen rund gekrümmten Stock gesehen hatte. Ich dachte: „Wie merkwürdig", da sah ich, dass dieser sich bewegte. Es war eindeutig eine Kreuzotter. Als ich einige Jahre später am Gauklerplatz in Marrakesch Schlangenbeschwörer sah, fand ich das nicht mehr gut, ich ging vorüber und dachte: „Die armen Schlangen."

Auf unserem Reiseplan in Mexiko stand auch der Besuch eines Indianerdorfes mit der Feier von Initiationsriten. Wir waren gespannt. Wir kamen in diesem Dorf an, es gab dort kleine Steinhäuser, wie man sie üblicherweise sieht, wenn man durch das Land fährt. Die Kochstellen waren oft außerhalb, und wenn man einen Blick durch die Türe werfen konnte, so sah man einen Mann in der Hängematte vor dem Fernseher. Die Hängematten waren ganz praktisch, man warf sie tagsüber auf den Balken und schon war das Schlafzimmer aufgeräumt. So eine Hängematte habe ich mir auch mitgenommen und sie, bis sie kaputtging, jahrelang benutzt.

Eine Familie erwartete uns, wir gingen in die Kirche, denn an dem Tag war eine Firmung. Der Gottesdienst war ähnlich wie bei uns in einer katholischen Kirche. Die jungen Firmmädchen trugen weiße Kleider, die anderen jungen Mädchen des Dorfes kamen mit Stöckelschuhen und Miniröcken. Yoko lief, wie so oft barfuß, um seine Indianerkultur zu demonstrieren. An diesem Tag hat er sich eine Glasscherbe eingetreten, er blutete, aber „ein Indianer kennt keinen Schmerz", er lief ohne Schuhe weiter. Nach der Kirche bewirtete die Familie uns. Sie hatten im Hof einen langen Tisch mit Bänken aufgestellt. Statt Teller gaben sie uns auf Servietten Takkos, wie man sie überall bekommen konnte. Ob es zu trinken Cola oder Limonade gab, weiß ich nicht mehr. Jedenfalls brachte der Hausherr eine Flasche Schnaps, die er vorher von Yoko bekommen hatte, denn bei einem Fest in Deutschland gibt es Alkohol. Zu aller Überraschung wurde eine Kassette mit Wiener Liedern, die sich total verzerrt anhörten, abgespielt. Zwischendurch sah ich noch ein Mädchen in einem Kleid von mir. Yoko hatte einige Wochen vor unserer Abreise um eine Kleiderspende gebeten.

Ein anderes Event auf unserem Reiseplan sollte der Besuch einer heiligen Stätte mit indianischen Tänzen sein. Wir fuhren mit unseren drei Autos auf einen Berg, es war bereits Mittag und unwahrscheinlich heiß. Wir waren von der Fahrt erschöpft und machten erst mal unter dem einzigen Baum, der Schatten gab, Rast, aßen und tranken etwas. Es war 13:00 Uhr, die größte Hitze, da begann Yoko einen Tanz. Es sollte ein Kreistanz werden, jedoch machten nur zwei oder drei aus unserer Gruppe mit. So tanzte er eine Weile alleine.

Nach mehreren Tagen in Mexiko City fuhren wir weiter über wunderbar schönes und weites Land. Immer wieder sahen wir große Haufen von Plastik an den Straßenrändern. Wir übernachteten mal in der Hängematte, mal in kleinen Hütten oder in antik anmutenden Gebäuden aus der Kolonialzeit. In einem zu dieser Zeit erbauten Hotel an der Karibik sahen wir die schrecklichen Verwüstungen des letzten Hurrikans. In einem Hotel, in dem wir erst um Mitternacht ankamen, war für mich kein Bett vorhanden. Alle verschwanden in ihren Zimmern und ich stand im Vorraum dieses verlassenen Hotels und feilschte um einen Schlafplatz. Yoko öffnete die Tür eines Zimmers und das Pärchen darin schaute verdutzt. Er zeigte auf ein Kinderbett, das für mich viel zu klein war. Wütend und todmüde schimpfte ich lautstark auf Yoko und den Hotelbesitzer ein. Schließlich hatte ich alles vorher bezahlt. Nach etwa einer Stunde, es war inzwischen 01:00 Uhr nachts, brachte der Hotelbesitzer eine Matratze, auf der ich dann doch noch den Rest der Nacht gut schlief.

Wir besuchten mehrere Stätten der Mayas mit beeindruckenden Pyramiden. In bester Erinnerung ist mir Palenque, eine Mayastadt, die total vom Urwald zugewachsen war und zufällig entdeckt und wieder freigelegt wurde. Yoko führte uns von hinten durch den Urwald auf dieses Gebiet, damit umging er den Eintrittspreis. In Palenque übernachteten wir in unseren Hängematten am Rande des Urwaldes. Es ist mir fast nicht möglich, diese Erfahrung zu schildern, unheimlich viele Tierstimmen, eine Atmosphäre, fast mystisch, ich blieb lange wach und schwankte zwischen Gefühlen der Angst und freudiger Erregung. Am nächsten Morgen bekam ich einen sogenannten Koller. Ich war nicht mehr fähig, meinen Rucksack und meinen Schlafsack zu packen, ich blieb einfach sitzen und die Tränen liefen mir über das Gesicht. Die Gruppe musste warten, jemand half mir beim Packen und trug meinen Rucksack, und so wurde ich von der Gruppe mitgenommen. Ich kann nicht sagen, wodurch das ausgelöst wurde. Oft merkte ich, dass es mir schwer fiel, jeden Tag „aufzubrechen" und an einem anderen Ort zu übernachten. Ich hatte das tiefe Bedürfnis zu bleiben und die vielen Eindrücke zur Ruhe kommen zu lassen. Das war bald möglich, denn endlich hatten wir Yukatan erreicht. An einer wunderbaren Küste konnten wir einige Tage entspannen, schwimmen und das Meer genießen. Ich erinnere mich noch, dass ich mitten unter Fischen schwamm und unter Wasser den Meeresboden mit Korallen sehen konnte. Von dort habe ich eine große Muschel in meinem Rucksack mit nach Hause genommen, diese liegt jetzt in meinem Schwimmteich. Heute wäre das bei den strengen Kontrollen auf den Flughäfen nicht mehr möglich. Wir flogen nach Mexiko City zurück, am nächsten Tag war die Abreise nach Deutschland. Am Flughafen mussten wir unerwartet noch eine Flughafengebühr bezahlen. Einige hatten kein Geld mehr, das hatte damit zu tun, dass Yoko einige Tage nach Beginn der Reise um einen neuen Betrag anfragte. Die Reise war ja vollständig im Voraus bezahlt, aber das reichte nicht, also gaben wir ihm alle noch etwas Geld. Kurz vor Ende der Reise fragte er nochmals an, alle gaben ihm einen erneuten Betrag. Ich nicht, denn diese Fehlplanung mit diesem Chaos und dieser Missachtung wollte ich nicht belohnen. So war ich natürlich nicht mehr beliebt bei ihm, aber das war bereits vorher so gewesen. Einige konnten bei der Abreise die Flughafengebühr nicht mehr bezahlen. Ich wunderte mich, dass ich in meinem Bauchgürtel noch so viel Geld hatte. Ich recherchierte und stellte fest, dass ich auf der Bank zu Hause falsch gerechnet und die doppelte Summe umgetauscht hatte. Das war jedoch nicht schlimm, denn in meiner Bauchtasche war das Geld sicher und zu Hause würde ich es eben wieder umtauschen. In Düsseldorf erzählte ich das alles Richard, einem guten Freund, er meinte, dass er es wusste und darum nicht mitgefahren war. Letztlich waren wir alle wieder gesund angekommen, hatten viel zu erzählen und unvergessliche Erinnerungen. Etwa zwei Jahre später stand ich in Nürnberg am Platz vor der Lorenzkirche hinter einer Menschenansammlung. Neugierig drängte ich mich nach vorne und sah plötzlich Yoko mit seinem indianischen Tanz. Schnell zog ich mich wieder in die Menschenmenge zurück und hoffte, er habe mich nicht gesehen.

Mit meinem Patenkind in Haundorf

Übernachtung in Palenke im Urwald

Mit meinem Bruder am Aasee, Münster

Kapitel 6

Kreative Berufstätigkeit

Institut für Fort- und Weiterbildung

Mein Studium war mit den Prüfungen beendet. Nun brauchte ich nur noch meine Diplomarbeit zu schreiben, dazu war in der Studienordnung ein halbes Jahr vorgesehen. Als ich etwa zur Hälfte fertig war, kam eines Tages ein Anruf von einer Pflegedirektorin aus einem großen Klinikum. Sie sagte, jemand vom Berufsverband hätte mich empfohlen. Sie wollte wissen, ob ich nicht gleich mit einer neu geschaffenen Stelle zur innerbetrieblichen Fortbildung beginnen könnte. So schnell ginge das nicht, meinte ich, aber in drei Monaten könnte ich diese Stelle annehmen. Sie fragte an, ob ich nicht in Kürze eine einwöchige Fortbildung für Leitungskräfte übernehmen könnte. Der Dozent hatte kurzfristig abgesagt. Ich sagte zu, denn das war wiederum eine neue Herausforderung. Es war tatsächlich eine große Herausforderung, denn diese Leitungspersonen aus diesen Klinken sollten mich auf den Prüfstand nehmen. Eine Kollegin mit einem Studium, das gab es ja noch nie. Der werden wir schon zeigen, dass sie von der Praxis nichts versteht. Zumal da auch einige Männer mit „starkem" Führungsprofil in diesem Seminar anwesend waren. So ließ ich mich in meiner offenen, authentischen Art auf einen Lernprozess mit dieser Gruppe ein. Bereits am zweiten und dritten Tag hatte ich das Gefühl, die Herzen dieser Personen erreicht zu haben. Sie nahmen meine theoretischen und praktischen Lernangebote an. Ich konnte beweisen, dass meine Kompetenz in Theorie und Praxis fundiert war. Am Ende dieser Woche sagte der Leiter der Personalabteilung, der mich am Anfang sehr skeptisch beobachtet hatte: „Sie sind eine bemerkenswerte Frau." Damit hatte ich wohl die Feuertaufe bestanden.

Was mich besonders freute, war, dass gleich in dieser ersten Woche mein Angebot zur Supervision angenommen wurde. Diese führte ich später im gesamten Klinikum ein, was dann zu viel Diskussion, zu positiver Annahme, aber auch zu Widerstand führte. Um dieser Kritik entgegenzuwirken, legte ich schriftlich detailliert eine Begründung und den Sinn beruflicher Supervision dar. Das war für die Klinikleitung überzeugend, daraufhin wurde eine neue Stelle geschaffen, die mit einem externen Supervisor besetzt wurde. Letztlich hatte sich diese Kritik zu einem Erfolg gewendet.

Meine Diplomarbeit hatte ich abgegeben und bereits drei Tage später trat ich diese neue Stelle an. Diese war als Stabsstelle dem Pflegedirektorium zugeordnet. Das war sehr sinnvoll, denn ich war einerseits in die Leitungsstruktur eingebunden, andererseits war ich den Mitarbeitern, denen ich Fortbildung gab, nicht vorgesetzt. Meine Chefin war sehr kooperativ, sie ließ mir viel Freiheit in der Planung von Fortbildungen.

Da das in der Tat ein Novum war, dass eine Krankenschwester mit akademischer Qualifikation erstmals eine Stelle in einer Klinik besetzte, wurde ich von allen Ebenen kritisch betrachtet. Vor allem von den Ärzten, sie lasen noch vor dem Pflegepersonal mein neues Fortbildungsprogramm und waren immer bestens informiert. Um meine Qualifikation zu bestätigen, verlangte ich die Gehaltsstufe eines Akademikers, damals war das BAT II. Für meine Vorgesetzte war das nicht leicht, denn diese Stelle war mit der Einstufung nach dem Tarif einer Krankenschwester ausgeschrieben. Nun war die Verwaltung mit dieser Aufwertung nicht einverstanden. Ich bestand höflich, aber beharrlich auf diese finanzielle Eingruppierung. Meine Chefin berichtete mir von den zähen Verhandlungen. Einmal erzählte sie mir die Metapher des Verwaltungsleiters: „Hier draußen vor dem Fenster arbeitet ein Pflasterer, dieser wird nach seiner Arbeit als Pflasterer bezahlt, ob der ein Studium hat, interessiert nicht." So rechnete ich ihr das sehr hoch an, dass sie schließlich meine Bezahlung nach BAT durchbrachte. Eine Bemerkung habe ich noch im Ohr. „Dieses Gehalt bekommt ein Oberarzt, und keine Krankenschwester."

Mit meiner neuen Stelle war ich nun sehr zufrieden. Ich hatte viele Planungsmöglichkeiten, denn Fort- und Weiterbildung entwickelte sich erst in den 80er-Jahren so richtig. So war meine Stelle als IBF (innerbetriebliche Fortbildung) die erste dieser Art in einem großen Klinikumsverbund. Nachdem in den 60er- und 70er-Jahren die Medizintechnik enorme Fortschritte machte, wurden die ersten Intensivstationen eingerichtet, große Herzoperationen wurden möglich und man erkannte, dass man dazu ausgebildetes Pflegepersonal brauchte. So wurden die ersten Weiterbildungen von Ärzten eingerichtet, kontrolliert und durchgeführt. Die Deutsche Krankenhausgesellschaft unter Leitung von Ärzten gab Richtlinien zur Weiterbildung von Intensiv-, Anästhesie- und Operationsschwestern heraus. Pflege nahm zu dieser Zeit eine Orientierung zu Medizin und Medizintechnik. Die Funktionspflege war stark verbreitet. Der Patient als Mensch geriet in den Hintergrund. Eine gute Krankenschwester definierte sich über ihre Arztnähe. Die Begriffe Behandlungspflege und Grundpflege traten in Erscheinung. Behandlungspflege, als Ausführung der ärztlichen Verordnungen, war höher angesehen und wurde auch besser bezahlt. Die Grundpflege, als die originäre Pflege eines Menschen, wurde abgewertet. Es ist einigen Pflegepionierinnen zu verdanken, dass diese Entwicklung erkannt und ihr entgegengesteuert wurde. So hat Liliane Juchli in ihren Lehrbüchern eine Veränderung eingeleitet und Pflege als Ganzheitlichkeit neu benannt.

In meinem Pflegeverständnis standen die Menschen im Mittelpunkt, sowohl die zu Pflegenden als auch die Pflegenden. „Ich pflege als die, die ich bin." Um einen Einblick in diese Kliniken zu bekommen und auch um Veränderungen in der Pflege zu erkennen, arbeitete ich erst einmal je zwei Wochen auf verschiedenen Stationen mit. Das wurde von meinen Vorgesetzten gut aufgenommen, nicht so wie vorher, als ich als Unterrichtsschwester auf einer Station mitarbeiten wollte. Den Kolleginnen auf den Stationen war das eher befremdlich, denn sie wussten nicht genau, wie sie mich einordnen sollten. Eine Klinikleitung meinte einmal: „Was machen Sie, wenn der Patient dieses oder jenes will?" Ich antwortete: „Dann mache ich das eben, wenn ich es kann." Sie schaute mich fragend an, und ich sagte, dass ich ja Krankenschwester sei. „Ach so", meinte sie.

Um die Fort- und Weiterbildung gut zu planen, erhob ich Analysen zum Bedarf. Mir erschien dieser sehr hoch, und so besprach ich das mit meiner Chefin. Sie meinte, ich könne erst einmal planen, wie ich alles einschätze. Ich sollte das schriftlich formulieren. So setzte ich mich hin und hatte in wenigen Tagen ein Gesamtkonzept mit rund 60 Seiten aufgestellt. Dieses enthielt detailliert: Strukturen zur innerbetrieblichen und klinikinternen Fortbildung, Stationsleitungskurse, medizinisch orientierte und pflegeorientierte Weiterbildungen einschließlich Inhalte mit Literaturbedarf, Räumlichkeiten, interne und externe Dozenten, Stellenbedarf von hauptamtlich Lehrenden sowie Kosten- und Zeitplanung. Dieses Gesamtkonzept wurde dem Stadtrat zur Genehmigung vorgelegt, da die einzelnen Kliniken der Kommune untergeordnet waren. Diese Stadtratssitzung war öffentlich und so war ich natürlich anwesend und gespannt, wie das aufgenommen werden würde, denn es war mit großen beziehungsweise längerfristigen Kosten verbunden. Zu meinem Erstaunen sah ich auch einige bekannte Gesichter aus dem Klinikum, die sehr kritisch beobachteten, was da wohl vor sich ging. Der Tagesordnungspunkt mit dem Konzept wurde aufgerufen, der zuständige Stadtrat der

SPD erläuterte alles und plädierte für die Annahme. Zwei CSU-Stadträte stellten den Umfang von Fortbildungen für das Krankenpflegepersonal als zu hoch in Frage. Ihre Argumente waren nicht überzeugend, so wurde das Konzept mit großer Mehrheit von den SPD -Stadträten angenommen. Das war ein hervorragender Erfolg. Mir ging es dabei sehr gut, jetzt konnte ich mit viel Energie die stufenweise Umsetzung dieser breiten Fort- und Weiterbildungsmaßnahmen beginnen. Jede einzelne Lehrperson, die sich für meine Abteilung bewarb, wurde „handverlesen", nach Aussage meiner Chefin. So konnte ich ein sehr gutes Team zusammenstellen. Jede neue Mitarbeiterin, jeden neuen Mitarbeiter führte ich persönlich in die jeweiligen Bildungsaufgaben ein. Nach etwa sechs Jahren waren alle Stellen besetzt, wir waren inzwischen ein Fortbildungsteam mit acht hauptamtlich Lehrenden und zwei Sekretärinnen. Die Arbeit war kreativ und sinnvoll, sie wurde anerkannt und bereitete uns allen Freude. Da ich selbst eine Beratungsqualifikation hatte, entwickelte ich eine zweijährige Weiterbildung zur Beratungsfunktion in der Pflege. Diese wurde gut angenommen und einige Absolventinnen konnten sogar neue Beratungsfelder in der Pflege erschließen.

Ausgrenzung

Nichts bleibt, wie es ist. So traten Veränderungen in den Leitungsstrukturen des Hauses ein. Dies wirkte sich schnell auf die Atmosphäre in unserem Team aus. Es war für mich nicht erklärbar, aber die Harmonie war gestört. Hinter meinen Rücken gab es Kritik über mich. In den Besprechungen kamen offene Vorwürfe, man müsse zu viel Arbeiten und ich selbst würde zu wenig tun. Das war mir nun nicht verständlich, denn ich hatte eine Kursleitung wie jede andere und zusätzlich meine Leitungsaufgaben. Was waren die Hintergründe? Ich erinnerte mich an Aussagen in den Anfangszeiten. „Zu viele Fortbildungen, die Schwestern sollen gefälligst arbeiten" oder „Wenn die Mitarbeiter von der Fortbildung (die ich leitete) kommen, sind sie aufmüpfig". Das waren die Worte eines Chefarztes und Klinikdirektors. Hatten jetzt diese Personen mehr Einfluss und polemisierten im Verborgenen? Leider waren das Team oder ich nicht stark genug, um das aufzufangen. Es brodelte weiter. Auch die Supervision brachte keine Klärung. In einer Sitzung hatte ich das Gefühl, alle werfen Steine auf mich. Der externe Supervisor bemühte sich, konnte aber zu keiner Lösung beitragen, obwohl er sichtlich meine Argumente unterstützte. Das Team setzte auf Patt und nichts war zu bewegen. Ich wurde ausgegrenzt und fühlte mich zunehmend nicht mehr wohl. Dieser Zustand dauerte etwa zwei Jahre, in dieser Zeit nahm ich zu meiner persönlichen Unterstützung Beratung an. Nach einer Aufstellung in den Strukturen der Gestalttherapie meinte meine Supervisorin, sie hätte den Eindruck, das Team bestünde aus lauter Pubertierenden.

Wenn Dinge von außen nicht zu verändern sind, so war immer meine Devise, muss ich mich verändern. Aber wie? Ich erlebte, dass einige Leitungspersonen kündigten und Stellen in anderen Häusern annahmen. Eine verwaltungstechnische Leitungsstelle kam für mich nicht in Frage. Mein Herz schlug für Lernen, Lehren und Entwickeln, jedoch in Freiheit und Selbständigkeit. So schloss ich auch eine Tätigkeit als untergeordnete Unterrichtsschwester in einer Schule aus.

Wie sich die Dinge fügen. Ich hörte von einem Förderprogramm der Robert-Bosch-Stiftung für Pflegepersonen, die ein Studium hatten. Da man damals noch nicht Pflege studieren konnte, hatten einige Kolleginnen, so wie ich, ein anderes Studium absolviert, mit der Maßgabe, den Beruf nicht zu wechseln, sondern in der Pflege zu bleiben. In den 90er-Jahren etablierten sich die ersten Studiengänge im Bereich Pflegemanagement und Pflegpädagogik. Diese wurden von Theologen oder Angehörigen anderer Berufsgruppen geleitet. In der Geschichte der Krankenpflege hatten wir schon einmal diese Fremdbestimmung. So zielte dankenswerterweise die Robert-Bosch-Stiftung mit einem Doktoranden-Stipendium auf die wissenschaftliche Qualifizierung von Pflegekräften für die Hochschulen. Ich bewarb mich und bekam eine Zusage, ein Ausweg war gefunden. Ich konnte mein Glück nicht fassen.

Während dieser Bewerbungszeit nahm ich schon Kontakt mit der Universität auf. Ich führte mit einem Professor erste Gespräche und besorgte mir die Promotionsordnung. Zu meinem Schrecken galt als Voraussetzung zum Promotionsstudium eine zweite Fremdsprache. Ich konnte mit meinem Begabtenabitur nur Englisch, aber keine weitere Fremdsprache. Trotzdem schrieb ich mich für das Doktorstudium ein, in der Hoffnung auf einen Erlass dieser zweiten Fremdsprache, wie es als Möglichkeit in einer kleingeschriebenen Klausel vorgesehen war. Nachdem ich viele Jahre Berufserfahrung und viele Qualifikationen hatte, erwartete ich einen positiven Bescheid. Leider nein, beide Professoren bestanden auf der zweiten Sprache. Mir blieb nichts anderes übrig, als in diesen „sauren Apfel" zu beißen. Welche Sprache ist am schnellsten einzupauken? Ich entschied mich für Latein. So kam es auch, ich belegte zwei Semester Latein an der Universität in Abendkursen. Ich lernte nur im Kurzzeitgedächtnis für die Prüfungen. Dann hatte ich das geschafft. Mittlerweile besprach ich mit dem Erst- und Zweitdoktorvater meine geplante Doktorarbeit. Ich informierte über meine Bewerbung um ein Stipendium bei der Robert-Bosch-

159

Stiftung. Ich dachte, das könnte schon mal ein Vorteil sein. Aber nein, man kannte diese Einrichtung nicht.

Der Kontakt mit meinem Doktorvater lief folgendermaßen ab: In einem der ersten Gespräche erklärte ich mein Vorhaben und meinte, es sei mir wichtig, an einem wissenschaftlichen Thema aus der Pflege zu arbeiten beziehungsweise zu forschen. „Pflegewissenschaft gibt es nicht", sagte er. Ich bemühte mich zu erklären, dass es im Ausland längst Studiengänge der Pflegewissenschaft gäbe und dass in Deutschland nun diese Entwicklung beginne und ich dazu einen Beitrag leisten wolle. Das wurde nicht angenommen. Aber ich konnte einen Entwurf formulieren. So setzte ich mein Vorhaben in schriftlicher Form, mit „erkenntnisleitendem Interesse", auf. Ob ich das wohl richtig konnte? Der Professor hörte sich das an und sagte nichts dazu. Was jedoch wichtig war: Er sagte, als ich mich verabschiedete: „Kommen Sie wieder." Ich dachte, ich komme gewiss nicht mehr wieder. Zu Hause überlegte ich es mir und formulierte mein Vorhaben um. Das nächste Treffen lief genau wie das erste ab. Insgesamt verlief es tatsächlich sechsmal in der gleichen Form. Er war beständig in seiner Formulierung „Kommen Sie wieder" und ich im Wiederkommen. Zum siebten Treffen kam ich mit Selbstbewusstsein und ich zeigte die Bewilligung zum Stipendium. Siehe da, der Professor kannte diese Einrichtung und hatte sogar mit der Leiterin dieses Programms zusammengearbeitet. Ich sagte: „Nun muss es aber was werden." Er sagte: „Nun wird es was werden." Wunderbar, ich spürte Energie, aber ich wusste immer noch nicht, wie ich einen Anfang finden sollte. Ich hatte keine Ahnung von Forschung. Ich hatte nur die Vorstellung, an einem Thema aus der Pflege arbeiten zu wollen.

Nach der Zusage für das Stipendium schrieb ich sofort meinen Antrag zur Beurlaubung für zwei Jahre. In meine Abteilung ging ich mit Hochgefühl und verkündigte: „Mit sofortiger Wirkung werde ich diese Abteilung verlassen und nicht mehr wiederkommen." Obwohl ich so viel Ablehnung erlebt hatte, breitete sich nun große Betroffenheit aus, einer Kollegin kamen sogar die Tränen.

Wohnen

Als ich diese Stelle, die ich jetzt nach 10 Jahren verließ, mit unbefristetem Vertrag und gutem Gehalt neu angetreten hatte, hatte ich mir in dieser neuen Stadt keine Wohnung alleine mieten, sondern das Leben in einer Wohngemeinschaft ausprobieren wollen. Jedoch keine Studenten-WG mit jungen Leuten. Über einen Bekannten erfuhr ich, dass in seiner WG ein Platz frei geworden war. So stellte ich mich den Mitbewohnern vor, die „Chemie" musste schließlich stimmen. Es wohnten hier eine Frau, die halbtags berufstätig war, und zwei Männer, die nach dem Studium eine gute Position hatten. Die Wohnung, eine ganze Etage, war sehr schön, sie war in einem Jugendstilhaus in einer guten Wohnlage. Die beiden Zimmer, die ich dann bezog, waren groß und hatten eine breite Durchgangstüre, einen Parkettboden, eine Stuckdecke und einen extra Balkon. Es war sicher das Wohnzimmer der früheren Herrschaften gewesen. Das Zusammenleben ging sehr gut, manchmal kochten wir zusammen, wir diskutierten viel und einmal hatten wir eine super große Party, wir tanzten und ich hatte Bedenken, dass im dritten Stock die Bodendecke, die sicher schon 100 Jahre alt war, durchbrechen könnte. Soweit fühlte ich mich wohl, obwohl Monikas Katze manchmal in den Flur pinkelte und ihr Hund mich nicht mochte und ab und zu auf meinen

Teppich pinkelte, obwohl ich immer die Türe zu hatte. Außerdem stank er, wahrscheinlich von dem billigen Futter. Dass ich später zu meinen Hunden und Katzen eine so gute Beziehung finden würde, konnte ich mir zu diesem Zeitpunkt nicht vorstellen. Die Miete war nicht hoch und so dachte ich, ich könnte mir eine Eigentumswohnung kaufen. Das tat ich auch mit wenig vorausgehender Überlegung. Der Makler versicherte mir, dass der Familie, die damals darin wohnte, gekündigt worden war und diese bald ausziehen würde. Ich schloss einen Vorvertrag ab. Danach besuchte ich diese Familie. Es war ein türkisches Ehepaar mit zwei Kindern, das nicht daran dachte auszuziehen. Der Makler meinte, das sei nicht schlimm, ich könnte einen Mietvertrag machen und monatlich 500 DM verlangen. Immer noch blauäugig sagte ich, er könne das in die Wege leiten. Die Familie hatte den Mietvertrag mit meiner Unterschrift bereits in Händen, als ich bemerkte, dass sie bisher nur 250 DM bezahlt hatten. Da war mir klar, sie würden mir keine 500 DM bezahlen und auch nicht ausziehen. Wie sollte ich aus diesem Dilemma wieder rauskommen? Dabei half mir eine Erfahrung, die ich Jahre zuvor gemacht hatte. Dazu gehe ich in der Zeit einige Jahre zurück.

Damals war ich mit einem jungen Mann aus Düsseldorf befreundet, der einem „esoterischen Kreis" angehörte. Ich kam in Kontakt mit Drogen, natürlich nur zu therapeutischen Zwecken, allerdings auch solide und verantwortungsvoll. Unabhängig davon führte Richard auch Feuerläufe durch. Das wollte ich ausprobieren. So meldete ich mich zu diesem Workshop an. Das Ganze dauerte etwa einen Tag, es war eine Gruppe von zwölf Personen. Zur Einführung erkläre Richard einiges, er führte Rituale durch und stimmte uns mit Sammlung und Konzentration auf das Folgende ein: Nämlich mehrere Schritte durch noch glühendes Holz zu gehen. Jeder sollte, bevor er dieses Vorhaben anging, ernsthaft prüfen, ob er das wollte und konnte. Inzwischen war ein großer Holzfeuerhaufen abgebrannt. Die Glut wurde mit einem Rechen auseinander geschoben, sodass ein Glutbett von ungefähr einem Meter Breite und drei Metern Länge entstand. Wir alle saßen ernsthaft und konzentriert im Kreis, jeder trat einzeln vor den Anfang der Feuerglut und entschied hier erst, ob er gehen würde. Einige kehrten wieder um, einige gingen durch. Ich reihte mich etwa in der Mitte ein, überlegte und ging dann. Ich musste, um die etwa drei Meter zu durchqueren, sicher vier oder fünf Schritte machen. Ich war so konzentriert und angespannt, dass ich nichts merkte und auch nichts dachte. Als ich durch war, merkte ich meine heißen Füße, es stand ein Eimer mit kaltem Wasser bereit, dort tauchte ich meine Füße ein und untersuchte sie auf Brandblasen. Es waren keine zu sehen und ich hatte auch keine Schmerzen. Einige hatten kleinere Brandblasen, für die Brandsalbe vorhanden war. Insgesamt waren jedoch bei allen, die durchgingen – es waren etwa sieben oder acht Personen –, keine Verbrennungen vorhanden, alles verlief positiv. Es war eine bemerkenswerte Atmosphäre. Es ist schwer zu beschreiben, wir waren in Hochstimmung mit der Erfahrung eines ganz besonderen Könnens. Als Konsequenz bekamen wir – wie ein Mantra – für die Zukunft mit: „Ich kann durch Feuer gehen, also kann ich auch das ..."

Als ich nun einige Jahre später am Abend zu dieser Familie ging und sicher war, dass ich meinen Mietvertrag wieder zurückhaben wollte, hatte ich dieses Ereignis vor Augen. Ich saß am Sofa und erklärte, dass ich dieses Mietverhältnis lösen möchte, da ich die Wohnung selbst beziehen werde. Das nahmen sie nicht ernst. Dann erklärte ich, dass ich den Kaufvertrag wieder rückgängig machen würde. Das interessierte sie auch nicht. Ich blieb einfach sitzen. Um circa

22:00 Uhr kam ein Bruder des Mannes. Ich erklärte alles zum wiederholten Male. Meine Teetasse war, glaube ich, zum vierten Mal leer getrunken. Um etwa 23:00 Uhr kam der nächste Mann, dann kamen nochmals Verwandte. Ich hatte in meinem Kopf: „Ich kann durch Feuer gehen, also kann ich auch diesen Vertrag wiederbekommen." Ich blieb einfach sitzen, blieb freundlich, und wiederholte immer wieder die gleichen Worte. Es war beinahe 02:00 Uhr nachts, als plötzlich der Mann aufstand, in das Schlafzimmer ging und den Vertrag auf den Tisch legte. Ich nahm ihn langsam in meine Hände, zerriss ihn, bedankte mich und ging. Ich übergab alles einem Rechtsanwalt und kurze Zeit später hatte ich meinen Anzahlungsbetrag von 10.000 DM wieder zurück.

Das Leben in der WG war nicht unangenehm, jedoch merkte ich zunehmend mein Bedürfnis nach Ruhe und Stille, zumal ich ein Kind des Landes und nicht der Großstadt bin. So überlegte ich mir, ein Wochenendhaus zu suchen. Das fand ich auch bald. Es war eine kleine, grüne Holzhütte auf einem Berg nur umgeben von Wald. Als ich zum ersten Mal da hinaufstieg, wusste ich, das ist es. Das „Haus" war von einem großen Grundstück, das terrassenförmig angelegt war, umgeben, hinter dem Haus war ein Brunnen mit Handpumpe, es gab keinen Strom, aber ein Plumpsklo, so etwas kannte ich aus meiner Kinderzeit. Das kleine oberpfälzische Dorf lag unterhalb. Da alle Bäume rundum Blätter hatten, war mein Haus vom Dorf aus nicht zu sehen. Ich war richtig schön versteckt. Natürlich gab es wie immer auf dem Land auch eine soziale Kontrolle. Diese fiel, glaube ich, nicht sehr ausgeprägt aus, denn kommunikativ, wie ich war, hatte ich bald guten Kontakt zu einigen Dorfbewohnern. Als ich einmal nach zwei Wochen wieder angekommen war, besuchte mich der Jäger, der im Dorf unterhalb von mir wohnte. Er stellte sich vor und brachte mir zur Begrüßung ein Päckchen Lebkuchen, das fand ich sehr nett. Dann sagte er mir, dass er mein Fenster von außen geschlossen hätte. Ich war weggefahren und hatte das Fenster offen gelassen. Ich dachte, die soziale Kontrolle funktioniert ja gut, hat auch einen Vorteil. Aber wie hatte er sehen können, dass mein Fenster offen war, wenn das Haus von Bäumen umgeben war? Später wusste ich, dass Jäger Ferngläser besitzen, und zwar sehr gute. Er besuchte mich wieder einmal, sah meine Katze und schimpfte sehr darüber, dass die Katzen die größten Raubtiere des Waldes seien. Ich hatte Angst um meine Minni, denn sie wäre nicht die Erste gewesen, die von Jägern erschossen wurde. Als die drei Jäger einmal an meinem Grundstück vorbeigingen, nahm ich schnell meine Katze auf den Arm, hielt sie über den Zaun und sagte: „So sieht meine Katze aus, dass ihr ja nichts passiert." Sie nickten, hatten verstanden und es ist ihr nie etwas geschehen. Der Kontakt zum Dorf war wichtig, denn in den kommenden Jahren sollte ich meine Hütte immer mehr ausbauen, und zwar mit Hilfe von einigen Männern aus dem Dorf. Diese waren in fast allen handwerklichen Berufen geschickt, denn früher halfen, wenn jemand ein Haus baute, alle zusammen und es wurde fast kein zu bezahlender Handwerker von außen gebraucht. Meine handwerklichen Helfer waren natürlich nicht unsichtbar und so meinte meine „soziale Kontrolle", ich hätte wechselnden Männerbesuch. Ab und zu, wenn es mir zu einsam war, ging ich ins Dorf zum Plaudern. Ich hatte damals schon meinen ersten Hund, und wenn es spät und dunkel war, so machte das nichts, denn Arco zog mich den Berg hinauf bis zur Haustüre. Einmal hatte ich auch wieder die Taschenlampe vergessen, und als ich im Dunkeln meinen Waldweg hinaufging, blieb Hugo – ich hatte dann bereits den zweiten Hund – einfach stehen. Er blieb brav an meiner Seite. Kein „vorwärts" oder „geh" half. Es war aber so dunkel, dass ich die Abzweigung zu meinem Trampelpfad nicht finden konnte. Standen Sie schon mal im völligen Dunkel ohne Orientierung? Das ist ein komisches Gefühl. Ich konnte ja nicht da übernachten, so tastete ich mit meinen Füßen den Boden ab. Irgendwann erspürte ich eine Veränderung des Waldbodens. Hier musste die Abzweigung zu meiner Gartentüre sein. Ich „trampelte" mich weiter vorwärts und erreichte schließlich meine Haustüre, die nie abgesperrt war. Sehr schnell brachte ich Hugo bei, dass er mich nachts den Berg hinaufzuziehen hat. Meiner Ayla musste ich das nicht beibringen, sie ist eine schlaue Hündin.

Trotz des ersten missglückten Versuchs beschloss ich erneut, mir eine Eigentumswohnung zu kaufen. Es ging alles sehr unkompliziert. Allerdings hatte ich wieder das Problem, dass die Mieter nicht ausziehen wollten. Nur stand ich jetzt auf der anderen Seite. Ich hatte die Wohnung bereits gekauft; sie war sehr schön, hatte einen großen Balkon, drei Zimmer und war sehr zentral gelegen. Die Mieter baten mich, da der Mann mitten in seinem Studienabschluss stand, noch um ein paar Monate Aufschub, dann wollten sie ausziehen. Ich sah das ein, zumal sie nach den Prüfungen in eine andere Stadt ziehen wollten, wo die Frau bereits eine Stelle haben sollte. Da ich mein Wochenendhaus hatte, wollte ich dort quasi als Überlebenstraining ein Jahr lang ohne Strom und Wasserleitung leben. Das reizte mich, außerdem hatte ich auch noch Mieteinnahmen und selbst keine Mietkosten, denn meine Zimmer in der WG hatte ich bereits gekündigt. Wohlüberlegt behielt ich mir aber den Schlüssel und ein Zimmer in meiner neuen Wohnung. Das erwies sich dann als sehr gut.

An mein Abenteuer in meiner Waldhütte erinnere ich mich sehr gerne. Der Winter kam und es war sehr kalt. Im Haus hatte ich einen schwarzen Eisenofen und einen kleinen, weißen Küchenherd, wie man ihn früher hatte, sogar noch

mit Wasserschiff. Wenn ich abends nach dem Dienst ankam, musste ich erst mal einheizen. Holz war vorhanden,
denn ich wohnte ja im Wald. Allerdings war mir klar, dass
ich als allererstes einen Schuppen für das Holz brauchte,
denn es musste trocken sein. Ein Bauer aus dem Dorf half
mir sofort mit trockenem Holz aus. Heute, nach 30 Jahren,
bringt mir der Enkel dieser Familie noch immer das Holz.
Also Feuer beziehungsweise Wärme sind neben Wasser das
Elementarste, was man braucht. Das Wasser aus dem Brunnen
war sehr gut, ich konnte es sogar trinken; allerdings fror
der Brunnen während des Tages oft zu. So war die Lösung:
Ich stellte einen Eimer Wasser bereit, und nachdem der
Ofen angeheizt war, konnte ich das Wasser erwärmen und
mit diesem taute ich dann den Brunnen auf. So hatte ich
Wasser, ich durfte nur nicht vergessen, das Wasser für den
nächsten Tag bereitzustellen. Mit bulliger Wärme, Kerzen-
licht und klassischer Musik aus dem Radio mit Batterie war
es wunderbar gemütlich. In diesem Winter gab es sehr viel
Schnee. Ich musste mein Auto unterhalb des Waldes ab-
stellen und zu Fuß bis zu meinem Haus stapfen. Alles war
weiß, nur Stille, keine Einsamkeit, eine neue Qualität des
Erlebens. Auf meinem Weg zum Hauseingang standen drei
große, alte Eichen. Einmal gab es so viel Schnee, dass die
Äste dieser Eichen sich bis zum Boden neigten. Ich ging
wie durch ein Schneetunnel, es war wunderbar. Seit einigen
Wochen wohnte ein kleines Lebewesen mit mir, eine kleine
Katze. Ich war zu Besuch bei meinen früheren Nachbarn
in Haundorf. Als ich wieder in mein Auto stieg – ich hatte
die Türe offen gelassen –, saß ein Kätzchen auf der Rück-
bank. Irene kam sofort mit einer Katzenleine, Futter und
Katzenklo, legte alles in mein Auto und sagte: „Das Kätzchen lebt auf der Straße, nimm es mit, ich habe schon drei."
Es gab nicht viel zu überlegen, ich fuhr mit dem Kätzchen
los. Nach einigen Kilometern rollte es sich auf meinem

Schoß zusammen und schlief. Sollte ich es mit in die Stadt-wohnung nehmen oder aufs Land fahren? Eine bisher wild lebende Katze kann nicht plötzlich in einer Stadt oder gar in einer Wohnung leben. So gewöhnte sich das Kätzchen bei mir in meiner Hütte ein und hatte im Gegensatz zu vor-her ein Paradies. Es hatte ein trockenes Haus, immer Futter bereitstehen und noch dazu einen großen Garten und den Wald. An der Haustüre sägte ich ein Brett unten etwas auf, so konnte es immer rein und raus. Dass es dadurch im Haus noch kälter war, musste ich in Kauf nehmen. Dafür hatte ich jeden Abend ein schnurrendes Kätzchen. Minni wurde 20 Jahre alt und liegt in meinem Garten begraben.

Das Jahr war um und meine Mieter zogen nicht aus. Da ich den Schlüssel hatte, quartierte ich mich selbst in meiner eigenen Wohnung in das dritte Zimmer ein. Ich erinnerte sie jeden Tag mit meiner Anwesenheit daran, dass sie jetzt ausziehen mussten. Der Mann akzeptierte das und zog aus. Warum die Frau nicht mitzog, weiß ich nicht, vielleicht hatten sie sich getrennt. Es kam noch „besser". Als ich nach einem Wochenende in meinem Wochenendhaus zurückkam, wohnte auch noch die Schwester mit in ihrem Zimmer. Dass ich damit nicht einverstanden war, interessierte sie nicht. Sie bezahlte auch die Miete nicht mehr. Als sie dann endlich aus-zog, nahm sie noch meinen Herd mit und ließ mir den Müll zurück. Ich fand das unverschämt. Durch Zufall entdeckte ich eine Werkzeugkiste, die sie vergessen hatte. Ich nahm diese an mich, und als sie kam, um noch etwas abzuholen, bot ich ihr als Pfandrückgabe die Kiste für 200 DM an, für den Herd, den sie eigentlich gestohlen hatte. Sie ging da-rauf ein, denn ich drohte ihr mit Rechtsanwalt, auch wegen der restlichen Mietschulden. Sie beschwerte sich noch, dass in dieser Wohnung nachts ein Mann in ihrem Bett gelegen habe, nachdem sie spät nach Hause gekommen war. Das sei auch der Grund, warum sie hier nicht länger wohnen wolle. So war endlich meine Wohnung frei, nicht zu glauben, wie sich manche Menschen verhalten. Ich renovierte sie schön, sie hatte im Wohnzimmer einen Jugendstilerker und einen kleinen, alten Kachelofen. Es war gut, in der Stadt zu wohnen, jedoch bevorzugte ich das Land. So fuhr ich jedes Wochenende, oft auch mehrere Tage in der Woche, in meine Hütte im Wald.

In Erinnerung an gute Erfahrungen während der Hopfenernte in meiner Jugendzeit verbrachte ich einige Urlaubstage bei einer Weinlese in einem fränkischen Weindorf. Es war wunderbar, jeden Tag bei warmer Herbstsonne die vollen, reifen Weintrauben zu ernten. Man konnte so viel naschen, wie man wollte. Wir waren eine Gruppe von circa 15 Erntehelfern, die Hälfte davon waren Männer aus Polen. Die Weinbäuerin brachte jeden Tag das Mittagessen zu uns in den Weinberg. Einmal hatte sie in ihrem Korb Bananen, sie gab jedem von uns eine, die polnischen Erntehelfer aber bekamen keine. Mir war das ganz peinlich, denn gerade für uns bedeutete eine Banane nicht sehr viel. In Polen hatte man diese damals noch nicht kaufen können. Ich gab meine Banane demonstrativ einem neben mir sitzenden polnischen Mann, dieser lehnte ab. Er hatte seinen Stolz, was ich verstehen konnte. Auch beim Abendessen bevorzugte sie offensichtlich uns deutsche Erntehelfer. Das Wochenende kam und ich bekam mit, dass einige Polen etwas vorhatten, nur Waldemir stand etwas verloren herum. So lud ich ihn spontan in die Stadt ein. Ich zeigte ihm einiges und ging mit ihm zum Essen. Am Abend erklärte ich ihm, dass er in meinem Gästezimmer schlafen könnte und dass ich am Sonntagabend wiederkäme, um ihn zurückzufahren. Er verstand fast nichts, aber er sah ja, dass ich weg war, denn ich fuhr in mein Wochenendhaus. Nachdem ich ihn wieder zurückgefahren hatte, wollte er mir etwas erklären. Ich verstand es nicht. Er deutete immer wieder auf einige Wörter in seinem Wörterbuch: „Wohltätig." Was er wohl meinte? Als nach einigen Wochen meine Mieterin auszog und sich beschwerte, dass nachts in ihrem Bett ein Mann gelegen hatte, wurde mir der Zusammenhang klar. Er hatte offensichtlich gemeint, dass er mir auf diese „Weise" einen Gegendienst erweisen müsse. Da das nicht der Fall war, konnte ich nur eine wohltätige Frau sein.

Nach der Weinlese hatten Waldemir und ein Kollege noch einen Job als Waldarbeiter angenommen. Ich wollte mir das ansehen und besuchte sie in dieser Hütte für Waldarbeiter, in der sie „wohnten". In dieser war in der Mitte ein großer Ofen, Holz gab es und so konnten sie heizen, sonst waren nur noch ein Tisch und eine Bank vorhanden. Wie sollten sie da mehrere Wochen leben? Da sie kein Auto hatten, nahm ich sie mit in den Supermarkt und kaufte für sie die wichtigsten Lebensmittel ein. In der Abteilung für Tiernahrung blieb Waldemir lange stehen und betrachtete die Dosen für Hunde und Katzen. Was überlegte er? Essen die Deutschen Hunde- oder Katzenfleisch? Das war nicht möglich, aber sollen diese Fleischdosen etwa für Hunde und Katzen zu kaufen sein? Am nächsten Tag kam ich noch einmal und brachte ihnen zwei alte Liegestühle, die ich nicht mehr brauchte, eine Decke und einen warmen Schlafsack, denn die Nächte wurden bereits kalt und so mussten sie nicht mehr auf dem blanken Bretterboden schlafen.

Beim Skifahren: Meine Mutter ca. 1943, ich ca. 1985

Im Tal des Todes in Kalifornie

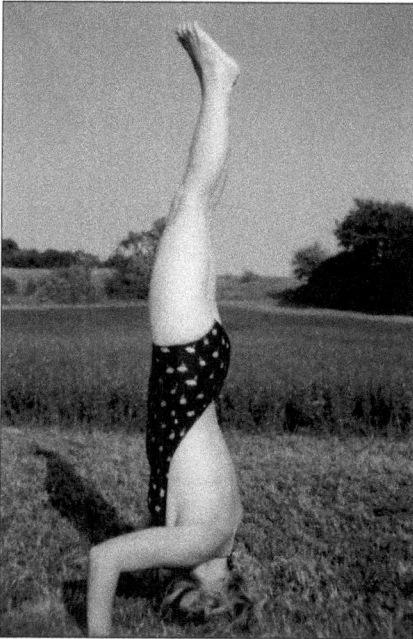

Wieder steht alles „Kopf"

Kapitel 7

Promotion, stimmig geschafft

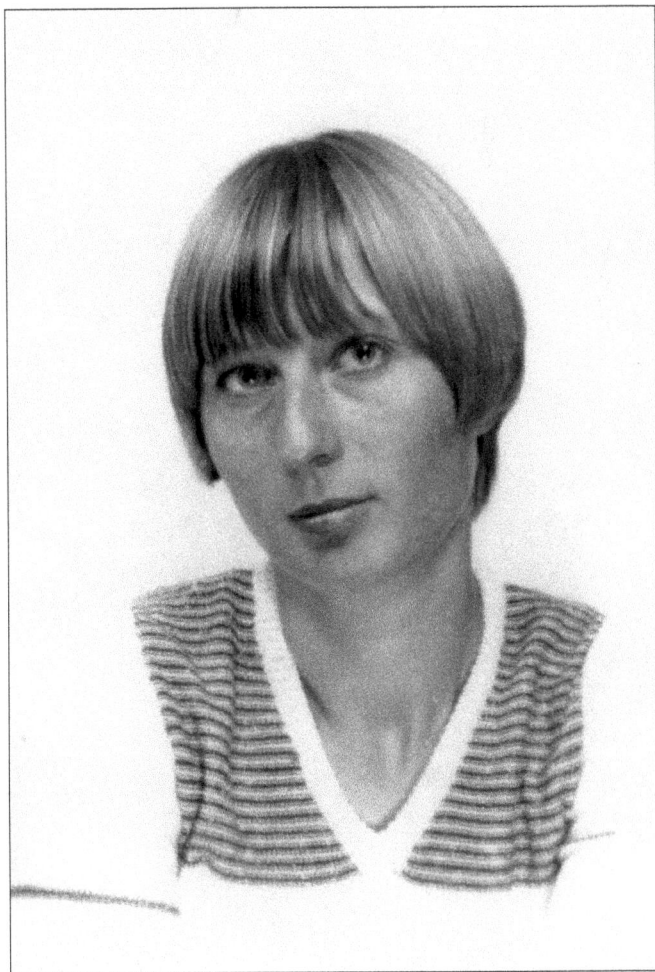

Erfolg

Ich hatte für die Dauer von zwei Jahren ein großzügiges Stipendium und somit keine finanziellen Sorgen, war beurlaubt und konnte mich ganz einer Studie für meine Doktorarbeit widmen. Das wurde eine meiner spannendsten Zeiten. Nach einem Studium haben viele Absolventen den Wunsch, noch eine Doktorarbeit anzuschließen. Da alle Universitäten dafür Hürden aufstellen, gelingt das nur sehr wenigen. Ich hatte auch diesen Wunsch und trug mein Anliegen zwei Professoren der Universität, an der ich studiert hatte, vor. Ich erklärte, dass ich aus der Pflege käme und dass jetzt in Deutschland die Akademisierung der Pflegeberufe beginnen würde, wie das im Ausland schon lange der Fall sei, und ich dafür eine wissenschaftliche Qualifikation erwerben möchte. Der eine Professor verstand mich nicht, eine Krankenschwester, die promovieren wollte, hatte in seiner Vorstellungswelt keinen Platz. Bei dem anderen Professor bekam ich erst gar keinen Termin. Nachdem ich nochmals angefragt hatte, konnte ich ihn auf dem Weg zu seiner Vorlesung begleiten und dabei mein Anliegen vortragen. Es war genauso erfolglos. So dachte ich mir, nun soll es eben nicht sein und gab den Gedanken auf. Bei dem Vorhaben einer Promotion ist, so meine Erfahrung, der Anfang die größte Hürde. Zuerst muss jemand gefunden werden, der das Promotionsvorhaben annimmt, die nächste Hürde ist, das richtige Thema zu finden.

Nach ein paar Jahren der Berufstätigkeit verspürte ich nochmals den Wunsch nach einer Forschungsarbeit in meinem Berufsfeld. Da ich Lehrende war, überlegte ich oft, was denn die Lernenden oder die Kolleginnen in den Weiterbildungen tatsächlich für die Praxis lernten. Ich nahm Kontakt mit einer Universität auf, an der es einen Lehrstuhl für Erwachsenenbildung gab. Das war ja mein Tätigkeitsfeld. Ich schrieb mich dort ein und belegte Blockseminare bei dem Professor für

Erwachsenenbildung. Ich hatte eine weite Fahrstrecke und da ich 40 Stunden in der Woche arbeitete, konnte ich die Seminare nur an Wochenenden beziehungsweise an Urlaubstagen besuchen. Bevor ich mich endgültig entschied, führte ich einige Gespräche mit der Assistentin an diesem Lehrstuhl, die dabei war, ihre Doktorarbeit zu schreiben. Nach einiger Zeit sagte sie mir, dass sie seit fünf Jahren für diesen Professor arbeite, nebenbei ihre Arbeit schreibe und diese jetzt fast fertig abgegeben habe. Beim nächsten Gespräch erzählte sie mir, dass sie ihre Arbeit zurückbekommen hätte, mit dem Auftrag, noch einmal von vorn zu beginnen. Ich konnte das kaum glauben. Wie doch Assistenten an den Universitäten ausgebeutet werden. Für mich war klar, darauf lasse ich mich nicht ein. Also dann eben keine Doktorarbeit.

Nachdem ich einige Zeit später in meiner beruflichen Situation sehr unglücklich war und ich von der Förderung durch die Robert-Bosch-Stiftung erfuhr, startete ich einen dritten Versuch. Dieser gelang dann, wie ich bereits erzählte. Allerdings war der Anfang sehr schwierig. Ich hatte keine Ahnung, wie man eine Forschungsarbeit durchführt und welches Thema ich nehmen sollte. Nachdem ich das siebte Mal zum Gespräch bei meinem Doktorvater saß und nicht wusste, wie der Anfang gelingen sollte, gab er mir eine gute Empfehlung. Das war die erste gute Unterstützung, eine zweite erfolgte dann während der Prüfung. Ich sollte mir ein Buch zur Forschungsmethode der Grounded Theory von Strauss/Corbin kaufen. Das tat ich auch. Ich kämpfte mich durch das Buch und bekam eine Vorstellung davon, wie man eine qualitative Forschung angehen könnte. So begann ich mit Interviews, um Daten zu sammeln. Nun hatte ich viele Kassetten mit Tonbandaufnahmen, die ich dann in schriftliche Form transkribieren musste. Ich hatte viele Seiten Text, und was nun? Ich sah, dass ich damit meine Forschungsfrage nicht beantworten konnte. Zwischenzeitlich las ich Literatur von amerikanischen und englischen Pflegeforscherinnen, deutsche Pflegewissenschaftlerinnen veröffentlichten ebenso ihre ersten Arbeiten. Es waren neue und interessante Bücher. So holte ich mir wichtige Anregungen. Auch die Robert-Bosch-Stiftung lud regelmäßig zum Austausch der Stipendiaten ein, dies war für uns alle eine gute Unterstützung. Ich begann mit meiner Datensammlung noch einmal von vorn. Ich bat Pflegende mir aus ihrem Pflegealltag Situationsbeschreibungen zu schicken. Diese Texte waren genau richtig, um meine Arbeit weiterzuführen und neue Erkenntnisse zu gewinnen. Mittlerweile wusste ich mein Thema, ich wollte etwas zur Kompetenz der Pflegenden erfahren. Es war spannend und ich genoss diese Zeit der Forschungsarbeit. Um die ganzen Texte nach wissenschaftlichen Regeln zu kategorisieren, ging ich eine Woche in Klausur: Ich buchte mich mit meinem Hund in einem Hotel ein, ging zwischendurch immer lange mit ihm um den See spazieren und schrieb wieder weiter. Ich hatte mich um nichts zu kümmern, das Essen war hervorragend und abends ging ich schon mal in die Sauna oder zur Massage, so kam ich in dieser Woche gut voran.

Das erste Kapitel war fertig, ich gab es bei meinem Doktorvater ab und bekam keine Rückmeldung. Ich erinnerte mich an die Assistentin, die am Ende ihre Arbeit zurückbekam. Im Gespräch mit ihm sagte ich sehr deutlich, dass ich eine Rückmeldung möchte, „nicht, dass ich die Arbeit am Ende wieder zurückbekomme". Er sagte: „Nein, das wird nicht so sein." So war ich über diese Antwort sehr dankbar und vertraute ihm. Das Schreiben machte mir weiterhin viel Spaß, ich saß in meiner Hütte im Wald, ich hatte mir meinen ersten Laptop gekauft, einen gebrauchten Macintosh, damals noch für 5.000 DM. Da ich noch keinen Strom hatte, musste ich mir die Batterien immer wieder mit dem Stromaggregat aufladen.

Ab und zu musste ich zu einem Termin zu meinem Zweitdoktorvater gehen. Er war ein sehr charmanter Mann, der mit mir über alles Mögliche plauderte. Anfangs fand ich das sehr angenehm. Später dachte ich mir, schade um die Zeit, denn ich stellte fest, dass ich keine Unterstützung für meine Arbeit erfuhr. Im Gegenteil, am Ende des Gespräches empfahl er mir unbedingt noch dieses Buch zu kaufen und diese Theorie mit einzuarbeiten. Das tat ich dann auch mehrmals. Nachdem ich festgestellt hatte, dass er meine Kapitel, die ich ihm zugesandt hatte, in den nächsten Gesprächen nicht erwähnte, ließ ich das sein. Dann bekam ich die Rückmeldung, dass meine Zitierweise nicht richtig sei. Ich überarbeitete alles nochmal. Nach der nächsten gleichen Rückmeldung ließ ich das auch sein, denn ich wusste nicht, wie ich anders zitieren sollte. Auch sollte ich, als ich fast am Ende war, nochmal mit einer anderen Fragestellung eine neue Datensammlung beginnen. Ich war irritiert, das ging doch nicht. So besprach ich das mit meinem Erstdoktorvater. Er meinte, das sei nicht nötig, ich könne so weiterarbeiten. Dafür war ich ihm sehr dankbar.

Die schriftliche Arbeit war fertig, es standen noch Prüfungen an. Es gibt unterschiedliche Promotionsordnungen. An dieser Universität musste ich wie beim Studium nochmals Seminare belegen und in drei Fächern jeweils eine Prüfung ablegen. An anderen Universitäten muss man zum Abschluss nur ein Rigorosum durchstehen, das heißt, seine Doktorarbeit „verteidigen". So bereitete ich mich auf die Prüfungen vor. Die Themen besprach ich mit meinen drei Professoren und ging dann zum Prüfungsgespräch. Außer den drei Prüfern und einer Protokollantin war auch der Präsident der Universität anwesend. Ich war etwas aufgeregt, denn eine Doktorprüfung macht man nicht alle Tage. Es ging alles gut, eine Note gab es nicht, sondern nur „Bestanden" oder „Nicht bestanden".

Ich hatte bestanden. Ich war ganz erleichtert. Als am Ende die Arbeit selbst noch zur Sprache kam, sagte mein Zweitgutachter, die Zitierweise sei nicht in Ordnung. Mir wurde ganz heiß. Darauf meinte der Erstgutachter: „Ja, wir wissen, dass die Psychologen anders zitieren als die Pädagogen." Damit war das Thema beendet und ich war entspannt. Ich packte pflichtgemäß eine Flasche Sekt aus (das hatte mir ein Assistent „gesteckt"). Sehr glücklich war ich dabei nicht, denn ich hatte die Erinnerung an viele Hürden, die nicht nötig gewesen wären. Scheinbar war das, wenn man als Krankenschwester einen Doktorgrad erreichen wollte, nicht zu vermeiden.

Letztlich hatte ich der Robert-Bosch-Stiftung sehr viel zu verdanken. Sie förderte auch die Veröffentlichung meiner Arbeit als Buch mit dem Titel „Pflegekompetenz". Obwohl Theorie damals in der Pflege noch nicht als so wichtig erschien, wurde das Buch gut angenommen. Trotz der Anforderung einer wissenschaftlichen Arbeit gelang es mir, diese sehr praxisnah zu schreiben. Jetzt verkauft sich das Buch seit genau 20 Jahren; der Verleger meinte, es hätte seinen Leserstamm gefunden, und so wurde es im letzten Jahr in der dritten Auflage mit einer Erweiterung von zwei Themen, der kommunikativen und der spirituellen Kompetenz, noch einmal gedruckt.

Ablehnung

Wieder einmal erlebte ich Ablehnung auf breiter Ebene. Meine zwei Jahre Beurlaubung waren beendet. Da ich mit meiner Arbeit noch nicht ganz fertig war und außerdem noch etwas Freizeit genießen wollte, vereinbarte ich ein Gespräch mit meinem Arbeitgeber. Ich bat um eine Verlängerung meiner Beurlaubung um ein halbes Jahr. „Wir genehmigen keine Beurlaubung mehr, sie müssen kündigen oder sofort wieder anfangen. Außerdem haben wir nicht erwartet, dass sie wieder zurückkommen." Das traf mich erst einmal. Ich erklärte, dass ich noch keine andere Stelle und nach einer Beurlaubung das Recht zur Weiterbeschäftigung hätte. „Ja, aber wir haben keine Stelle für Sie. Dann müssen Sie eben auf einer Station arbeiten." Ruhig und gelassen antwortete ich: „Gut, dann arbeite ich eben auf einer Station." Ich hatte viele Leitungs-, Lehr- und Beratungsqualifikationen, man hätte mir in diesen großen, verschiedenen Kliniken einschließlich eines Schulzentrums gut eine adäquate Stelle anbieten können. Aber scheinbar wusste man nicht, was man mit einer fast promovierten, vielseitig qualifizierten Krankenschwester anfangen konnte. Es lag sicher nicht nur an meiner Person, denn ich hatte viele Jahre gute und innovative Arbeit für dieses Haus geleistet und war bekannt für einen wertschätzenden, demokratischen Führungsstil. Aber vielleicht war es eben gerade das, denn die Zeit, die Personen und die Strukturen hatten sich mittlerweile verändert.

Ein paar Tage später bekam ich einen Anruf: „Wir haben eine Stelle für Sie in einer Beratungsabteilung, nehmen Sie umgehend Kontakt auf, die Abteilungsleiterin lehnt Sie zwar ab, aber es gibt sonst keine andere Möglichkeit für Sie, Sie müssen das annehmen." (Später erfuhr ich, dass die Abteilungsleiterin mich mit einer anderen Kollegin verwechselt hatte. Ob das nur Taktik war?) Mit diesem Druck vereinbarte ich ein Bewerbungsgespräch. Die Leiterin und ihr Stellvertreter waren anwesend und führten mit mir ein übliches Bewerbungsgespräch – obwohl sie mich kannten. „In unserer Abteilung haben wir hohe Voraussetzungen an die Mitarbeiter. Haben Sie überhaupt eine Beratungsqualifikation?" Ich hatte eine anerkannte Ausbildung als Supervisorin, Praxiserfahrung und eine zweijährige Weiterbildung zur Beratung in der Pflege entwickelt und durchgeführt, mit erfolgreichen Absolventen in neuen Funktionen. „Ja, in den Pflegeberufen ist das nicht so anspruchsvoll und wird wahrscheinlich für unsere Abteilung nicht ausreichen." Ich dachte mir, ich sei in einer Theatervorstellung. „Wir werden Ihnen Bescheid geben." Ein paar Tage später wurde ich zu einem Termin mit der Abteilungsleiterin und dem Klinikvorstand bestellt. „Sie können zum Anfang des Monats Ihren Dienst beginnen, jedoch nicht in unserer Abteilung, sondern in der Abteilung einer anderen Einrichtung." Das war für mich in Ordnung. Also fand ich mich zum Dienstbeginn an diesem Morgen in der Abteilung A ein. Die Sekretärin sagte, sie solle mir ausrichten, dass ich meine Arbeit in der anderen Abteilung beginnen solle. Also stieg ich wieder ins Auto, fuhr durch die ganze Stadt und meldete mich in der neuen Abteilung. Ich wurde weder begrüßt noch erklärte mir jemand etwas. Ich bekam den Schlüssel für mein Büro und war erstaunt und erfreut, dass ich erst einmal alleine in einem Büro saß. So musste ich meine Betroffenheit nicht vor anderen verbergen. Auf meinem Schreibtisch lagen eine Liste mit allen Altenpflegeeinrichtungen sowie ein Buch mit Kliniken zu Anschlussheilbehandlungen (AHB). In einem Fach im Sekretariat lagen die Konzilscheine, die ich abzuarbeiten hatte. Also ging ich mit dem ersten Auftrag zu einem Patienten auf die Station. Nach einer bestimmten Operation oder Erkrankung hatte der Patient das Recht auf eine AHB. Ich sagte dies dem Patienten, er wusste davon und fragte mich, in welche Klinik er denn gehen könne. Da stellte ich fest, dass ich das große Buch nicht mitgenommen hatte und deshalb keine Antwort geben konnte. So versprach ich, mich zu erkundigen und am Nachmittag wiederzukommen. Allmählich arbeitete ich mich in diese Aufgabe ein. Ich musste immer nur in das Buch schauen, bei der Klinik anfragen, ob ein Platz frei ist und die Unterlagen

an die Krankenkasse faxen. Das war alles sehr anspruchs-
volle Beratung! Der andere Aufgabenbereich verlief etwas
komplizierter. Auf dem Konzilschein stand: Die Patientin
hat keine Angehörigen, sie kann sich nicht mehr selbständig
versorgen und muss daher sofort in ein Altenheim verlegt
werden. Also telefonierte ich entsprechend meiner Liste
mit verschiedenen Altenheimen. Diese hatten momentan
alle keinen freien Platz. Endlich fand ich ein Alten- und
Pflegeheim, das bereit war, die Frau innerhalb von drei
Tagen aufzunehmen. Ich regelte das mit der Krankenkasse
und sprach kurz mit der Patientin, sie war scheinbar leicht
dement. Am zweiten Tag kam morgens ein Anruf in mein
Büro. „Was fällt Ihnen ein, unsere Angehörige in ein Pflegeheim einzuweisen?" Ich klärte mit einiger Mühe den Sach-
verhalt und meinte: „Ihre Angehörige muss jetzt entlassen
werden, vorerst ist sie dort gut aufgehoben und wenn Ihnen
die Einrichtung nicht gefällt, können Sie später eine Ver-
legung vornehmen." Sie waren einverstanden und so war
das Problem gelöst.

Das war also meine neue Aufgabe, wie anspruchsvoll und
aufregend. In dieser Anfangszeit wurde ich dreimal von
meinem Chef darauf angesprochen, dass er mir mein Gehalt
zurückstufen müsse, und er behauptete, nicht er wolle das,
sondern die Finanzabteilung bestünde darauf. Ich kannte
meine Rechte und war nicht damit einverstanden, denn ich
bot meine höhere Qualifizierung an und hatte keine Arbeit
abgelehnt. Wenn ich unterqualifiziert eingesetzt wurde,
so war das nicht mein Problem. Inzwischen hatte sich im
Kollegenkreis herumgesprochen, dass ich gut und „schnell"
arbeite und ganz nett wäre, und so kam die eine oder andere
Kollegin vertrauensvoll auf mich zu. Ich merkte, dass da doch
ein Beratungsbedarf vorhanden war, jedoch etwas anders
als vorgesehen. Als Supervisorin konnte ich zuhören, war

verschwiegen und so gab es in den Tagen doch auch sinnvolle Momente. Eines Tages rief mich die Sekretärin an, sie erzählte mir, die Chefin sei krank und der Stellvertreter im Urlaub, ich solle im Büro die Aufgaben auf dem Schreibtisch erledigen. Ich war sehr verwundert. Ich schaute mir den Schreibtisch der Chefin an, es war nur Chaos, und so bat ich umgehend um einen Termin bei einem höheren Vorgesetzten. Ich erklärte, dass ich weder eine Information noch einen Auftrag für die Übernahme von stellvertretenden Leitungsaufgaben dieser Abteilung hätte. Etwas verlegen bekam ich zur Antwort, man hätte schon mal darüber geredet, dass ich als Stellvertretung vorgesehen sei. Ich solle also das Dringlichste vom Schreibtisch erledigen und dann würde man das später besprechen. So klärte ich ein paar aktuelle Anfragen. Die Anschreiben, die bereits mehrere Monate dagelegen hatten, erledigte ich nicht. Die Chefin war wieder zurück, der Stellvertreter hatte inzwischen gekündigt. Ich wurde in die andere Abteilung, für die ich anfangs vorgesehen war, „versetzt", mit einem etwas unklaren Auftrag in einer Leitungsfunktion, da der Stellvertreter in dieser Abteilung eigentlich die Leitung gehabt hat.

So fand ich mich plötzlich wieder mit neuen Aufgaben konfrontiert, für die ich weder Informationen noch eine Einarbeitung bekam. Bereits früher hatte ich für diesen Zeitpunkt zwei Wochen Urlaub geplant, eine davon für ein Seminar, das ich nicht ausfallen lassen konnte. Ich verzichtete auf eine Woche Urlaub und begab mich mit einer Woche Verspätung an meinen neuen Arbeitsplatz. Dafür wurde ich erst einmal beschimpft. Ich wusste nicht, wie mir geschieht. Ich dachte, ruhig bleiben, die Tränen hinunterschlucken, den Humor nicht verlieren, und schauen, was zu tun ist. Nach einigen Wochen war ich eingearbeitet. Das neue Kollegenteam signalisierte mir, dass es ihnen mit meinem angenehmen Führungsstil sehr gut ging, aber die viele Arbeit fast nicht zu bewältigen sei. Wir organisierten einiges neu, mir gelang es, ein zusätzliches Büro zu beschaffen, so war zumindest die Situation betreffend die räumliche Enge etwas besser.

Die Krankenhäuser mussten in diesen Jahren ihr Abrechnungssystem umstellen. Die DRG wurden eingeführt. Das bedeutete, die Krankenhäuser wurden nach Diagnosen bezahlt, jeder Patient hatte je nach Krankheit oder Operation eine vorgesehene Liegezeit, die von den Kassen mit einer feststehenden Summe bezahlt wurde, danach musste der Patient entlassen werden. Mit verkürzten Liegezeiten erhöhte sich der Patientendurchgang, das Entlassungsmanagement musste forciert werden. Das Personal jedoch blieb vorerst gleich. Ich machte eine Arbeitsanalyse und stellte fest, dass unsere Abteilung in den letzten Jahren eine enorme Steigerung der Leistung bewältigt hatte. So konnte das nicht mehr weitergehen, diesen Aufgabenbereich würden wir zukünftig nicht mehr abdecken können, so argumentierte ich schriftlich. Das saß. Wir bekamen eine zusätzliche Stelle. Leider hatte ich meinen unmittelbaren Vorgesetzten übergangen, was mir später zum Verhängnis wurde.

Nach Tiefen kommen Höhen, und nach einer Höhe kam eine Tiefe. Nach dem Spiel ist vor dem Spiel. Ich saß an meinem Schreibtisch, nahm den Telefonhörer ab und jemand meldete sich folgendermaßen: „Kriminalpolizei. Wenn Sie nicht sitzen, dann setzen Sie sich. Wir haben heute Ihren Bruder erschossen in seinem Haus gefunden." Es war ein Suizid. Das Schicksal meines Bruders werde ich in einem der nächsten Kapitel aufgreifen.

Macht ist ein sensibles Phänomen, leise und unbemerkt ändert sie sich, und plötzlich gibt es neue Tatsachen. So geschah es auch in unserer Abteilung. Das Organigramm wurde umstrukturiert. Einige Abteilungen wurden zusammengelegt. Köpfe rollten und neue, höher dotierte Positionen waren geschaffen. Einige Abteilungsleitungen kündigten, versanken in die Bedeutungslosigkeit oder gingen freiwillig in den vorgezogenen Ruhestand. Eine neue, übergeordnete Leitungsstelle wurde nach außen ausgeschrieben, es hätte eine interne Ausschreibung auch genügt. Aber das wollte man nicht. Ich bewarb mich, obwohl mir keine Chance eingeräumt wurde. Ich wollte das Bewerbungsverfahren erleben. „Vielleicht gibt es ja Zufälle", dachte ich mir. Als ich abgelehnt wurde, sah ich in teilnahmslose Gesichter. Alle kannten mich, symbolisch zuckten sie die Schultern, „da kann man nichts machen". In diesen Jahren war der Trend, höhere Positionen nach außen zu vergeben. So besetzte man neue Chefarztstellen mit von außen kommenden Bewerbern. Lange bewährte Oberärzte ignorierte man. Das sah ich und hörte ich in privaten Gesprächen. Bei den neuen Positionsinhabern waren die fachlichen Qualifikationen mit eventuellen Titeln wichtiger für das Prestige des Hauses. Die menschlichen Fähigkeiten prüfte man nicht und so ergab sich oftmals eine verschlechterte Arbeitsatmosphäre für die Mitarbeiter an der Basis. Aber das interessierte niemanden.

Auch mich traf es so. Meiner Leitungsfunktion – die nie offiziell bestätigt worden war, was auch nicht nötig gewesen war, denn das Gehalt hatte ich und die Erfolge sprachen für sich – wurde ich enthoben.

Die neue Leitung wurde eingeführt, und bereits in diesen ersten Stunden wurde der neue Wind sichtbar. Es gab keine Anerkennung für die bisher geleistete Arbeit, es wurden nur neue Vorschriften bekannt gegeben. Bei einer der ersten Besprechungen wagte ich zu sagen: „Bisher haben wir das so gemacht, ich denke, das könnten ..." Ich wurde schroff unterbrochen: „Sie haben nichts zu denken." So versank ich ins Schweigen. Ebenfalls die anderen Mitarbeiter, die sich allerdings danach mit Reden Luft verschafften. So war es gekommen. Dass wir in der Vergangenheit eine gute Arbeitsatmosphäre gehabt hatten, war nicht mehr Thema. Ich hoffte, dass mir bald wieder ein Absprung aus dieser unglücklichen Lage möglich werden würde. So kam es, und als ich mich von den Mitarbeiterinnen verabschiedete, bereitete ich für jede persönlich ein kleines Geschenk vor. Vorsichtig meinte eine Frau: „Eigentlich hätten wir dir etwas schenken müssen, nicht umgekehrt." Ich war oft in meinen verschiedenen Dienstsituationen verwundert, wie wenig mutig Menschen waren. Sie ließen die Dinge über sich ergehen und machten nicht den Mund auf. Wenn eine Person etwas sagt, so kann das abgewertet werden, wenn jedoch eine Gruppe einer größeren Gemeinschaft etwas formuliert, so kann das nicht so ohne weiteres ignoriert werden. Die gleichen Prinzipien gelten auch für die Gesellschaft insgesamt. In dieser Zeit erfuhr ich erstmals, dass Unterforderung genauso anstrengend sein kann wie Überforderung. So war ich sehr dankbar, dass sich für mich bald wieder ein neues, interessantes Aufgabengebiet entwickelte.

Mitgefühl

Wieder gab es eine Flüchtlingswelle. Wir redeten im Freundeskreis darüber. Ich nahm Anteil, denn ich selbst war ein „Flüchtlingskind". Meine Eltern hatten ihre Heimat und ihren ganzen Besitz verloren, noch schlimmer war, dass ihnen auch ihre Zukunft genommen worden war. So erlebten sie das jedenfalls. Meine Mutter resignierte und verstarb mit 47 Jahren sehr früh und leidvoll, wie ich das bereits beschrieben habe. Mein Vater resignierte auf seine Weise, er verfiel in eine Passivität und verstarb mit 66 Jahren. Ich habe ihn nur verbittert und nie wirklich fröhlich erlebt. So nahm ich Anteil am Schicksal von Menschen, die aus ihrer Heimat vertrieben wurden oder flüchten mussten. Mir und uns in Deutschland ging es so gut. Ich kommunizierte das und kurze Zeit später bekam ich einen Anruf von einer Hilfsorganisation. Sie fragten, ob ich eine Frau mit einem etwa fünfjährigen Mädchen betreuen könne. Ich konnte mir das dann doch nicht vorstellen, sagte aber nicht nein. Vielleicht fand sie dann eine andere helfende Person. Nach ein paar Tagen bekam ich einen Anruf mit der Einladung zu einem Abendessen. Als ich ankam, fand ich ein schönes, großes Haus vor. Das Ehepaar, das dort lebte, war sehr nett. Er war Architekt, die Kinder waren schon groß und außer Haus. Sie hatten eine Anliegerwohnung, in dieser hatten sie eine Flüchtlingsfamilie mit drei kleinen Kindern einquartiert. Die Frau hatte ein gutes Essen gekocht und die Runde war groß, denn sie hatten noch einen jungen Mann eingeladen. Sie erzählte mir, dass sie auf dem Weg zu einer Ausländerbehörde unerwartet einen Freund des Mannes aus seiner Heimat Georgien getroffen hatten. Es war Gregor, er saß schweigend mit am Tisch. Er war eigentlich ein sympathischer, großer, blonder Mann, nur war er schrecklich dünn und blass. Seine Augen flackerten manchmal, als hätte er Angst oder große Ängste überstanden. Mich überkam viel Mitgefühl. Was er wohl für ein Schicksal durchgemacht hatte? Ich ahnte, warum ich eingeladen worden war. Sein Deutsch war sehr schlecht, ich wurde gefragt, ob ich ihm bei einigen Angelegenheiten helfen könne. Das war selbstverständlich. So gab er mir seine Adresse und ich besuchte ihn zwei Tage später in einer Flüchtlingsunterkunft. Als ich eintrat, nahm es mir fast den Atem. In einem Raum „wohnten" sechs bis acht Männer, es gab Stockbetten und am Boden lagen Kleidungsstücke und einiges Gepäck. Irgendwo wurde gekocht, es roch nach Essen. Ich wechselte höflich ein paar Worte und ging gleich wieder, versprach aber wiederzukommen. Zu Hause überlegte ich mir, wie ich diesem Mann helfen konnte. Ich hatte in meiner Wohnung ein drittes Zimmer, in dem schon mal eine Praktikantin, die Tochter von Freunden, ein paar Wochen lang gewohnt hatte. Einmal hatte eine junge Frau, die in der Stadt bereits ihre Arbeit begonnen, jedoch noch keine Wohnung gefunden hatte, bei mir gewohnt. So war dieses Gästezimmer zurzeit frei, außerdem war ich oft, jedenfalls jedes Wochenende, am Land in meinem Wochenendhaus. Ich holte Gregor aus dieser Asylunterkunft. Er war ohne jegliches Gepäck geflüchtet, er hatte buchstäblich nur das, was er am Leibe hatte. Nach der ersten Nacht lächelte er fast glücklich und meinte, er hätte seit vielen Wochen in diesem ruhigen Zimmer wieder richtig durchschlafen können. So war dieser erste Schritt der Hilfe schon mal gut gewesen. Weiter überlegte ich, was zu tun wäre. Von einem Freund bekam ich mehrere T-Shirts, Hosen und Pullover; die Schuhe passten nicht. Ich besorgte Hefte, Stifte und ein Deutschbuch zum Lernen. Jeden Tag gab ich ihm eine Lektion auf, die er lernen musste, was er auch sehr willig tat. Ansonsten saß er den ganzen Tag im Zimmer, was sollte er auch tun. Ich bemerkte, dass er Angst hatte, nach draußen zu gehen, auch sollte ich seinen Namen nicht an meine Haustüre schreiben. Da er aber Post von den Behörden bekommen konnte, erklärte ich ihm, dass er bei seiner (meiner Adresse) meinen Namen dazuschreiben müsse. Ab und zu wurde er von seinem Freund oder dem Architektenehepaar eingeladen. Ich ging mit ihm ins Kino oder forderte ihn dazu auf, alleine zu gehen, um die deutsche Sprache zu üben. Ich gab ihm Geld, damit er Bus fahren oder sich etwas besorgen konnte. Er war sehr bemüht und lernwillig. Über sein Schicksal wollte er wenig reden. Nur so viel wusste ich, seine Eltern waren in der Opposition gewesen und verfolgt und getötet worden. Er selbst verließ aus Angst sein Land. Ein wenig Deutsch konnte er, da eine Urgroßmutter Deutsche gewesen war, seine Mutter soll auch etwas Deutsch gekonnt haben. Einen Bruder hatte er noch, aber von dem wusste man nicht, wo er war. Ich hörte mit viel Anteilnahme zu und wusste, ich würde ihm weiterhin helfen. Er hatte inzwischen eine Duldung ohne Zeitangabe erhalten, ich hatte damit keine Erfahrung, aber man würde sehen, wie das weiterging. Jedenfalls besorgte ich Arbeitsangebote aus verschiedenen Zeitungen und meinte, er müsse sich eine Arbeit suchen. Alleine klappte das nicht so recht. Einmal hatte er eine Arbeit gefunden, und als er morgens dort ankam, sagte man ihm, er sei für die Nachtschicht eingeplant, also ging er wieder. Was er früher genau gemacht hatte, bekam ich nicht heraus. Ich glaubte, dass er in einer Kanzlei irgendwelche Schreibarbeiten erledigt hatte, so verstand ich das jedenfalls. So setzte ich mich abends mit ihm hin und wir studierten die Stellenangebote. Eine Aushilfskraft wurde in einer Druckerei gesucht, ich rief selbst dort an und vereinbarte die Arbeit, es war wieder für die Nachtschicht. Gregor nahm das willig an. Nach ein paar Nächten waren seine Hände rot und geschwollen. Er musste die ganze Nacht schwere Papierstapel heben und umladen. Ich sagte: „Das ist nichts", und wir suchten weiter. In einer Kfz-Werkstatt fanden wir eine nette Chefin, der Meister war gerade nicht anwesend. Ich überzeugte sie davon, dass für diesen Mann mit einem solchen Schicksal eine Arbeit wichtig sei. Sie hatte wohl Mitleid und sagte einer Einstellung zu. Am nächsten Tag rief der Meister an und machte das rückgängig, er wollte keinen Ausländer. Dass die Arbeitssuche für einen Ausländer so schwer sein würde, hätte ich nicht gedacht. Das erlebte ich nun selbst. Dass noch größere Hürden kommen würden, ahnte ich zu dieser Zeit noch nicht. Wir gaben nicht so schnell auf. Ich dachte mir, ein großer Betrieb mit gewerkschaftlichen Regeln wäre besser. So entdeckte ich eine Anzeige, über die eine Hilfskraft in einem größeren Schreinereibetrieb mit Möbelfabrikation im Industriegebiet am Rande der Stadt gesucht wurde. Dieser war nur mit dem Bus zu erreichen, das war aber möglich. Hier klappte tatsächlich eine befristete Einstellung mit Vertrag, geregelter Arbeitszeit und Verdienstangabe. Gregor war arbeits- und lernwillig, er fühlte sich einigermaßen wohl, denn die Meister waren freundlich, außerdem gab es dort mehrere ausländische Arbeiter, sodass er Austausch und eine gewisse Anbindung hatte. Ein Arbeitskollege, der auch eine Duldung hatte, erzählte ihm, dass er bald einen Ausbildungsplatz antreten würde, und damit könne er in dieser Zeit nicht abgeschoben werden. Ein anderer sagte ihm, dass er eine deutsche Frau geheiratet hatte, damit sei ihm sein Aufenthalt gesichert. Sein Deutsch verbesserte sich sehr schnell, er war intelligent und bekam bald einen guten Überblick über manche Dinge. Das selbst verdiente Geld gab ihm neues Selbstvertrauen und Sicherheit. Nach etwa einem halben Jahr eröffnete er mir, dass er in diesem Betrieb eine Lehrstelle haben konnte. Ich fand das sehr gut und unterstützte ihn mit Informationen und Unterlagen für eine Bewerbung. Ich führte mit ihm sogar ein Rollenspiel zum Bewerbungsgespräch durch. Er fand das sehr komisch, machte aber brav mit. Später erzählte er mir, dass ganz ähnliche Fragen von den Herren gekommen waren und er gut vorbereitet war. Er bekam einen positiven Bescheid, zum ersten September konnte er eine Ausbildung zum Möbelschreiner beginnen. Wir freuten uns, das war eine gute Entwicklung. Genau eine Woche vor Ausbildungsbeginn lag ein Brief mit einer Absage im Briefkasten. Der Leiter des Betriebsrates hatte dem Lehrvertrag nicht zugestimmt. Wir saßen beide etwas benommen da. Das war nicht möglich, unsere ganze Hoffnung war dahin. Ich sagte: „Ich werde morgen einen freien Tag nehmen und wir gehen zu diesem Betriebsratsleiter." An der Pforte des Betriebes fragte ich mich bis zu seinem Büro durch. Der Betriebsrat begründete seine Entscheidung wie folgt: Er werde keinen Ausbildungsplatz an jemanden mit Duldung vergeben, denn es wäre abzusehen, dass während der Ausbildungszeit eine Abschiebung erfolge. Damit wäre die Lehrstelle nicht besetzt und die Chance für einen deutschen Lehrling vertan, außerdem bräuchten sie dringend ausgebildete Arbeiter, und somit könne er das seinem Betrieb gegenüber nicht verantworten. Ich suchte nach Argumenten. Ich meinte, das könne mit einem deutschen Lehrling genauso passieren. Zudem hatte ich die Information, dass während einer Ausbildung keine Abschiebung ausgesprochen wird. Weiter führte ich an, dass er sicher diese Ausbildung zu Ende bringen werde, denn er hatte gute Beurteilungen von seinen Vorgesetzten in der Werkstatt bekommen. Ich erklärte, Gregor sei sehr motiviert und es sei für ihn existentiell wichtig. Ich redete und redete. Irgendwann nahm er den Lehrvertrag, schaute ihn noch mal an und unterschrieb ihn. Mir fiel ein Stein vom Herzen. Auf dem Heimweg waren wir beide fast euphorisch, wieder einmal hatten wir einen wichtigen Schritt bewältigt. Am Abend gingen wir in ein gutes Restaurant, genossen ein vorzügliches Essen und feierten unseren Erfolg.

Die Lehrzeit verlief relativ unproblematisch. Das erste halbe Jahr, die Probezeit, war für Gregor sehr anstrengend, vieles war neu und ungewohnt. Die Disziplin mit dem Lernen war für ihn nicht leicht, aber er strengte sich sehr an und schließlich waren die drei Jahre Ausbildung bestanden, zwar nicht mit den besten Noten, aber das war nicht wichtig. Er wurde mit einem Jahr befristet in diesen Betrieb übernommen. Er besuchte regelmäßig Deutschkurse und sprach inzwischen fast fließend Deutsch. Er konnte weiterhin bei mir wohnen und musste auch keine Miete bezahlen. So wäre die Welt eigentlich wieder in Ordnung gewesen, bis eines Tages ein Brief mit der Aufforderung, das Land zu verlassen, im Briefkasten lag. Das war ein neuer, harter Schlag. Nicht nur ihm, sondern auch mir war absolut bewusst, dass er in seinem ehemaligen Land keine Zukunft hatte. Er hatte dort keine Heimat mehr, keine Familie, auch keine Arbeit, und mit großer Wahrscheinlichkeit drohte eine Verfolgung. Im Zuge einer solchen waren ja auch seine Eltern gestorben, und sein Bruder wurde vermisst. Hier in Deutschland hatte er sich mit viel Anstrengung fast eine neue Zukunft aufgebaut, nun schien das alles zunichte gemacht zu werden. Das durfte nicht geschehen. In dem Brief war keine zeitliche Befristung angegeben, das war schon mal gut. Ich riet ihm, erneut zu einer Beratung zur Ausländerbehörde zu gehen. Soweit ich mich erinnerte, war dort eine sehr nette Beraterin, wie er mir das damals erzählt hatte. Vielleicht wusste diese einen Rat. Als er von diesem Beratungstermin wieder zurückkam, war er ohne Hoffnung. Trotz fester Arbeitsstelle und dem Verdienst zum eigenen Lebensunterhalt gab es keine Möglichkeit, diese Abschiebung zu vermeiden. Der einzige Ausweg, laut der Beraterin, war eine Heirat mit einer deutschen Frau. Da offensichtlich noch kein Zeitdruck zu sehen war, konnten wir warten, was anderes war sowieso nicht möglich. Aber wie zu erwarten war, lag das nächste Schreiben bald im Briefkasten, es war immer noch die Aufforderung das Land zu verlassen, zwar mit Zeitangabe, jedoch mit keinem direkten Hinweis zur Abschiebung. Nach nochmaligen Beratungsterminen stand Gregor eines Tages plötzlich mit dem Schreiben zur sofortigen Abschiebung in meinem Büro. Er saß hilflos auf dem Stuhl, sein Gesicht war mit der Blässe überzogen, die ich anfangs so oft bei ihm gesehen hatte. Wir hatten alles versucht, wir hatten so viele Hürden gemeinsam gemeistert. Das konnte nicht umsonst gewesen sein. Ich empfand großes Mitgefühl. Einem inneren Impuls folgend stand ich auf, umarmte ihn und sagte: „Ich heirate dich." Mir ging schnell durch den Kopf, dass ich frei und unabhängig bin, es sprach nichts dagegen. Gregors Gesicht entspannte sich etwas ungläubig, er konnte das noch nicht fassen. Erst allmählich überflog es ein kurzes Lächeln. Wir würden weiterkämpfen.

Zweite Ehe

Die Zeit drängte, wir mussten planen. Gregor kümmerte sich um die Unterlagen, er legte mir eine Bescheinigung mit Absichtserklärung zur Eheschließung vor. Ich unterschrieb das und so hatten wir noch etwas Zeit. Eine Heirat ist ja nicht aufwendig, man braucht einen Termin beim Standesamt, zwei Trauzeugen und vier Wochen lang einen Aushang am Rathaus. Aber nein, eine neue Hürde tat sich auf. Ich musste einen Nachweis darüber erbringen, dass meine Familie bis in die dritte Generation deutschstämmig war. Wie sollte ich das erbringen, ich hatte durch die Vertreibung keine Dokumente. Ich hatte lediglich eine kleine, graue Karte, auf der stand: Kind, mein Name und ein Stempel mit „Aussiedelung". Meine Geburtsurkunde war auf Tschechisch abgefasst. Sicher hatten meine Eltern, wie im dritten Reich nachzuweisen war, einen Ariernachweis, aber das war alles nicht mehr vorhanden. So half wieder einmal die nette Frau auf der Ausländerbehörde. Sie wusste, dass es in München eine Stelle mit den Dokumenten der vertriebenen Sudentendeutschen gibt. Sie formulierte das Schreiben und nach einiger Zeit hatte ich tatsächlich diese Unterlagen zur Verfügung. Also heirateten wir ganz unspektakulär, anschließend gingen wir mit unseren Trauzeugen zum Essen und danach begann wieder der Alltag. Es änderte sich nichts, denn Gregor wohnte ja bereits seit einigen Jahren bei mir in der Wohnung. Ich musste meinem Arbeitgeber meinen neuen Familienstand mitteilen. Mit Schrecken erahnte ich die nächsten Probleme. Ich arbeitete zu dieser Zeit bei der Katholischen Kirche, diese hatte im Kirchenrecht die Vorgabe, dass alle verheirateten Angestellten auch kirchlich getraut sein mussten. Damals hörte man immer wieder in der Öffentlichkeit von Entlassungen aus diesem Grunde. Bis heute hat sich das nicht geändert, erst kürzlich berichtete man in den Medien von der Entlassung eines Chefarztes, der wieder geheiratet hatte und nicht kirchlich getraut war. Er gewann vor dem Arbeitsgericht den Prozess und musste wieder eingestellt werden. Soweit wollte ich das nicht kommen lassen, also mussten wir auch noch eine kirchliche Trauung planen. Das war nicht einfach, denn Gregor kam aus einem kommunistischen Land und hatte keine Konfession. Wir mussten erst einen Pfarrer finden, der ihn in die Kirche aufnahm. Mein ehemaliger Pfarrer, er war schon alt und sehr gütig, war dazu bereit, er stellte nicht viele Fragen und so war das schon mal geschafft. Die eigentliche Trauung organisierte ich in meiner aktuellen Kirchengemeinde. Es musste das Übliche durchlaufen werden. Ich erinnere mich an das Ehevorbereitungsgespräch, das mussten wir beide auf unsere je eigene Weise überstehen. Gregor hatte dafür kein Verständnis, während des Gespräches trat ich ihn unter dem Tisch ans Bein, er sollte jetzt zustimmen. Mir zuliebe hat er alles abgesegnet, ich hatte ja viel für ihn getan, so war das selbstverständlich, aber leicht war es nicht. Auch für mich war es nicht leicht, ich musste mir mehrmals anhören, dass ich mir bei Eheproblemen, die ja bei uns auch vorkommen konnten, Beratung in einer kirchlichen Einrichtung holen müsse und die Ehe nicht gleich wieder aufgeben dürfe. Letztlich überstanden wir das alles, die Trauung konnte vollzogen werden. Es war dann ganz nett, in einer kleinen Kirche mit nur engen Freunden, ich wollte das nicht groß in der Öffentlichkeit bekannt geben. Allerdings stand es dann im Kirchenblatt und ich wurde mehrmals darauf angesprochen.

So führte mein anfängliches Mitgefühl für einen Menschen in Not in eine jahrelange Odyssee mit Höhen und Tiefen. Letztlich führte es zu einer guten Entwicklung. Heute ist Gregor mit einer anderen deutschen Frau verheiratet, beide arbeiten, haben eine hübsche Wohnung und zwei reizende Kinder. Ab und zu verabreden wir uns zu einem Essen. Wir plaudern über unsere Vergangenheit und ich meine, seine Dankbarkeit zu spüren.

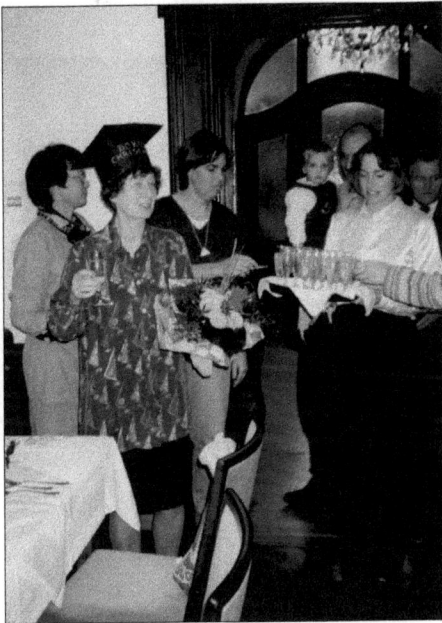

Meine Feier zum Doktortitel

Am Pflegekongress in Nürnberg

Bei einem Vortrag

Kapitel 8

Professorin, ein super Job

Hochschulerfahrung

Seit der Fertigstellung meiner Dissertation waren inzwischen zwei Jahre vergangen. Ich wurde für diese wissenschaftliche Qualifikation von der Robert-Bosch-Stiftung gefördert, um damit einen Beitrag zur Akademisierung der Pflegeberufe zu leisten, denn ab Mitte der 90er-Jahre entstanden deutschlandweit Diplomstudiengänge für Pflegemanagement und Pflegepädagogik. Da es zu dieser Zeit noch keine Hochschullehrer oder Wissenschaftlerinnen für Gesundheits- und Pflegeberufe gab, übernahmen ProfessorInnen aus den anderen Hochschuldisziplinen diese Aufgabe. Man kann sagen dankenswerterweise. Allerdings wurde diese Entwicklung von den Hochschulen nicht ganz uneigennützig unterstützt. An einer Tagung kam ich ins Gespräch mit einem Studiengangsleiter einer Hochschule, die eben dabei war, einen Pflegestudiengang einzurichten. Er sagte mir, an bestimmten Hochschulen gingen die Studienbewerber zurück. Eine Hochschule wird je nach Anzahl der Studierenden finanziell gefördert, also ist es wichtig, diese gleich zu erhalten. Mit neuen Pflegestudenten konnte man diesen Rückgang wieder ausgleichen. Also ging es bei der Hochschulentwicklung der Pflegeberufe nicht primär um die Pflege. Allerdings war auch eine politische Motivation vorhanden, denn in Europa war Deutschland fast das einzige Land, in dem es keine Studienmöglichkeit für Pflegeberufe gab. Europa wuchs jedoch zusammen und man musste vergleichbar sein.

So bewarb ich mich insgesamt an fünf Hochschulen für eine Professur. Die erste Bewerbung verlief sehr positiv. Ich hatte dort bereits einen Lehrauftrag und war bekannt. Man bot mir eine Professur an. Leider war es dafür noch zu früh, denn ich war mitten in meiner Forschungsarbeit und konnte mir nicht vorstellen, parallel eine neue Stelle mit Aufbauarbeit zu leisten. Noch dazu war die Bedingung für dieses Stipendium, dass man zügig fertig wurde, denn die finanzielle Unterstützung betrug monatlich 2.000 DM. Damit konnte man leben und war nicht auf einen Verdienst angewiesen. Außerdem machte mir das Schreiben meiner Arbeit Spaß, ich wollte dranbleiben. Auch die halbe Stelle, die man mir dann anbot, lehnte ich ab, ich wollte aber weiter in Kontakt bleiben, denn ich dachte, später gäbe es bestimmt noch eine Chance. Leider vernachlässigte ich diesen Kontakt und als die zweite Professur ausgeschrieben wurde, war es zu spät. Es war eine der wenigen Entscheidungen in meinem Leben, die ich vielleicht nicht richtig getroffen hatte. Aber es gab ja noch viele Hochschulen, die Pflegestudiengänge einrichteten. Die zweite Bewerbung verlief sehr negativ. Bei der Probevorlesung wurde ich mit Fragen unterbrochen, die mir ein ungutes Gefühl bereiteten. In dem Thema, das ich vortrug, war ich sehr sicher, und so verstand ich die Ablehnung, die mir entgegenschlug, nicht. Als die Professorin dann meinte, ich solle erst mal ihr Buch lesen, fand ich das sehr merkwürdig. Denn ich kannte ihr Buch und es hatte mit meinem Thema nichts zu tun. Ich hatte den Verdacht, dass ich vielleicht nur zum Schein eingeladen worden war. Aber es ist müßig über die Hintergründe dieser so vielschichtigen Bewerbungsverfahren einer Hochschule zu spekulieren. Die dritte Bewerbung war für mich nicht sehr motivierend. Ich kam dann auf den dritten Platz, das war einerseits ganz gut, jedoch dachte ich mir, damit hätte ich sowieso keine Chance. So sagte ich ab. Bei der vierten Bewerbung war ein Zufall sehr ungünstig. Ich bekam den Termin für die Probevorlesung, doch genau für diesen Tag hatte ich auch eine Einladung von einer anderen Hochschule. Welchen Termin sollte ich absagen? Ich entschied mich für die erste Bewerbung und zog die neue zurück. Vielleicht war diese Entscheidung gerade nicht die richtige. Allerdings hatte ich eine neue Information, nämlich dass die Hochschule, an der ich ebenfalls einen Lehrauftrag hatte und die ich favorisierte, demnächst eine Stelle ausschreiben würde. Ich war sehr euphorisch, denn ich dachte, das wird es sein. Ich bewarb mich und erfuhr wieder eine Niederlage. Hier erkannte ich sehr deutlich, dass es nicht an meiner Kompetenz lag, dass ich abgelehnt wurde, sondern an hochschulinternen Gründen. Das war sehr schade. Da wir Stipendiaten in Kontakt und Austausch standen, erfuhr ich von einigen, die ihre Dissertation bereits fertig hatten, dass sie ähnliche Erfahrungen mit einem Einstieg in eine Hochschule gemacht hatten. So war ich mit diesen Hürden nicht alleine. Mittlerweile resignierte ich etwas, denn meine Arbeitssituation hatte sich zu diesem Zeitpunkt auch fast ins Unerträgliche gekehrt, wie ich bereits oben geschildert habe.

Die nächste Bewerbung verlief positiv, nach meiner Probevorlesung bekam ich anerkennende Worte, und so hoffte ich, auf dem ersten Platz zu stehen. Dem war dann auch so, damit hatte ich die Zustimmung für meine fachliche Kompetenz durch den Fachbereich der Hochschule. Wichtig und ausschlaggebend war jedoch die Zustimmung des Trägers. Dieser traf die letzte Entscheidung. So musste ich mich nochmals mehreren Gesprächen zur Überprüfung meiner persönlichen Eignung unterziehen. Einige Fragen fand ich sehr merkwürdig, aber daran sollte es nicht scheitern. So hatte ich zwischendurch das Gefühl auf einer Bühne zu sein. Letztlich hat denn aber alles geklappt.

Da das alles sehr schnell ging, ich sechs Wochen Kündigungsfrist hatte und nur noch zwei Wochen Resturlaub, hatte ich für die Vorbereitung meiner neuen Aufgabe nur zwei Wochen Zeit. Einschließlich Umzug, doch der ging dann sehr unkompliziert, ich fand gleich eine Wohnung, in die ich auch meinen Hund mitnehmen konnte.

Der Einstieg in die Lehre an einer Hochschule war sehr spannend. Ich hatte 18 Semesterwochenstunden zu leisten, das war im Vergleich zu meiner langjährigen vorhergehenden Arbeitsleistung sehr angenehm. Einige Themen wurden mir vorgegeben, diese waren gut zu bewältigen, und andere konnte ich nach und nach zum Teil aus meinem Unterrichtsreservoir abdecken oder ich erarbeitete neue Themen für Pflegemanagement und Pflegepädagogik.

Gleich am Anfang nahm ich an meiner neuen Stelle allgemein eine nicht sehr wertschätzende Atmosphäre in diesem Fachbereich wahr. Bei den ersten Sitzungen wurde die Dekanin wegen Kleinigkeiten kritisiert. Ich merkte Spannungen, da ich aber neu war und die Hintergründe nicht kannte, wollte ich mir keine Beurteilung erlauben. Die Dekanin legte überraschend ihr Amt nieder und ein anderer Professor übernahm es.

Didaktik der Pflegekompetenz

Ich hatte Zeit und widmete mich meiner neuen Lehrtätigkeit, von dieser ließ ich mich innovativ fordern. Denn die Studierenden waren Erwachsene, die zum Teil Erfahrung in Leitungsaufgaben oder als Lehrende an Kranken- oder Altenpflegeschulen hatten. Ich brachte ihnen Respekt und Anerkennung entgegen. Mit ihnen konnte ich auf einer anderen Ebene in Lehr- und Lernprozesse einsteigen. Ich entwickelte neue Aspekte von Unterrichtsdidaktik. So gab ich nach und nach die Vorlesungen auf, denn das bloße Dozieren von „Wissenden zu Unwissenden" hat mir noch nie entsprochen. Man konnte gemeinsam Wissen erarbeiten und vor allem den Schwerpunkt auf Praxis und lebendige

Erfahrbarkeit legen. Lernen ist nicht nur Informations-
aufnahme, sondern eigenes Kreieren von Wissen und Er-
kenntnissen. Danach richtete ich meine Seminare aus. Das,
was lebensdienlich ist und für den Beruf sinnvoll erscheint,
wird eigenverantwortlich besser aufgenommen, somit wird
Lernen zur Freude und Studierende müssen nicht pauken.
Mir war nicht nur ein demokratisches Miteinander wichtig,
sondern darüber hinaus basierte meine Lehrdidaktik auf
Achtung und Wertschätzung. Die Studierenden nahmen
Unterschiede in den verschiedenen Seminaren wahr und
kommunizierten das auch. Mit meinem offenen Lehrverständnis, in dem die Studierenden selbständig und selbst-
verantwortlich lernen konnten, stieß ich nicht bei allen auf
Zustimmung. Für einige Studierende war dies ungewohnt,
denn unsere Sozialisierung in den Grundschulen und auch
in weiterführenden Schulen basiert eher auf autoritären
Strukturen. So sind bereits ältere Studierende oftmals passiv
und warten auf Vorgaben. Freiheit und Selbständigkeit müssen
aber auch gelernt und praktiziert werden. Jedoch schätzten
viele Studierende diese neue Offenheit, das nahm ich oft
wahr, und so machten Lehren und Lernen Freude. Von
Seiten der Professorenkollegen und Kolleginnen wurde ich
manchmal misstrauisch beobachtet. Aber auch hier konnte
ich mich mit einigen gut austauschen, vor allem über die
Prüfungsgestaltung, denn über enge Wissensvorgaben und
„schulisches" Abfragen waren einige Hochschullehrerinnen
nicht sehr glücklich. Hier kam mir meine Erfahrung als
Supervisorin sehr entgegen. Ich beschäftigte mich mit Hochschuldidaktik und entdeckte viele Aspekte, die ich bereits
intuitiv in mein Lehrverständnis integriert hatte. In meiner
Doktorarbeit zur Pflegekompetenz hatte ich mich mit Entwicklung von Kompetenz beschäftigt. So konnte ich die
Pflegepädagogik um einen neuen Schwerpunkt erweitern.
Damit entwickelte ich eine Pflegedidaktik, die auf der Basis

der von mir erforschten und formulierten Pflegekompetenz beruhte. Da an anderen Hochschulen ebenfalls Professorinnen mit einer von ihnen praktizierten Pflegedidaktik arbeiteten, kamen wir in einen guten Austausch. Daraus entstand ein Buch, „Modelle der Pflegedidaktik", das ich herausgab. Meine beiden Kapitel „Kompetenztheoretisches Modell der Pflegedidaktik" und „Kompetenzorientierte Praxisanleitung" wirken auf den ersten Blick theoretisch etwas anspruchsvoll, können jedoch von den Lehrpraktikerinnen gut angenommen werden. Das Buch verkauft sich auch heute noch gut, denn es gibt zu diesem Thema nicht viel Literatur.

Bachelor- und Masterstudiengänge

In dieser Zeit gingen die Entwicklungen an den Hochschulen für die Pflegeberufe rasant voran, nicht nur in Fragen der Hochschuldidaktik und Pflegewissenschaft, sondern auch mit neuen Studiengängen. So begann eine neue Phase für die Pflegeberufe, es entstanden Diskussionen zur grundständigen Akademisierung der Pflege. Der Anlass waren Bestrebungen zu mehr Gemeinsamkeiten in der Europapolitik. Die Länder sollten stärker zusammenarbeiten, der Arbeitsmarkt sollte effektiver, transparenter und die Bildungsabschlüsse vergleichbarer sein. Die Wissenschaftsminister forderten, die in Deutschland üblichen Studienabschlüsse mit Staatsexamen und Diplomen in Bachelor – und Masterstudiengängen den europäischen und außereuropäischen Strukturen anzupassen. Deutschland war mit zwei anderen europäischen Ländern das einzige Land, in dem es keine Studienmöglichkeiten für die Pflegeberufe gab. So war das eine einmalige Chance, die Akademisierung in der Pflege einzuführen. Es gab zwar die Studiengänge Diplompädagogik und Diplommanagement, die auf die Grundausbildung des staatlichen Examens für Kranken- und Altenpflege aufbauten, würden diese in Masterstudien umgewandelt, so fehlte aber die grundständige, also eine akademische Ausbildung. An vielen Hochschulen diskutierte man das und entwickelte unterschiedliche Modelle dazu. Ein Bachelor-Studiengang für Pflege war eine Möglichkeit, jedoch hatten dessen Absolventen danach keine Erlaubnis zur Ausübung des Berufes. Die Tätigkeit der Krankenschwester war an das staatliche Pflegeexamen gekoppelt. Also konnten diese Absolventen, obwohl sie alle Qualifikation hatten, nicht in der Pflege arbeiten. Das Modell eines Bachelors mit Voraussetzung der Grundausbildung hätte bedeutet: Drei Jahre Grundausbildung, eventuell zwei Jahre Berufserfahrung und dann erst das Bachelor-Studium mit nochmals drei Jahren, danach noch zwei Jahre Master. Das wäre ein Sonderstatus für die Pflegeberufe mit insgesamt 8 bis 10 Jahren Ausbildung gewesen und das war im Sinne der Pflege absolut nicht zumutbar. Außerdem war die Vorgabe der europäischen Bildungskommission, die Studienzeiten zu verkürzen, und nicht zu verlängern. So erschien ein drittes Modell als sinnvoll, das duale Studium, dieses gab es bereits in der Industrie. Die Lernenden hatten einen Ausbildungsplatz und – vorausgesetzt sie hatten das Abitur – gleichzeitig einen Studienplatz. Mir war klar, dass nur dieses Modell Zukunft hatte. In unserem Fachbereich wurde das zwar diskutiert, aber keine Entscheidung getroffen. Am liebsten wäre es gewesen, man könnte die Diplomstudiengänge fortführen, und wenn nicht, so diese einfach in einen Bachelor umwandeln. Dies wäre für Pädagogik und Management nicht akzeptabel gewesen, außerdem wäre die Chance eines grundständigen Studienganges für Pflege verloren gewesen. Nachdem mir einige dieser komplexen Zusammenhänge bewusst geworden waren, war es für mich klar, wo der Weg hin geht und wofür ich mich demnächst einsetzen werde. Nachdem ich als Dekanin Entscheidungskompetenz hatte, kämpfte ich dafür und war letztlich erfolgreich in der Entwicklung und Etablierung von dualen Bachelor-Studiengängen als grundständige Ausbildung für Gesundheits- und Krankenpflege sowie Altenpflege. Die Masterstudiengänge für Pflegemanagement, Pflegepädagogik und später auch für Pflegewissenschaft waren als Gesamtkonzept mit integriert und folgten zwangsweise dieser Planung.

Peking

Während der semesterfreien Zeit kam eine sehr interessante Herausforderung auf mich zu. David, ein Manager der Gesellschaft der Deutschen Qualitätssicherung im Gesundheitswesen, bekam eine Anfrage aus Peking, zu diesem Thema zu referieren. Bei näherer Erkundigung stellte sich heraus, dass es um Vorträge für Klinikleitungen aus dem Pflegedienst ging, deshalb nahm er mit mir Kontakt auf und fragte, ob ich mich daran beteiligen würde. Grundsätzlich wollte ich dies, allerdings musste ich über Zielgruppe und gewünschte Inhalte Informationen bekommen. Nach einiger Zeit der Hin- und Herübersetzung erhielt er eine Liste mit vielen Inhaltsangaben. Da er sich im Bereich der Pflege auskannte, ahnte er deren Herkunft. Es war das gesamte Inhaltsverzeichnis eines umfassenden Lehrbuches der Deutschen Krankenpflege. Ich meinte, so ginge das nicht, ich kann nicht Leitungskräften Inhalte einer Ausbildung vortragen. Hiermit fingen bereits diese kulturübergreifenden Unklarheiten mit China an, dies zog sich die nächsten Veranstaltungen, auch später in Deutschland, weiter durch. Letztlich vereinbarte er einige Vorträge zur allgemeinen Qualitätssicherung, die er selbst mit noch einem Arztkollegen halten wollte, die Hauptvorträge mit der Dauer von 10 Tagen sollte ich übernehmen. Ich konnte Luise, eine Kollegin, dazu überreden, und wir bereiteten insgesamt 40 Vorträge mit Pflegeinhalten, die wir als für Pflegeleitungen geeignet erachteten, vor. Diese mussten wir vorher dem chinesischen Auftraggeber zuschicken. Es ging nichts ohne Kontrolle. Einige Tage vor der Abfahrt bekamen wir alle je eine Gesamtfassung aller Vorträge, mit allen Graphiken, Bildern usw. einschließlich der Lebensläufe von allen Referenten, und zwar in Deutsch und Chinesisch. Das war chinesische Präzisionsarbeit in Sachen Datenschutz!

Wir kamen in Peking an. Der hochmoderne Flughafen, der für die einige Jahre zurückliegenden Olympischen Spiele erbaut worden war, beeindruckte uns sehr. Unser Hotel hatte internationalen Standard, wir waren jedoch die einzigen Europäer. Die Vorträge sollten in der nahe gelegenen Universität stattfinden. Am ersten Tag gab es ein Großaufgebot von Vertretern der Regierung, der Universität sowie von Gesundheitseinrichtungen aus Peking und anderen Städten. Die Chinesen konnten mit Technik und Präsentation beeindrucken. David hielt seinen Vortrag. Da er die chinesische Sprache beherrschte, bemerkte er, dass die Übersetzerin Schwierigkeiten hatte. Sofort wurde diese entlassen und ein anderer Übersetzer war zur Hand. Am nächsten Tag flogen die Ärzte in eine andere Stadt weiter, Luise und ich begannen unsere Vorträge in einem überschaubaren Rahmen, es waren circa 70 Pflegedienstleitungen, allesamt Frauen aus unterschiedlichen Kliniken in Peking, anwesend. Unser Übersetzer hatte viele Jahre in Deutschland gelebt und kannte das Gesundheitswesen und unsere Kultur, er konnte von daher sehr gut übersetzen. Immer anwesend waren drei „Aufpasserinnen", so nannten wir sie.

Für uns stand immer Bea als Ansprechpartnerin zur Verfügung, sie war Chinesin und lebte in Österreich, sie hatte in beiden Ländern mehrere Jobs. Sie war eine Allroundfrau und nur ihr hatten wir zu verdanken, dass die unklaren Erwartungen und drohenden Konflikte gut geregelt werden konnten. Wir hielten in den ersten Tagen abwechselnd unsere Vorträge, es war nicht anstrengend, denn nach ein paar Sätzen redete immer der Übersetzer und man konnte in Ruhe die nächsten Formulierungen überlegen. Die Teilnehmerinnen konnten wir nie richtig einschätzen, einige erschienen wie junge Mädchen in Miniröcken, andere erschienen uns als gestandene, erfahrene Frauen aus dem Management. Alle saßen immer brav vor ihrem Heft oder vor ihrem Handy. Von 9 bis 18 Uhr war eine lange Zeit zum Stillsitzen, sie waren jedoch sehr diszipliniert. Ab und zu hielt eine mit dem Kopf auf dem Tisch einen Minutenschlaf, wie das die Chinesen scheinbar gut können. Sobald wir 10 Minuten Pause machten, erschien auf großer Leinwand Sissi mit Romy Schneider, alle strahlten uns an, weil wir das gut finden sollten. Was sie wirklich von unseren Vorträgen mitbekommen haben, war mir nie so richtig klar. Mein Lehranspruch war, dass meine Inhalte in ihrem Denken sowie in ihrer Praxis angenommen werden konnten. So war ich auf eine Rückmeldung angewiesen. Das klappte nicht. Wenn ich oft eine Pause machte und eine Frage stellte, so wurde diese übersetzt, jedoch kam keine Antwort. Ich bat dann den Übersetzer die Frage zu wiederholen, ich wollte auf eine Antwort warten. Dann nickten alle und antworteten mit einem Ja. Hatten sie es nicht verstanden oder war offene Diskussion nicht erwünscht? So nahm ich meine Ansprüche zurück und referierte eben nur. Gegen Ende der Vorträge sagte mir eine Aufpasserin, ich solle noch einen anderen Vortrag halten. Dieser war von einem anderen Autor und noch dazu auf Englisch. Ich erklärte ihr, dass ich keinen Vortrag, der nicht von mir ist, übernehmen könne. Am letzten Tag bat sie mich nochmals um dasselbe, denn dieser Vortrag war noch offen. Es ging häufig nur um das Formelle, es musste „abgehakt" sein.

Da Luise und ich uns bei den Vorträgen abwechselten und diejenige, die gerade nicht referierte, erst nur untätig anwesend war, planten wir den Wechsel in halben oder ganzen Tagen. So konnten wir uns „freie Tage" schaffen. Ich kommunizierte einer Aufpasserin, dass ich am nächsten Tag nicht anwesend sein würde. Sofort wurden mir Fahrer zugedacht, die mich an dem Tag begleiten würden. So mussten zwei junge Männer mich den ganzen Tag herumfahren. Sie hatten Eintrittskarten für alle möglichen Sehenswürdigkeiten, sie gingen mit mir essen und beantworteten mir viele Fragen. Es war ein interessanter Tag mit viel Einblick in das chinesische Alltagsleben. Allerdings war ich jede Minute unter „Kontrolle". Meinen nächsten „freien Tag" teilte ich nicht mit, ich war einfach morgens nicht da. So konnte ich Peking einen ganzen Tag lang auf eigene Faust erkunden. Das war mehr als spannend, denn hinter den Prachtstraßen sah es ganz anders aus. Auch mit der Antwortbereitschaft der Menschen musste man erst klarkommen. Sie waren immer höflich, doch wenn sie eine Auskunft nicht erteilen konnten, so antworteten sie stets freundlich, jedoch sprachen sie über etwas anderes. So wurde ich öfters in ganz verkehrte Richtungen geschickt oder es wurde mir mit lächelndem Gesicht eine Auskunft gegeben, die nicht stimmte. Das Gesicht zu verlieren, war für sie etwas sehr Schlimmes. Ich glaube, das ist allgemein die asiatische Mentalität.

An einem Abend waren wir von Regierungsvertretern mit der Gesundheitsministerin zum Essen eingeladen. Über die strenge Etikette wurden wir vorher belehrt. Wir durften mit dem Essen erst anfangen, wenn die Ministerin begann, und wenn sie zu essen aufhörte, mussten wir das ebenfalls tun. Ebenfalls wäre das Glas nur zu heben, wenn sie es erhebt usw. David hielt an dem Abend eine Rede auf Chinesisch, das war eine hohe Leistung und sehr beeindruckend. Weniger beeindruckend war das vielfältige Essensangebot. Das meiste war mir unbekannt, es schmeckte auch dementsprechend, man würde sagen „gewöhnungsbedürftig". Wenn es am Teller war, musste man es essen. Ich hatte meine Mühe. Meine Erfahrung war, je einfacher das Essen, desto besser schmeckte es. Als ich den Tag mit meinen zwei Fahrern verbracht hatte und sie mich in ihre einfachen Esslokale mitgenommen hatten, hatte das Essen hervorragend geschmeckt. In den meisten gewöhnlichen chinesischen Lokalen holte man sich das Fleisch und Gemüse von der Theke und garte es am Tisch auf einer heißen Platte oder auf einem offenen Stövchen. Es war immer beste Qualität und man wusste, was man aß.

Mister Xang, unser oberster Manager, erkundigte sich ab und zu, wie es uns ging. Einmal fragte er mich, ob die Frauen jetzt Spritzen verabreichen könnten. Einmal lud er mich zu einem Essen ein, außer einem fremden Übersetzer war niemand mit dabei. Er „schmierte mir Honig um den Mund". Er meinte, die Regierung sei von mir angetan, sie böten mir eine Gastprofessur an einer Universität in Peking an. Mit meinem chinesischen Lächeln sagte ich, wie ich mich freue und geehrt fühle, ich erwiderte, ich würde mir das überlegen und es mit David besprechen. Nach diesem Satz verschloss sich sein Gesicht und das Gespräch war zu Ende, wir waren aber auch mit dem Essen fast zu Ende. Jetzt wurde mir klar, was David gemeint hatte, als er mir kurz vor seinem Abflug gesagt hatte, ich solle vorsichtig sein.

Mein Eindruck war, Mister Xang wollte ihn ausschalten und alles Zukünftige über mich vereinbaren. Wie hinterhältig. David hatte mit ihm ein Honorar für Luise und mich vereinbart, 4000 € für die 14 Tage Aufenthalt für jede von uns. Als unser Aufenthalt etwa zur Hälfte um war, fragte er über Bea an, wie wir das Geld haben wollten, als Überweisung nach Deutschland oder hier in bar in Euro. Ich sagte, beides wäre möglich, einfacher wären jedoch die Euros in bar. Bea antwortete am nächsten Tag, die Barauszahlung wäre ihnen auch lieber, da die Überweisungen sehr kompliziert wären und viele Abzüge vorgenommen würden. Sie meinten, wir würden das Geld am nächsten Tag bekommen. Einige Tage vergingen, ich fragte noch zweimal nach. Jedes Mal bekam ich zur Antwort, Mister Xang würde das Geld am nächsten Tag bringen. Der letzte Abend kam und wir hatten unser Honorar noch nicht. Mit Ankündigung wurden wir zu einem besonderen „Peking-Ente-Essen" eingeladen. Vor der Türe des Restaurants passte ich Bea ab. Das Geld hatte Mister Xang nicht dabei. Am großen Tisch – es waren noch andere Gäste eingeladen – wollte Mister Xang die Bestellung ordern. Ich winkte die Kellnerin zurück und bat Bea laut zu übersetzen, dass wir nach Vereinbarung unser Honorar spätestens heute Abend bekommen sollten. Ich wollte es jetzt haben, denn am nächsten Tag um 09:00 Uhr ging unser Flug. Ich erlebte mich sehr selbstsicher, denn in China erbot man einer älteren Frau, dazu mit Titel, schließlich war ich Professorin, Respekt. Eigentlich amüsierte ich mich wie in einem Theater. Mister Xang wurde es zunehmend unangenehmer, er versuchte sich herauszureden und meinte, morgen Früh bringe er es zum Flughafen. Ich bestand immer wieder auf die Einhaltung der Vereinbarungen. Ich blieb beharrlich, wie das im chinesischen I Ging beschrieben ist. „Beharrlichkeit führt zum Ziel." Er schlug uns vor, uns das Geld augenblicklich in Yen zu übergeben. Das lehnte ich ab. Schließlich hatte er angeboten, jetzt zum Flughafen zu fahren, um dort das Geld in Euro zu tauschen. Also brachen wir auf. Die anderen waren etwas verwundert, sie konnten jetzt ihre Peking-Ente bestellen und ohne uns essen. Wir würden später dazukommen, aber es war klar, dass es dann zu spät sein würde. Wir fuhren zum Flughafen. Unterwegs musste Mister Xang noch nach Hause und dann noch auf der Bank Geld abheben. Ich dachte mir, und sagte das auch zu Luise: „Das wird nie klappen, wie sollten am späten Abend am Flughafen 8000 € bereitliegen?" Bea meinte, das müsste schon möglich sein. Es war natürlich nicht möglich. Nur ein Schalter war noch geöffnet und da konnte man nichts wechseln. Wie hätte man da so eine große Summe auch wechseln können? So standen wir eine Weile hilflos herum. Dann kam Bea auf die Idee, uns das Geld morgen Früh zu überweisen und uns kurz vor Abflug die Bestätigung darüber zu geben. Ich wusste, das würde wieder nicht funktionieren, aber ich willigte ein, nur hatten wir keine Bankdaten in unseren Handtaschen. So musste Luise mit Beas Handy ihren Mann zu Hause anrufen, er war gerade beim Frühstück. Nach seinem Rückruf hatten wir die Bank- und Kontonummer von Luise. Frustriert fuhren wir wieder stadteinwärts. Mister Xang war sauer, er hatte an diesem Abend mehrmals sein Gesicht verloren, wie mir Bea später sagte, und das ist das Schlimmste für einen chinesischen Mann. Es war bereits Mitternacht und wir hatten Hunger, doch kein Lokal in dieser großen Stadt hatte mehr geöffnet. So hielten wir an einer Imbissstube und aßen ein chinesisches Würstchen, vielleicht war es eine Currywurst.

Am nächsten Tag wurden wir früh vom Hotel abgeholt. Bea meinte, Mister Xang hätte eigentlich kommen sollen, um uns zu verabschieden, aber er sei beleidigt. Es war gut, dass sie dabei war, denn uns würden am Abflugschalter Schwierigkeiten mit dem Gepäck erwarten. David hatte fünf große Qualitätssicherungsordner dabei, da er aber von einem anderen Ort abflog, was nicht so geplant gewesen war, hatte er mich gebeten, seine Ordner mitzunehmen. Bea verhandelte anhaltend am Schalter, es war nichts zu machen, unser Übergewicht beim Gepäck wurde nicht akzeptiert. So räumten wir hin und her, Luise konnte noch einen Ordner unterbringen, ich auch, sonst ging nichts mehr, die Dame war nicht von ihrem Standpunkt zu bewegen. Einige Papiere ließ ich im Wagen in der Flughalle zurück, darunter das Heft mit all unseren Vorträgen und Lebensläufen, wie mir später unangenehm bewusst wurde. Was, wenn all unsere Daten in fremde Hände gelangten?

Bea nahm die restlichen Ordner und versprach sie mitzubringen, wenn sie wieder nach Wien flog. Unerwartet kam dann doch noch Mister Xang, um uns mit Geschenken zu verabschieden. Als wir endlich in der Maschine saßen, waren wir erschöpft und erleichtert. Während des langen Fluges tauschten wir unsere Gedanken aus. Ich ärgerte mich darüber, dass wir kein Honorar bekommen hatten, es war ja doch viel Arbeit gewesen. Luise meinte, sie würde das unter Abenteuer verbuchen, denn wir hatten viel erlebt. Wir waren zwei Wochen lang großzügig ausgehalten worden, ohne dass irgendwelche Kosten für uns entstanden waren. Wir hatten noch die verbotene Stadt besichtigen können, waren zur Chinesischen Mauer gefahren, was ein ganzer Tagesausflug war, und immer zu gutem Essen eingeladen worden und vieles mehr. Als wir eines Abends nach einer Veranstaltung ins Hotel zurückgefahren waren, meinte Bea, sie hätte so müde Füße, also drehte der Fahrer um und wir bekamen in einem Massagezentrum noch zwei Stunden eine ausführliche, wohltuende Körperbehandlung. Rundum waren es zwei ausgefüllte, interessante Wochen mit vielen Eindrücken und Erlebnissen.

Wenige Tage später rief mich Luise zu Hause an. Sie erzählte, Bea hätte sie angerufen, sie wäre jetzt in Deutschland und hätte unsere 8000 € dabei. So vereinbarte ich ein Treffen am Flughafen in Frankfurt mit ihr. In einem Café gab sie mir unter dem Tisch das Kuvert mit dem Geld. Wir plauderten noch eine Weile und so war alles gut.

Einige Monate später fragte mich David erneut, ob ich für ein Wochenende nach Peking mitkäme. Dort war ein großer Kongress und wir sollten beide je einen Vortrag halten. Jeder sollte 500 € bekommen. Ich sagte zu. Am Montag in der Woche vor dem Abflug sah ich die gelben Augen meines so liebenswerten Hundes. Umgehend fuhr ich zum Tierarzt, er meinte, er wolle nicht mit einer Behandlung beginnen, sondern ich solle umgehend in die Tierklinik fahren. Dort angekommen, empfing uns sofort der Chefarzt, er war bereits informiert. Er unterzog uns einer so ausführlichen Anamnese, wie ich das manchen Patienten der Humanmedizin wünschen würde. Er meinte, bis Freitag müsse der Hund bleiben, doch vorsichtshalber sollte ich die Einwilligung zum Einschläfern geben. Ich war erschrocken. Ausgerechnet in dieser Woche, in der ich am Freitag abfliegen musste. Ich sagte, ich könne den Hund erst am Montag abholen, und fragte, ob er über das Wochenende noch in der Klinik bleiben könne. Er fragte mich nach den Gründen meiner Abwesenheit und war dann sehr interessiert an Peking, man fliegt ja nicht so einfach übers Wochenende nach China.

Am Freitag flogen wir ab und am Samstag gegen 11:00 Uhr waren wir am Veranstaltungsort in Peking angelangt. Mein Vortrag sollte um 14:00 Uhr beginnen und eineinhalb Stunden dauern. Mister Xang empfing uns, wir bekamen etwas zu essen angeboten und er begann über das Honorar zu verhandeln. David sagte, er sei genervt, wieder dieses Verhandeln, es sei ein Honorar ausgemacht und da gäbe es nichts weiter zu reden. Herr Xang akzeptierte das und reichte uns beiden 1000 € über den Tisch. Mein Vortrag begann dann um 13:00 Uhr und sollte drei Stunden dauern. Diese doppelte Zeitdauer war dann auch kein Problem, denn immer nach einigen Sätzen des Übersetzers überlegte ich mir zwei Sätze mehr und so konnte ich den Vortrag verlängern. Drei Stunden zu referieren beziehungsweise einen Vortrag anzuhören war eigentlich eine Zumutung, und so fragte ich nach der Hälfte der Zeit, ob eine Pause gewünscht sei. Niemand antwortete, bis auf eine scheinbar übergeordnete Vorgesetzte, sie sagte nein und so redete ich weiter.

Nachdem David am Sonntag seinen Vortrag gehalten hatte, flogen wir wieder zurück. Erst im Flugzeug fiel mir mein Hund in der Klink wieder ein. Ich konnte an nichts anderes denken, als daran, ob es ihm besser ging und er noch lebte. Am Flughafen in Frankfurt, es war Montagmorgen um 08:00 Uhr, rief ich sofort in der Tierklinik an. Mein Hund war am Vortag von selbst eingeschlafen und verstorben. Ich setze mich auf eine Bank, große Trauer erfasste mich, ich weinte bitterlich. Wer selbst keinen Hund verloren hat, kann das nicht verstehen. Die Beziehung zu einem Tier kann so tief sein, bei mir war es jedenfalls so.

Als mir später erneut angeboten wurde, nach Peking zu fliegen, lehnte ich ab. Allerdings kamen in den darauf folgenden Jahren noch mehrere Besuchsgruppen, die dann umfangreiche Besichtigungen und auch Unterricht erhielten. Ich stand noch einige Mal als Dozentin zur Verfügung, weitere Termine wollte ich mir aber nicht mehr antun.

Meine Antrittsvorlesung zur Professur

Besuch der Chinesischen Mauer

Ich halte ein Seminar in Peking

Kapitel 9

Plötzlich Dekanin

Unerwartete Herausforderung

Der Dekan einer Hochschule leitet eine Fakultät oder einen Fachbereich administrativ. Er wird für vier Jahre gewählt. Er vertritt den Fachbereich nach außen hin und hat in der Regel Richtlinienkompetenz. Die Herausforderungen sind nicht einfach. Der Dekan meiner Fakultät, der das Amt erst zwei Jahre zuvor übernommen hatte, gab es ab. Das verlief folgendermaßen: Er bat mich in sein Büro und teilte mir diese Entscheidung mit. Gleichzeitig fragte er an, ob ich diese Funktion übernehmen wolle. Ich war völlig überrascht und meinte, ich sei die Jüngste, wenn man die Dienstzeit betrachtet, und erst zwei Jahre hier. Das musste ich mir überlegen. Da ich inzwischen mehr Einblick hatte, erklärte ich, erst mit allen reden zu wollen, und nur wenn ich von allen ausdrücklich die Unterstützung erhalten würde, könnte ich mir das vorstellen. Er meinte, das bräuchte ich nicht zu tun, denn die anderen seien informiert und einverstanden. Außerdem, fuhr er fort, gebe es niemanden, der das Amt übernehmen könne oder wolle. Trotzdem bat ich um etwas Bedenkzeit und sprach mit allen Angehörigen des Fachbereiches. Alle sagten mir ihre Unterstützung zu. Mir war jedoch klar, dass das nicht einfach werden würde. Mir war die weitere Entwicklung der Pflege wichtig, es mussten Entscheidungen für unsere Studiengänge getroffen werden, und zwar die für die Pflege adäquaten. So fand ich mich in den nächsten Tagen wieder einmal an einem leeren Schreibtisch ohne Übergabe. Aber so etwas kannte ich ja schon. Wären nur die Routineaufgaben gewesen, so hätte es wahrscheinlich keine Probleme gegeben. Es mussten aber Entscheidungen für die zukünftigen Studiengänge getroffen werden, denn die Umstrukturierung diesbezüglich war in den anderen Fachdisziplinen in vollem Gange. Diskutiert hatten wir bereits lange und ausführlich, also formulierte ich Entwürfe,

Vorlagen und Konzepte, die ich dann in den Fachbereichs-konferenzen vorlegte. Vorsichtshalber sagte man mir, dass ich als Dekanin keine Entscheidung zu treffen hätte, sondern nur die Entscheidungen des Fachbereiches umzusetzen. Der Fachbereich traf aber keine Entscheidungen. Alles was ich einbrachte, wurde abgelehnt; es war keine Bereitschaft vorhanden, auch nur ein Papier konstruktiv zu bearbeiten, ebenso kamen keine Verbesserungsvorschläge oder alternative Entwürfe. Ich erinnere mich an eine Sitzung, in der ein Kollege meinen Entwurf nahm, ihn demonstrativ unter den Tisch warf und sagte: „Das gehört in den Papierkorb." Wenn es mir nicht um die Sache gegangen wäre, hätte ich das nicht durch gestanden. Ich bat den Rektor zweimal um einen Termin, einen solchen bekam ich dann jedes Mal zehn Minuten vor Beginn einer Sitzung, in die er dann musste. Der Rektor meinte, das sei eine fachinterne Angelegenheit. Kurze Zeit später ermahnte er mich, dass der Fachbereich jetzt seine Entscheidung für einen neuen Bachelor-Studiengang vorlegen müsse, denn die anderen Fachbereiche hätten diesen Prozess inzwischen abgeschlossen. So berief ich die nächste Sitzung ein und bat den Rektor bei unserer Entscheidungsfindung anwesend zu sein. Ich eröffnete die Sitzung und erklärte unser Konzept für den neuen dualen Studiengang. Ich erwähnte kurz die Alternative, die jedoch nicht akzeptabel war. So meinte der Rektor: „Was gibt es denn da zu entscheiden, wenn der duale Studiengang der einzig richtige ist?" Ich pflichtete ihm bei und sagte: „Genau das ist unsere Entscheidung." Eine Kollegin stimmte dem zu. Keines von den anderen Mitgliedern des Fachbereiches, die bisher alles abgelehnt hatten, sagte ein Wort. So sagte ich: „Hiermit ist die Entscheidung angenommen, bitte das in das Protokoll aufzunehmen." Diese Sitzung war kurz und somit beendet.

In der nächsten Zeit stellte ich mich auf viel Arbeit ein, denn ich wusste, dass ich kaum Unterstützung erfahren würde. Es mussten Kooperationsschulen gefunden werden. Ich führte Gespräche und besuchte Krankenpflege- sowie Altenpflegeschulen in anderen Städten. Ich warb überall mit dem Konzept des dualen Studienganges. Einige Schulen hatten kein Interesse, viele fanden das positiv und sagten eine Kooperation zu. Auch mit Trägern von Einrichtungen führte ich Gespräche. Viele erkannten den Wert von akademisch ausgebildeten Pflegekräften. Pflegedienstleitungen überlegten bereits Aufgaben und Projekte in ihren Häusern für Pflegekräfte mit Bachelor-Abschluss. Wir gründeten eine Arbeitsgruppe mit potenziellen Kooperationsschulen. Die Zusammenarbeit innerhalb dieser verlief sehr innovativ und konstruktiv und machte viel Freude, denn die Lehrerinnen und Lehrer fanden es gut, dass ihre Schulen an eine Hochschule angebunden sein würden. Sie meldeten auch viele Schüler, die das Abitur hatten und begeistert studieren wollten. Wir erarbeiteten inhaltliche Unterrichtsthemen, die einerseits von ihnen und andererseits von uns abgedeckt werden würden. Diese theoretischen und praktischen Stunden mussten mit dem Krankenpflegegesetz abgestimmt sein, denn die Schüler konnten keiner Doppelbelastung von Grundausbildung, Praxis und Studium ausgesetzt sein. Wir vereinbarten auch die gegenseitige Anrechnung von Lehrinhalten. Wir kamen zügig voran, und da auch die Träger der Schulen eingebunden waren, konnten die ersten vertraglichen Vereinbarungen festgesetzt werden. Der Studienbeginn stand fest. Wir hatten ausreichend Kooperationen in drei Bundesländern und mehr Studieninteressierte, als wir aufnehmen konnten. Ich war in allen Planungen sehr sicher, auf dem richtigen Weg zu sein, denn als Dekanin hatte ich Zugang zu Informationen, fuhr zu bundesweiten Konferenzen der Dekane und war in vielen Gremien eingebunden. Der Widerstand gegen mich oder den Studiengang hielt an, zwar nicht offen, sondern verdeckt, und so brauchte ich viel Energie und musste mit Verletzungen fertig werden. Oft dachte ich mir, in meiner Seele kann ich nicht verletzt werden. Damit hatte ich Kraft und Gelassenheit.

Ablehnung

Nach circa zwei Jahren als Dekanin überlegte ich, eine Wende herbeizuführen. Die Einführung des Studiengangs stand so weit fest, dass sie nicht mehr rückgängig gemacht werden konnte, es war quasi fünf nach zwölf. Ich bat den Rektor um Unterstützung meiner Arbeit, denn ich konnte oder wollte so nicht mehr weitermachen. Ich lud ihn zu einer Besprechung des Fachbereiches ein. Da der Rektor zu dieser Zeit krank war, vertrat ihn der Prorektor. Diese Besprechung verlief wieder kurz und bündig. Er erklärte gleich zu Anfang, ohne irgendwelche Argumente anzuhören oder auszutauschen, der Fachbereich hätte mir das Vertrauen entzogen und ich solle zurücktreten. Da ich nicht einverstanden war, meinte er, wenn ich nicht zurücktrete, so wisse er auch nicht mehr, was er mit dem Fachbereich machen solle und würde das dem Trägerverband übergeben. Das wollte ich nicht und so war ich innerhalb von wenigen Minuten abgesetzt. Eine Praktikantin, die unbeteiligt anwesend war, sagte mir danach, „Ich hatte das Bild einer Guillotine vor Augen." Ich sagte: „Genau, das ist so, ich bin eben geköpft worden." Als in der fachbereichsübergreifenden Konferenz bekanntgegeben wurde, ich sei zurückgetreten, korrigierte ich, dass ich zu diesem Schritt gezwungen worden war. Das wurde hingenommen und änderte nichts. Ich war einerseits erleichtert, nicht mehr als Einzelkämpferin fungieren zu müssen, andererseits fand ich das schade, denn die inhaltliche Arbeit mit diesen neuen Entwicklungen fand ich sehr sinnvoll und für die Pflege zukunftsweisend. Wie zu erwarten, wurde ich danach von allen Informationen abgeschnitten. Auch die Arbeitsgruppe, die ich gegründet hatte, musste ich verlassen. Sehr gut fand ich, dass die Planung für die Studiengänge weitergehen musste, denn alle wichtigen Schritte waren bereits entschieden und abgeschlossen worden. Bachelor- und Masterstudiengänge wurden wie geplant eingeführt und waren in den nächsten Jahren so erfolgreich, dass der Fachbereich sich sehr stark erweiterte.

Interessant war auch die Entwicklung in Bayern. Das Kultusministerium lehnte nach mehrmaligen Anfragen die Einführung von grundständigen Pflegestudiengängen ab. Das hatte ich selbst erlebt, als der damalige Kultusminister in München bei der Einführung des ersten Studienganges für Pflegemanagement sagte: „Studiengänge für Pflegepädagogik wird es in Bayern nicht geben." Ich hatte dort an der Fachhochschule circa 10 Jahre zuvor einen Lehrauftrag innegehabt. Nun entwickelten sich in allen anderen Bundesländern Bachelor-Studiengänge, nur nicht in Bayern. Da ich aber drei Krankenpflegeschulen aus Bayern für meine Kooperationen hatte gewinnen können, konnten diese später beim Ministerium argumentieren, dass sie ihre Schüler zum Studieren in ein anderes Bundesland schicken müssten. Damit konnte das Kultusministerium umgestimmt werden. Mit der inhaltlichen Konzeption war in gewisser Hinsicht unser Studiengang Vorreiter für die sich später etablierenden Studiengänge in Bayern.

Dozentin für Idiolektik

Nun widmete ich mich wieder meiner eigentlichen Lehrtätigkeit, die mir viel Freude machte.

Neben den Pflichtlehrveranstaltungen hatte ich noch genügend Freiraum für andere interessante Themen. Da mir
Kommunikation immer eine Herzensangelegenheit war,
schaute ich, dass ich mich selbst darin weiterentwickeln
konnte. Ich hatte Kontakt mit der Gesellschaft für Idiolektik
und Kommunikation in Würzburg. Der Idiolekt ist die Eigensprache eines Menschen, die Idiolektik ist der Umgang mit
der Eigensprache beziehungsweise die Methode derselben.
Bereits während meines Studiums lernte ich D. Jonas, den
Begründer der Idiolektik, kennen. Mit viel Begeisterung
wurde ich Mitglied der Gesellschaft, durchlief die Ausbildung zur Dozentin für Idiolektik und absolvierte später
den Graduiertenabschluss zur Kurzzeittherapeutin. Dieses
Konzept der Kommunikation wird von hoher Achtsamkeit, großer Offenheit und Wertschätzung getragen. Die
Methode ist „einfach fragen". Das klingt einfach, ist jedoch
mit einiger Zeit des Lernens, der Erfahrung und des Übens
verbunden. Wobei neben der Methodik die Haltung der
besondere Anspruch dabei ist. Idiolektik ist für mich Entwicklung, das sagte ich einmal auf einem Podium sitzend.
Mit meiner persönlichen Weiterentwicklung war natürlich
auch meine Kompetenz für diese Lehrtätigkeit gegeben.
So wurde ich zu Seminaren und Vorträgen außerhalb der
Hochschule eingeladen, beziehungsweise bot ich dieses
Thema an, denn als Professorin wird man immer wieder für
Vorträge oder Seminare angefragt. Auch innerhalb meiner
hochschulinternen Seminare konnte ich die Idiolektik für
die Studierenden anbieten. Viele nahmen das Angebot an
und konnten das Konzept im Pflegealltag umsetzen. Aus
den daraus resultierenden Gesprächen entnahmen einige

Pflegestudierende Situationsbeispiele, die sie in schriftlicher Form festhielten und die ich später in meiner dritten Auflage des Buches „Pflegekompetenz" als erweitertes Kapitel anführen konnte. Es sind hervorragende Gesprächsbeispiele, die aufzeigen, wie hilfreich ein eigensprachliches Gespräch für Patienten sein kann. Zu meinen Idiolektik-Seminaren lud ich den Präsidenten und Mitbegründer der Gesellschaft ein. Er gestaltete beeindruckende Unterrichtsstunden, die bei der Abschlussevaluation stets die besten Bewertungen erhielten. Eine Aussage eines Studenten habe ich noch in Erinnerung: „Das Seminar mit Herrn P. war das beste im gesamten Semester." Da die Formalitäten einer Katholischen Hochschule erfordern, dass ein Gastdozent auch kirchlich verheiratet sein muss, musste ich ihn leider wieder ausladen. Sehr zum Bedauern meiner Studierenden und ebenso zu meinem. Das Thema Idiolektik war mir weiterhin sehr wichtig, so bot ich es auch bei Kolleginnen an und trug es später als Abschluss-Vorlesung vor. So wie auch bei meiner Antrittsvorlesung mit dem Thema: „Spiritualität etwas anders" schlossen sich interessante Gespräche an.

Der Routinealltag einer Hochschule ging weiter. Die neuen Bachelor-Studierenden waren jung und sehr engagiert. Für sie war es etwas Besonderes, studieren zu können. Die, die das auf sich nahmen, waren voll begeistert. Sie hatten viel zu leisten, denn neben Ausbildung und Studium mussten sie auch praktisch arbeiten. So hatten sie auch noch andere Schwierigkeiten zu meistern. Sie erfuhren oftmals Unverständnis oder gar Ablehnung aus den eigenen Reihen oder von Ärzten. So berichteten einige von ihnen über Ärzte, die Dinge sagten wie: „Brauchen Sie jetzt für ihr Bettpfannenschieben ein Studium?" oder „Wollen Sie jetzt etwas Besseres werden?" Zu diesen Phänomenen kam hinzu, dass sie keine Aussicht auf eine bessere Position oder Bezahlung hatten.

Das änderte sich später, denn die ersten Absolventen von Studiengängen konnten auf wissenschaftlicher Basis in der Pflegepraxis ihr Können beweisen und die Pflege qualitativ verbessern. Ihnen wurde Anerkennung zuteil und heute sind Pflegestudiengänge selbstverständlich.

Ich näherte mich bald der Altersgrenze, verlängerte meine Dienstzeit aber noch um ein Semester, da nicht so schnell eine Nachfolge gefunden werden konnte. Danach ging ich in den wohlverdienten Ruhestand mit Blick auf 50 Jahre Arbeit in der Pflege und für sie. Ich sehe auf viele Jahre innovativer Tätigkeit zurück. Ich entwickelte neue Themen für die Pflege, wurde zu Kongressen und Seminaren quer durch Deutschland, die Schweiz und Österreich eingeladen. In einigen Pflegezeitschriften erschienen immer wieder Fachartikel von mir, bis heute schreibe ich noch gerne. Auch bekomme ich ab und zu noch Mails mit Anfragen für Seminare oder von Studierenden, die Fragen zu Themen der Kompetenz oder der Idiolektik haben. An vielen Hochschulen wird mit meinen beiden Büchern gearbeitet.

Mit dem Verkauf meiner Eigentumswohnung hatte ich mir Wohnpunkte bei Hapimag, einer Schweizer Aktiengesellschaft, erworben. Damit kann ich mich auch heute noch europaweit in schönen Ferienressorts einmieten. Als ich einmal an der Küste Kretas bauchtief im Wasser stand, kam eine Frau auf mich zu geschwommen. „Sie sind doch die Frau Olbrich, erinnern Sie sich? Wir sind beide zur Diskussionsrunde auf dem Podium in Wien gesessen." Ich erkannte sie nicht gleich, denn im Badeanzug sieht man ja doch etwas anders aus als im Kostüm auf einem Kongress.

Dozentin für Idiolektik

Begrüßung als 1. Vorsitzende des Imkerkreisverbandes

Bei einem Vortrag

Kapitel 10

Ein energiegeladener Rettungshund

Wer ist die Chefin?

Ein Schäferhund wird oft ambivalent gesehen. Einerseits ist er äußerst lern- und anpassungsfähig, ausdauernd und stets aufmerksam, weshalb sich viele Menschen für ihn begeistern. Andererseits wird er auf Stärke gezüchtet, um als Polizei- oder Schutzhund ausgebildet werden zu können. Das macht vielen Menschen Angst. Auch die Mutter von Ayla wurde zum Schutzhund ausgebildet, wurde aber, da sie nicht richtig „zubiss", wieder „ausgemustert". Selbst der Prüfer bei der Begleithundeprüfung war meiner Schäferhündin gegenüber zurückhaltend. Alle Hunde wurden mit einem Gerät am Hals nach ihrem Chip untersucht. Als Ayla an der Reihe war, gab er das Gerät seiner Assistentin und sagte, sie solle es machen. Ayla ist ein sehr starker Hund, meine Trainerin Birgit, ohne die ich die gesamte Ausbildung nicht so geschafft hätte, sagte, dass sie in freier Wildbahn eine Rudelführerin wäre. Das stimmt, denn das merke ich bei jedem anderen Hund. Sogar jeder Rüde wird zuerst auf seine Stärke getestet, denn die Nachkommen sollen passend sein. Ist er stark, so springt sie mit ihm umher, aber immer unter ihrer Kontrolle. „Komme mir nicht von rechts, komme mir nicht von links." Dann leckt sie ihn über das Gesicht und weiter geht's. Ist der Rüde schwach, so wird er ignoriert. Auch fast jede Hündin wird unterworfen, das sieht nicht gut aus und ich muss stets aufpassen. Allerdings beißt Ayla nicht. Einmal in sieben Jahren hatten ein Hund aus dem Dorf, einmal eine Hündin aus der Staffel und einmal ein Rüde bei der Suche einen Kratzer. Es war eher ein Versehen, die Kratzer waren jedes Mal so wenig ausgeprägt, dass kein Tierarzt notwendig war. So schnell, wie Ayla ist, so schnell zieht sie ihre Zähne auch beim Spielen wieder zurück.

Als ich sie zum ersten Mal zum Italiener ins Dorf mitnahm, lag sie brav unter dem Tisch. Plötzlich kam ein etwa dreijähriges Kind auf uns zu. Ich war angespannt, ich konnte die Situation nicht gut einschätzen, denn der Platz unter dem Tisch ist oft das Revier des Hundes. Ich blieb aber ruhig. Alle Gäste sahen gespannt auf uns. Als das Kind ganz nahe war, streckte es seine Hand aus und Ayla leckte die kleine Kinderhand ab. Ich war erleichtert. Kinder mag sie, sie versteht sich gut mit ihnen. Einmal waren drei Kinder bei mir zu Besuch, sie tobten mit Ayla auf dem schmalen Brett vor meinem Teich herum. Ich sagte noch: „Gleich fällt einer von euch ins Wasser." Der Teich ist immerhin 190 Meter tief. Und schon fiel Ayla ins Wasser. Sie war so aufmerksam, dass sie kein Kind hineinschubste, sondern sich lieber selbst fallen ließ. Einmal war ich wieder mit ihr beim Italiener. Die drei Männer dort waren bis dahin immer begeistert von ihr gewesen. Sie kamen auf sie zu und sie bekam dann ihre Wurst. Dieses Mal spritzte plötzlich ein Schwall Blut auf den Boden. Die Männer schreckten entsetzt zurück. Ich wischte es schnell auf und erklärte, dass sie läufig sei. Dass das so heftig ausfiel, lag wohl an der freudigen Aufregung. Seitdem bekommt sie keine Wurst mehr.

Ayla ist eine Chefin, denn sie kontrolliert ständig, auch mich. Um einen starken Hund gut zu erziehen, muss man selbst souverän und konsequent sein. Das ist auch heute noch eine große Herausforderung für mich. Ein Hund kennt keine Demokratie. Vor allem in den ersten beiden Jahren gab es einen ständigen Kampf darum, wer die Chefin ist. Ich war oft so wütend, obwohl ich doch gedacht hatte, ich sei ein sanfter Mensch. Es hat mich so viel Energie gekostet und ich habe mindestens so viel lernen müssen wie mein Hund. Einige Male war ich an meinen Grenzen angelangt und dachte, ich müsse den Hund wieder abgeben. Es war gut, dass ich durchgehalten habe. Die Erziehung läuft bei Hunden ausschließlich über die nonverbale Kommunikation, also über Körper und Stimme. Kurz vor der Rettungshundeprüfung hat Ayla plötzlich nicht mehr „Sitz", „Steh" und „Platz" aus der Bewegung heraus gemacht, obwohl sie das schnell gelernt und eigentlich gut gekonnt hatte. Zweimal falsch und die Prüfung ist vorbei. Verzweifelt rief ich Birgit an. Sie beobachtete mich und sagte: „Wenn du die Kommandos in dieser harten Stimmlage gibst, ist Ayla irritiert und weiß nicht, was sie machen soll. Du musst in einem leisen, freundlichen Ton sprechen." Nun war ich irritiert, wie sollte ich das machen? „Stell dich vor den Spiegel und übe mit lächelndem Gesicht!" Das tat ich tatsächlich und es klappte sofort. Wahrscheinlich hatte ich bereits wegen der Vorstellung von der Prüfung eine Spannung in meiner Stimme und merkte das selbst nicht. So eine sensible Ayla habe ich. Aber in ihrer „Kontrolle" ist sie hart. Sogar die Hühner werden kontrolliert. Inzwischen ist der Hahn ein Mann geworden und springt auf die Hennen. Sobald Ayla das sieht, springt sie hin und will die Henne schützen. Aber Enzo nimmt es ihr nicht übel und hat es in drei Minuten wieder vergessen. Es wird nie langweilig bei mir.

Neue Herausforderung

Ich war nun 70 Jahre alt, im Ruhestand, hatte weder finanzielle noch sonstige Sorgen, war mit mir und meinem Umfeld im Einklang, kurz, mir ging es rundum gut. Aber wie meine Lebensgeschichte zeigt, kommt immer in Sieben-Jahres-Abschnitten eine neue Herausforderung auf mich zu. Wie sollte es jetzt anders sein? Ich hatte also eine energiegeladene Schäferhündin, bereits die Begleithundeprüfung mit ihr abgelegt und überlegte, mit welcher Herausforderung ich sie noch beschäftigen konnte.

Spannend fand ich die Rettungshundeausbildungen, es gab: Lawinen-, Wasser-, Trümmer- und Flächensuche. Alles klang spannend, wofür sollte ich mich entscheiden? Ich nahm Kontakt zu einer Rettungshundestaffel auf, entschied mich dann aber für eine andere. Leider, denn dort machte ich keine guten Erfahrungen und bedauerte, nicht bei meiner ersten Wahl geblieben zu sein. Ich nahm eine erneute große Herausforderung auf mich, eine Ausbildung für die Vermisstensuche. Als ich das erste Mal zum Training dieser Hundestaffel kam, wurde ich kaum begrüßt, ich wusste nicht, wer wer war oder an wen ich mich wenden sollte, und so stand ich eben etwas dumm herum. In den Gesichtern las ich: So eine Alte, und noch dazu mit so einem Hund, die wird nicht lange bleiben. Ich kam kontinuierlich und beobachtete viel, denn alles war absolut neu für mich. Die Ausbildung zum Rettungshund dauert circa zwei bis drei Jahre. Ich fand das faszinierend, wie Hunde lernen, eine vermisste Person im Wald zu finden. Außerdem fühlte ich mich im Wald wohl. Oft wurde ich als „vermisste Person" im Wald versteckt, es dauerte manchmal ein bis zwei Stunden, bis der Hund mich „gefunden" hatte. Einmal musste ich unter Gräsern und Büschen in einen tiefen Graben kriechen, zum Glück war es nicht nass. Bis mich der Hund endlich anzeigte, war bestimmt eine Stunde vergangen. Als ich wieder heraus gekrochen war, fragte mich die Trainerin etwas süffisant: „Na, wie war's denn?" Sie erwartete, dass ich mich beschwerte, aber nein. Ich sagte: „Sehr interessant, aus einer ganz neuen Perspektive habe ich Kriechtiere, Insekten und sogar eine Wildbiene oberhalb vor meinem Gesicht beobachtet, das was sehr spannend." Einmal schickte man mich auf einen hohen Felsen. Das Hinaufklettern war kein Problem, aber der Abstieg, denn es war nass und rutschig. So rutschte ich das letzte Stück hinunter und den letzten Meter sprang ich, geschafft. Ein anderes Mal kletterte ich auf einen Baum, man übte beim Training oft mit „Hochopfern". Zwischen zwei Ästen eingeklemmt saß ich eine Weile, bis der Hund meine Witterung aufnahm, denn diese zog nach oben, was meine Ortung schwierig machte. Als der Hund mich endlich anzeigte und ich hinabkletterte, sagte der Hundeführer: „Die Älteste schickt man auf den Baum." Das nahm ich als Kompliment, es blieb die einzige Anerkennung im Zeitraum von vier Jahren. Auch über meinen Hund, der sehr schnell lernte und ein ausgezeichneter Suchhund wurde, hörte ich nie ein lobendes Wort. Mit einer Ausnahme, eine Frau, die einmal als Gast zuschaute, sagte: „Wie konzentriert dieser Hund sucht." Ich hörte das und freute mich. Diese Zeit im Wald konnte ich gut genießen, oft lag ich auf meiner Matte und meditierte in die Baumwipfel oder in den Himmel. Manchmal hatte ich auch meine Vokabeln zum Spanischlernen dabei. Auch die Beobachtung, wie die Hunde lernten, insbesondere meiner, war ausgesprochen interessant. Dies motivierte mich, weiterhin an diesen Trainings teilzunehmen. Wir waren wöchentlich viele Stunden im Wald, egal ob bei 30 Grad Hitze mit Mücken und Zecken, Frost, Regen, Gewitter, Schnee oder herrlicher Sonne. Die Natur war für mich immer faszinierend, sonst hätte ich das nicht durchgehalten, denn neben der körperlichen Herausforderung gab es viel Theorie mit tagelangen Kursen und Prüfungen.

Das alles waren keine Probleme für mich, sehr unangenehm waren jedoch meine Erfahrungen mit einigen Menschen dieser Gruppe. Ich erfuhr Abwertung und musste mich dumm anreden lassen, zum Beispiel sagte man zu mir: „Du sollst nicht denken, sondern das machen, was man dir sagt." Ich musste mich mehrmals wegen meines Alters rechtfertigen. Man erklärte mir, ich sei ängstlich und bei dieser Aufgabe müsse man Verantwortung übernehmen können. Das traute man mir nicht zu. Es war unglaublich. Man konnte die Hunde gut einschätzen, aber die Menschen scheinbar nicht. Abwertungen gehörten zu meinem Leben und dies habe ich immer als Herausforderung angenommen und „gezeigt", dass ich das doch kann. So entwickelte ich auch wieder meinen Ehrgeiz. Ich durchlief alle Theoriekurse mit Erfolg, ich war körperlich fit und konnte auf Hochsitze und Bäume steigen. Oft hatte ich den Eindruck, das gelingt mir besser, als einigen anderen, die jünger sind. Einmal nahm ich an einem mehrtägigen Lehrgang in einem anderen Bundesland teil. Ich wurde einem sehr erfahrenen Trainer aus der Schweiz zugeordnet. Meine Suche gestaltete sich sehr spannend und lehrreich. Das Gelände war mir unbekannt, es ging bergauf und bergab und so konzentrierte ich mich stark auf die Orientierung. Meinen Hund hatte ich im Auge und wusste, er würde seinen Job gut machen. Sie fand die beiden „vermissten Personen" wie meistens sehr selbständig. Bei der anschließenden Besprechung bekam ich eine detaillierte inhaltliche Rückmeldung. Das hätte ich mir öfters gewünscht. Am Schluss sagte der Trainer: „Du hast einen grandiosen Hund." Das tat meiner Motivation gut und ich freute mich sehr.

Nach etwa zweieinhalb Jahren wurde ich zur Prüfung angemeldet. Vorher wurde das Training intensiviert. Ich machte angeblich alles falsch und wurde ständig kritisiert. Einmal meinte ein Kollege: „Du bekommst zurzeit alle Prügel ab." Ich dachte mir, das ist nicht nur meine subjektive Wahrnehmung oder Empfindlichkeit, nein, es wurde auch von außen so gesehen. Als ich mir einmal erlaubte zu sagten: „Unsere Hunde lernen ausschließlich über Lob und Bestätigung, und wir ausschließlich über Kritik", wurde das nicht gehört. Vor der Prüfung wurde ich nur von einer Person motiviert: „Das schaffst du schon." Alle anderen dachten, das schafft die sowieso nicht.

Die Rettungshundeprüfung ist sehr anspruchsvoll. Im ersten Teil der Theorie muss man aus einem Fragenkatalog von circa 250 Fragen 25 richtig beantworten. Der zweite Teil ist die Unterordnung mit verschiedenen Aufgaben einschließlich eines Anzeigetestes. Denn der Hund muss die Person nicht nur finden, sondern auch in der richtigen Weise anzeigen, dass er sie gefunden hat. Der dritte Teil ist die Suche selbst. Hier sind zwei Personen in einem Wald mit einer Fläche von 30.000 Quadratmetern innerhalb von 20 Minuten zu finden. Am Tag der Prüfung war frühmorgens um 04:00 Uhr meine Sorge, dass der Hund sich gut löst, denn es gibt nichts Peinlicheres, als wenn der Hund bei der Prüfung auf den Platz kackt, was immer wieder vorkam. Das hatte schon mal geklappt. Ich hatte mehr als ein Stunde Anfahrtsweg und musste um 06:00 Uhr anwesend sein. Die Theorie war kein Problem, wenn man gut lernt, so ist das zu schaffen. Vor der Suche selbst hatte ich auch nicht viel Bedenken, ich vertraute auf meine Ayla, die in den Trainings stets beste Leistung zeigte. Die Unterordnung war meine größte Hürde. Ich war aufgeregt, gab unkonzentrierte Anweisungen und der Hund machte einige Patzer, was natürlich an mir lag. Es gab viele Punktabzüge, aber wir haben es gerade noch geschafft. Die Suche begann: Zuerst Abfrage zur Situation, Ablegen des Hundes, Windbestimmung, Angaben zur Suchtaktik, Ansetzen zur Suche, Orientierung und Überblick, nach dem Finden der Person Leisten von Erster Hilfe und die Angaben zur Standortbestimmung per Funk, damit die Person auch vom Bergungsteam abgeholt werden kann. Das war ganz schön viel. Ich setzte Ayla zur Suche an. Oje, sie setzte sich hin und kackte. Blitzschnell hatte ich das „Geschäft" in der Tüte. Der Prüfer sagte: „Drücken Sie das einem Helfer in die Hand." Und weiter ging's, mein Hund ist super, in fünf Minuten hatte sie die erste Person gefunden. Ich leistete Erste Hilfe und übermittelte per Funk: „Eine bewusstlose Person ist zu bergen, der Standort: circa 50 Meter im Wald an der südwestlichen Suchgebietsgrenze, von Süden anzufahren." Ich bestimmte die Windrichtung neu und setzte zur zweiten Suche an. Wir waren fast am Ende des gesamten Suchgebietes, da sah ich Ayla nicht mehr. Wenn sie jetzt nicht gleich fand, hatten wir Pech. Plötzlich hörte ich ihr lautes Bellen, ich schrie dem Prüfer „Anzeige" zu, sie hatte gefunden. Ich hastete in diese Richtung, eine verwirrte Person lag am Boden. Ablegen des Hundes, Versorgung der Person, Standortdurchgabe per Funk, alles geschafft. In nur 15 Minuten hatten wir die Prüfung gemeinsam gemeistert, denn die Zusammenarbeit mit dem Hund als Team ist dabei die große Herausforderung. Ich war stolz. In der Nachbesprechung mit den drei Prüfern wurden mir natürlich einige Fehler aufgezeigt, die auch zu einem Punktabzug geführt hatten, aber das war nicht so wichtig. Von meinen Trainerinnen, Staffelkolleginnen und Kollegen bekam ich ein: „Glückwunsch". Das war's. Nicht alle bestanden an diesem und am nächsten Tag die Prüfung. Die zwei Tage waren lang, denn abends mussten wir noch aufräumen und für den nächsten Tag vorbereiten. Als ich nach jeweils 15 Stunden nach Hause kam, war ich erschöpft, aber sehr zufrieden.

In den nächsten Tagen war ein ausführlicher Bericht über die Prüfung in der Zeitung, mit Namen und Bild der Kollegin, die die Prüfung auch geschafft hatte. Dass die Namen derjenigen, die durchgefallen waren, nicht erwähnt wurden, ist verständlich. Aber dass ich auch nicht erwähnt wurde, ärgerte mich. Da ich einen guten Kontakt zur örtlichen Presse habe, war in unserer Zeitung natürlich ein Artikel über die bestandene Prüfung von mir und meinem Hund zu lesen. Ich rechnete nicht damit, dass dieser Artikel in der Staffel bekannt würde, denn ich wohnte in einem anderen Landkreis. Prompt war er am nächsten Tag in der WhatsApp-Gruppe vollständig abgebildet. Sofort bekam ich kritische bis verletzende Anmerkungen von allen Trainerinnen, für alle lesbar. Ich war wieder einmal sehr betroffen. Noch dazu wurde ich beim nächsten Training vor allen Anwesenden gerügt und gemaßregelt, dass das so nicht ginge. Man sagte mir, ich hätte nicht selbständig zu handeln, außerdem wäre meine Einsatzjacke auf dem Bild nicht zugeknöpft, was das für einen Eindruck machen würde. Keiner der Anwesenden sagte etwas dazu, auch nachher nicht. Eigentlich wollte ich zu diesem Zeitpunkt die Staffel verlassen, da ich aber nun einen ausgebildeten Rettungshund hatte, wollte ich noch nicht so schnell aufgeben und wenigstens einige Male Erfahrungen mit Einsätzen machen. Ich war bereits seit drei Jahren als Helferin mit in Einsätzen, nun sollte es mit meinem eigenen Hund etwas anderes sein. Das wurde wieder eine neue Herausforderung. Nachts, egal ob es 01:00 oder 04:00 Uhr ist, gibt es einen Alarm, das heißt aufstehen und zu einem angegebenen Ort fahren. In der ersten Zeit hatte ich Mühe damit, denn mein Navi funktionierte nicht gut. Wie sollte ich da irgendwo nachts im Nebel einen unbekannten Ort finden? Einmal kehrte ich wieder um. Dann kaufte ich mir ein neues Navi und damit war ich sicher, gut und schnell an dem Einsatzort anzukommen. Dort angelangt musste man erst warten; Polizei, Feuerwehr oder andere Einsatzkräfte waren bereits auf der Suche nach der vermissten Person. Wenn diese Bemühungen ergebnislos verliefen, so wurden die Such-gebiete auf Karten ausgewiesen und die Hundeführer ein-geteilt. Das dauerte und manchmal wurde die Person in dieser Zeit gefunden. Einige Male kam ich mit meinem Hund zur Suche. Einige Male auch nicht, da fuhren wir ohne Einsatz der Hunde wieder nach Hause. Einmal fuhr ich nachts, um circa 03:00 Uhr, nach Hause. Hinter mir fuhr ein Auto dicht auf, ich verlangsamte das Tempo, aber das Auto überholte nicht. Die Situation erschien mir bedrohlich. So trat ich aufs Gas und orientierte mich am Mittelstreifen, plötzlich stand das Auto, ein Polizeiauto, vor mir und stoppte mich. „Warum fahren Sie in Schlangenlinie am Mittelstreifen, haben Sie Alkohol getrunken?" Ich erkannte den Polizisten und sagte: „Wir haben uns eben am Einsatzort gesehen." Er sah meine Einsatzjacke und meinen Hund, damit wusste er Bescheid. Ich sagte: „Ich will nur noch nach Hause." Die Polizisten waren dann sehr nett und wünschten mir eine gute Heimfahrt, sie meinten, ich solle aber vorsichtig fahren. Etwa ein Jahr lang war ich bei verschiedenen Einsätzen zur Vermisstensuche dabei, einige Male tagsüber und einige Male nachts. Diese Einsätze verlaufen jedes Mal anders. Oft taucht die vermisste Person von selbst wieder auf und die Angehörigen haben die Polizei in ihrer Sorge zu früh gerufen. Oft wurde die Person nicht in diesem Suchgebiet gefunden und dann einige Tage später an einem anderen Ort, eventuell auch tot. Meistens erfuhren wir im Nachhinein den Ausgang, oftmals aber auch nicht. Einige Male erlebten wir eine erfolgreiche Suche, das heißt, die Person wurde lebend, verletzt oder nur leicht unterkühlt gefunden. In diesen Momenten vergisst man die Anstrengung und fühlt den Sinn dieser ehrenamtlichen Arbeit.

Nach einer Alarmierung am Tag wurde ich zu einer Suche um die Mittagszeit eingeteilt, es hatte circa 30 Grad. Mit dabei waren ein Helfer und zwei neue Mitglieder, die uns einfach begleiteten. Der Helfer hat die Aufgabe, nach Absprache mit dem Hundeführer die Orientierung und den Funk zu übernehmen. Gleich zu Beginn fuhr mich der Helfer an: „Da brauchst du den Hund nicht hinzuschicken." Ayla war in einem Gebüsch „auffällig" und so umrundete ich dieses zweimal. Ich wunderte mich, eigentlich soll der Helfer unterstützen. Was sollte das bedeuten? War er schlecht gelaunt? Am Ende der Suche forderte er mich dazu auf, meine Suche zu beurteilen. Ich wunderte mich wieder. War er jetzt ein Prüfer, ein Trainer, oder was wollte er? Oder wollte er sich vor den beiden Neuen „groß tun"? Er behauptete, mein Hund hätte nicht richtig gesucht und das Gebiet sei nicht vollständig abgesucht. Ich widersprach und wollte mich nicht auf einen Streit einlassen. Ich sagte: „Wenn du das so siehst, dann musst du das offiziell der Einsatzleitung mitteilen. Dann wird das Suchgebiet nicht freigegeben." Wir meldeten uns zurück und er sagte nichts, denn das Suchgebiet war vollständig abgesucht. Einige andere Hundeführer kamen ebenfalls erfolglos zurück. Nach etwa einer Stunde wurde ich gefragt, ob mein Hund noch eine zweite Suche aufnehmen könnte. Das ist ungewöhnlich, denn nach einer intensiven Suche von etwa einer Stunde ist der Hund erschöpft. Polizeihunde, die nach Drogen suchen, werden nach etwa 20 Minuten abgelöst, da die Nasenarbeit für Hunde sehr anstrengend ist. Ich machte mich für eine zweite Suche bereit, wieder mit dem gleichen Helfer. Diesmal erlebte ich ihn noch heftiger. Ich hatte noch nicht richtig begonnen, als er mich anschrie: „Hier wird seit zwei Tagen eine Person vermisst …" Ich wusste nicht, was er wollte. So sagte ich: „Schrei mich nicht so an!" Diese Suche verlief wieder unter großer Anspannung, und nach etwa einer Dreiviertelstunde – wir hatten das Suchgebiet noch nicht ganz zu Ende abgesucht – war mein Hund erschöpft. Es war mittags, circa 14:00 Uhr, und wir suchten bei 30 Grad Hitze.

Ich habe mehrere Pausen eingelegt und meine Ayla hat sicher drei Liter Wasser getrunken. Ich war unter meiner Einsatzjacke total nass geschwitzt. Wir meldeten uns bei der Einsatzleitung zurück und ich fuhr nach Hause. Mein Hund und auch ich hatten eine Höchstleistung erbracht, und dafür war ich beschimpft worden. Das wollte ich so nicht stehenlassen und versuchte das beim nächsten Training mit den Leitungen zu besprechen. Sie hörten mich und den Helfer an und sagten nichts dazu. Plötzlich zeigte der Helfer ein Video, auf dem zu sehen war, dass mein Hund hinter mir läuft. Diesen Ausschnitt von zwei Minuten Länge benutzte er, um zu zeigen, dass mein Hund nicht sucht. Wieder wurde das kommentarlos hingenommen. Dann sagte ein Trainer: „Niemand will dich hier raus mobben." Ich dachte, ich höre nicht recht, wo kam der Gedanke von Mobbing her? Zu diesem Zeitpunkt wusste ich noch nicht, dass man hinter meinem Rücken über mich geredet hatte. Ich war fertig und musste erkennen, dass hier kein klärendes Gespräch möglich war. Zu Hause formulierte ich meinen Austritt aus der Staffel. Ich begründete dies damit, dass ich mich nicht verleumden und beschimpfen lassen möchte. Ich setzte das für alle lesbar in die WhatsApp-Gruppe und bedankte mich dafür, dass ich und mein Hund viel haben lernen können. Daraufhin bekam ich von den Leitungen mehrere Mails, dass ich mir das noch einmal überlegen solle, ob es ein Schnellschuss gewesen sei. Man hatte keine Sensibilität für die Situation. Mein Eindruck war auch, dass es nur darum ging, dass der Staffel ein guter Suchhund fehlen würde. Eine diesbezügliche Aussage hatte ich im Ohr, sonst hatte es kein Wort der Anerkennung oder Unterstützung gegeben. Nach einigen Tagen bekam ich noch Rückmeldungen von einzelnen Staffelmitgliedern: „Ich bin geschockt" oder „Ich bin sprachlos." Ein einziger Kollege bedankte sich dafür, dass ich als Helferin mit ihm in Einsätzen gewesen war. Schade, ich hatte vier Jahre, Zeit, Energie, Geld und in gewisser Weise auch mein Herzblut in diese ehrenamtliche und so sinnvolle Arbeit gesteckt. Ich hätte mich gern gut verabschiedet, mit einem Essen und gegenseitiger Wertschätzung. Ich merkte aber auch Erleichterung, denn ich musste jetzt nicht mehr nachts auf Abruf sein. Sehr viele Jahre hätte ich das aufgrund meines Alters sowieso nicht mehr leisten können. Alles hat seine Zeit – und so, wie es ist, ist es gut.

Somit bin ich mit Kapitel 10 bei meinem letzten Sieben-Jahres-Abschnitt angelangt. Da ich jedoch seit vielen Jahrzehnten einen wichtigen Bezug zu meinen Tieren habe, möchte ich ihnen ein eigenes Kapitel widmen.

Im Training: die Ayla wird zur Suche einer vermissten Person angesetzt

Ayla als Welpe

Bestandene Prüfung als Rettungshund

Kapitel 11

Meine Tiere, treue Begleiter

Minni und Arco

Kurz nachdem ich mein abgelegenes Wochenendhaus bezogen hatte, wurde Minni, ein kleines, wildes Kätzchen,
das mir in mein Auto rein gesprungen war, eine treue Mit-
bewohnerin. Sie lebte immer da und wenn ich am Wochenende kam, so begrüßte sie mich, sprang mir auf den Schoß
und schnurrte. Da ich sehr oft hier war, in der Anfangszeit
sogar ein ganzes Jahr über hier wohnte, überlegte ich mir,
dass es gut wäre, wenn ein Hund mit uns leben würde, denn
ich saß oft abends vor dem Haus und genoss die Abend-
dämmerung und die Stille der Bäume rundum. So ging ich
in ein kleines Tierheim, schaute mir verschiedene Hunde
an und entschied mich dazu, Arco mitzunehmen. Er war
ein halbes Jahr alt, ein Schäfermischling und auf einem
Bauernhof groß geworden. Bevor ich ihn mitnahm, testete
ich ihn erst im Katzenhaus des Tierheimes darauf, wie er auf
Katzen reagierte, denn er musste ja mit meiner auskommen.
Zu Hause kackte er mir zuallererst auf die Terrasse, denn
er war weder stubenrein noch irgendwie erzogen. So hatte
ich anfangs einige Mühe, ihm etwas beizubringen. Hilfreich waren die Stunden in einer Hundeschule, das machte
uns so viel Spaß, dass ich das dann noch zu Hundesport aus-
weitete und jedes Wochenende am Hundeplatz verbrachte.
Meine Minni war vom neuen Hausbewohner nicht sehr
begeistert, sie verschwand erst einmal zwei Tage im Wald.
Nachts stellte ich ihr das Futter vor ein Fenster und ließ
dieses offen. Nach einigen Tagen traute sie sich durch das
hintere Fenster auf mein Bett zu hüpfen; dort versteckte sie
sich, damit Arco, der in der anderen Ecke schlief, sie nicht
bemerkte. Das erwies sich als sehr klug, denn nach einiger
Zeit wurde sie immer zutraulicher. Das Eis war zu dem Zeitpunkt gebrochen, als sie im Freien nicht mehr weg sprang. Sie
blieb plötzlich sitzen, und siehe da, der Hund, der ihr sonst

immer nach gesprungen war, blieb auch vor ihr sitzen und es begann eine Freundschaft. Da ich berufstätig und oft auch unterwegs war, nahm ich Arco einfach immer mit. Einmal hatte er Durchfall und ich musste bei einem Seminar auswärts alle zwei Stunden eine Pause machen, um den Hund aus dem Auto zu lassen. Es ging alles gut, denn Arco war sehr anpassungsfähig. Vielleicht war er mir auch dankbar, denn alles war besser, als im Tierheim zu leben. Das merkte ich, als ich wegen eines zweiwöchigen Urlaubs weg war. Ich dachte, es wäre nicht so schlimm, wenn Arco in dieser Zeit in der Pension des Tierheimes, das er ja kannte, bleiben würde. Als ich von meiner Motorradtour durch Kalifornien zurück war und gleich meinen Hund abholen wollte, sagte mir die Tierpflegerin: „Einen Arco haben wir nicht." Aber er musste ja hier sein, denn ich hatte ihn ja hierher gebracht, und so ging ich von Hundezelle zu Hundezelle. Plötzlich bellte es ganz heftig. Da ist er ja, mein Hund. Die Tierpflegerin meinte: „Das ist doch der Andi, so hieß er, als er bei uns war. Außerdem hat der Andi ja so schrecklich getrauert." Ich bekam gleich ein schlechtes Gewissen. Als wir im Büro noch eine andere Tierpflegerin trafen, sagte diese: „Der Andi war so einsam, dass er fast nicht gefressen hat." Ich dachte dann, so lange würde ich nicht mehr wegbleiben. Das habe ich auch bei all meinen späteren Hunden eingehalten. Ich mache auch heute nie länger als eine Woche Urlaub oder ich nehme den Hund mit. Zum Beispiel war ich mit Ayla vier Wochen am Meer in Portugal, das war für alle wunderbar.

Als Arco älter und auf einmal sehr wackelig auf den Beinen wurde, dachte ich, es könnte das Ende sein, ich wollte ihn auf keinen Fall leiden lassen. Als ich den Tierarzt aufsuchte, meinte dieser: „Der Hund hat noch so lebendige Augen, er ist noch nicht zum Einschläfern, er wird ihnen einmal liegen bleiben." Ich konnte mir das nicht so recht vorstellen, aber genau so kam es dann. Ich war in der Stadtwohnung und der Hund stand eines Morgens nicht mehr auf. Er musste doch aber sein „Geschäft" machen. Also legte ich ihm ein Handtuch als Schlaufe um den Bauch und trug ihn so nach draußen. Zum Glück war gleich neben der Haustüre ein kleiner, gepflegter Rasen. Eine Hundetüte hatte ich dabei, so war das kein Problem, und die Nachbarn hatten Verständnis. Zwei Tage mussten wir das noch so aushalten, dann konnte ich aufs Land fahren, denn er sollte in meinem Garten begraben werden. Als ich ihn am Samstagmorgen im Auto hatte – ein Nachbar half mir noch –, fuhr ich mit meinem Hund, der nicht mehr laufen konnte, bis vor meine Gartentüre. Dort legte ich ihn auf den Waldboden, ging ins Haus und rief den Tierarzt an. Er hatte versprochen, dass er, wenn es so weit sei, kommen würde.

Nach einigen Minuten sah ich, dass Arco plötzlich in meinem Haus auf der inneren Terrasse im Wintergarten lag. Ich war total gerührt. Er hat gespürt, dass es zu Ende geht und er wollte nicht alleine vor dem Garten liegen, sondern bei mir und auf seinem Platz, auf dem er sonst auch immer gelegen hatte. Mit seiner letzten Kraft schleppte er sich bis ins Haus, das waren circa 40 Meter bergauf und fünf Stufen, und dass, wo er die Tage zuvor keinen einzigen Meter mehr allein hatte gehen können. Ich war betroffen und traurig, legte ihm eine Decke unter und setzte mich neben ihn. Ich merkte, dass er litt. Er wollte auch kein Wasser mehr annehmen. Es dauerte bis Mittag, bis der Tierarzt kam. Arco wurde erlöst und das war gut so. Der Tierarzt half mir noch ihn in die Decke eingewickelt auf eine Schubkarre zu legen. Als er weg war, setzte ich mich wieder hin und ließ meinen Tränen freien Lauf. Es war so schmerzhaft, mein treuer Arco. Wenn ich mich jetzt, nach so vielen Jahren, daran erinnere, während ich das schreibe, stehen mir die Tränen wieder in den Augen. Ich begrub ihn im unteren Teil meines Gartens.

Nach ein paar Jahren kamen dann noch meine Minni, ein Hase von einem Freud und die Katze meiner Freundin dazu. So hatte ich einen kleinen Tierfriedhof. Ich pflanzte eine Eibe darauf, musste diese aber später wegen meiner Schäfchen in den Wald umpflanzen, da Eiben giftig sind. Heute steht die Voliere meiner Hühner darauf.

Für manche Menschen ist es nicht nachvollziehbar, dass man um einen Hund so trauern kann. Es ist möglich, zu Tieren eine starke Bindung zu haben. Das ist nicht rational zu erklären, die Beziehung zu Menschen ist anders, dennoch kann man eine tiefe Verbundenheit erfahren. Als ich mit meinem Tierarzt darüber redete, meinte er, er hätte zwei Jahre um seinen Hund getrauert. Auch bei dem Verlust eines Menschen weiß man, dass Hinterbliebene in den ersten zwei Jahren eine intensive Trauer erleben. Viele Monate danach dachte ich an keinen anderen Hund. Ich schätzte auch die Unabhängigkeit, ich konnte manches spontaner planen und musste nicht immer überlegen, wie ich das mit dem Hund organisiere.

Hugo und Bruno

Nach etwa eineinhalb Jahren sprach mich ein Imkerkollege an: „Du brauchst doch wieder einen Hund, ich wüsste einen, der zu dir passt und dringend vermittelt werden müsste." Ich lehnte erst ab. Er sprach mich dann mehrmals an: „Du könntest ihn dir einfach mal ansehen." Ja, das konnte ich schon. Also nahm er mich zu der Familie mit. Es war ein großer Berner-Sennen-Rüde, das war eigentlich nicht meine Vorstellung. Ich erfuhr nun auch, warum der Hund so dringend vermittelt werden musste. Die Frau, sie war die Tochter des

Imkers, zog aus und konnte den Hund weder mitnehmen noch anderweitig vermitteln. Er war ein Scheidungshund, der ins Tierheim gebracht würde. Ich vereinbarte, dass ich den Hund ein Wochenende mitnähme, um zu sehen, wie er mit meiner Katze und wie ich mit ihm zurechtkommen würde. Am Sonntagabend wollte ich ihn wiederbringen, und falls ich ihn dann ganz nähme, so erst eine Woche später, da ich in der kommenden Woche wegfahren musste. Das Wochenende mit Hugo, so nannte ich ihn, verlief total entspannt. Zu Hause schaute er auf der Terrasse von außen durch meine Glasscheiben und von innen schaute Minni heraus. Beide waren neugierig, das war alles. Im Wald lief er ohne Leine, ich musste keine Angst haben, dass er den Rehen nach springt. Er war so ein braver Hund, er muss wohl gemerkt haben, worum es geht.

Am Freitag fuhr ich in die Einfahrt des Hauses der Familie und ließ die hintere Tür vom Auto offen. Ich klingelte an der Haustüre. In dem Moment, als die Frau die Türe noch nicht ganz offen hatte, sprang Hugo blitzschnell heraus, in mein Auto und drin war er. Er und ich wussten, das ist die richtige Entscheidung. Ich fragte dann noch die beiden Kinder, ob sie mal ihren Hund bei mir besuchen wollten. Sie verneinten und verabschiedeten sich von ihm auch nicht. Ich dachte, sehr glücklich war der Hund bei dieser Familie wahrscheinlich nicht. In den folgenden Tagen bemerkte ich, dass Hugo ganz schlecht laufen konnte. Hatte er Hüftprobleme? Er war erst eineinhalb Jahre alt. Nein, er hatte fast keine Muskeln. Sie sind also kaum mit ihm spazieren gegangen. So ein großer Hund muss täglich mehrere Kilometer laufen, sonst können die Knochen den schweren Körper – Hugo wog immerhin 50 Kilogramm – nicht tragen, das erklärte mir mein Tierarzt. Ich wusste, was zu tun war. Jeden Tag mehrere Kilometer laufen, und das steigernd. Ich besuchte auch wieder einen Hundeverein, so hatten wir Training mit anderen Hunden. Wir hatten viel Spaß, Hugo blühte auf und war ein sehr hübscher Hund mit langer, weißer Bartmähne. Er bekam viel Anerkennung von anderen. Ich liebte meinen Hugo und die langen, gemütlichen Spaziergänge mit ihm. Als er etwa vier Jahre alt war, fiel mir auf, dass er immer nur hinter mir lief, und ich schubste ihn einige Male nach vorn. „Sei nicht so faul und laufe." Als ich erfuhr, was der Grund war, tat es mir leid, denn eines Tages stieß er mit dem Kopf an den Baum, an dem er sein Bein heben wollte. Ich fuhr umgehend zum Tierarzt. Hugo sah nichts mehr. Das waren die Symptome einer Bauchspeicheldrüsenerkrankung. Der Tierarzt machte mir wenig Hoffnung, man konnte die Symptome behandeln, aber nicht die Grunderkrankung. Das war ein harter Schlag, Hugo war jetzt gerade mal zweieinhalb Jahre bei mir und wir hatten so eine gute Bindung aufgebaut. Ich musste ihm täglich eine Cortison-Tablette geben. Sein Zustand besserte sich, er sah wieder und lief besser. Mir war bewusst, es war eine Frage der Zeit. Als ich dann wieder einmal in der Stadtwohnung war, verweigerte er das Essen. Auch die besten Leckerbissen nützten nichts, er drehte nur den Kopf und nahm nichts mehr an, auch die Tablette nicht. Ich wusste, er hatte sich zum Sterben entschieden. Da ich in den nächsten Tagen dienstlich so eingebunden war, dass ich nicht mit ihm aufs Land zu unserem Tierarzt fahren konnte, blieb mir nichts anderes übrig, als in der Stadt einen fremden Tierarzt anzurufen und ihn zu bitten, meinen Hund einzuschläfern. Dieser meinte, er schläfert keinen Hund ein, den er nicht kennt. Das sprach für ihn, aber es gab keine andere Lösung, und so erklärte ich ihm die Umstände. Es sagte, ich solle mit dem Hund kommen, dann werde er das entscheiden. Ich war ihm dankbar. Mit letzter Not kam Hugo über den Hintereingang, der keine Treppen hatte, in die Praxis. Der Tierarzt erkannte die Situation und bereitete alles zum Einschläfern vor. Ich sah in die sterbenden Augen meines Hugos und plötzlich konnte ich nicht mehr. Bis zu diesem Zeitpunkt hatte ich mit höchster Konzentration durchgehalten. Ich musste mich auf einen Stuhl setzen, mir liefen die Tränen so über das Gesicht, dass ich nichts mehr sehen konnte. Die Sprechstundenhilfe hatte Verständnis und sagte: „Bleiben Sie sitzen, wir machen alles." Nach einer Weile im Wartezimmer war ich so weit fähig, die Dinge zu regeln. Ich konnte den toten Hund ja nicht mitnehmen, und so nahm ich die Vorschläge an und stimmte einer Verbrennung mit anschließender Seebestattung zu.

Jetzt war ich wieder länger als ein Jahr ohne Hund. Oft wenn ich auf der Straße jemandem mit einem Berner-Sennen-Hund begegnete, klopfte mein Herz und ich hatte Mühe den Besitzer nicht anzusprechen. Ich dachte mir, so ein Hund muss es wieder sein. So begann ich mich allmählich wieder für einen Hund zu interessieren. In den verschiedenen Tierheimen waren nie solche Hunde anzutreffen und zu einem Züchter wollte ich nicht gehen. Es gibt so viele verlassene Tiere in den Tierheimen, da muss man nicht die Züchtung fördern. Eines Tages rief mich eine Frau an, die meinte, sie hätte gehört, dass in einem sehr großen Tierheim ein Berner-Sennen-Hund abgegeben worden war. Sofort rief ich dort an. „Ja, Sie können den Hund ansehen, Sie müssen aber Ihren Mann mitbringen." Weder hatte ich einen Mann noch Schwierigkeiten mit großen Hunden. Also vereinbarte ich gleich für den nächsten Tag einen Termin, um mir den Hund anzusehen. Als ich kam, musste ich erst einmal lange warten. Dann kam ein Tierpfleger und nahm mich mit. Wir gingen in einem langen Gang an mehreren Hundezwingern mit großen Hunden entlang. Diese stießen mit lautem Gebrüll an die Gitter, mir wurde ganz unheimlich zumute. Der Hund war im letzten

Zwinger. Als wir kurz davor waren – so schnell konnte ich gar nicht schauen –, stieß mich der Tierpfleger in den vorletzten leeren Zwinger und schloss schnell ab. Im vorderen Teil war ein gefährlicher Hund ausgekommen, diese Maßnahme war zu meinem Schutz geschehen. Nun saß ich in einem Hundezwinger. „Das fängt ja gut an", dachte ich mir. Als die Gefahr vorüber war, holte er mich wieder heraus und schloss den Zwinger mit vielleicht meinem neuen Hund auf. Dieser sprang erst mal hoch und zog so stark an der Leine, dass der Tierpfleger ihn fast nicht halten konnte. Ich wusste, warum ich einen Mann hätte mitbringen sollen. Wir gingen nach draußen, denn ich wollte den Hund ja nicht nur ansehen. Der Hund zog immer noch ganz schrecklich an der Leine. Das gefiel mir nicht. Ich sagte zu dem Tierpfleger: „Geben Sie ihn mir mal." Er schaute etwas verdutzt, gab mir jedoch die Leine. Ich sagte in einem strengen Ton „Sitz" und der Hund setzte sich hin. Ich meinte zum Tierpfleger: „Sie können jetzt zurückgehen, der Hund wird mir folgen." So war es auch, nachdem ich mehrere Kommandos gegeben hatte, hatte ich erkannt, dass der Hund erzogen war. Er war nur seit vier Wochen in diesem Zwinger eingesperrt, wie sollte er da keinen Bewegungsdrang haben. Ich erinnere mich gut, es war ein Winter mit viel Schnee in dem angrenzenden Waldstück. Ich ging mit meinem zukünftigen Hund, der immer noch voller Bewegungsdrang war und mich teilweise hinter sich her zog, was ich aber verstand und gut einschätzen konnte, dorthin. Zurück im Tierheim – sie warteten bereits, weil ich so lange unterwegs gewesen war – sagte ich: „Diesen Hund nehme ich mit." Sie meinten, das ginge aber nicht so schnell, ich müsse erst einige Male kommen und mit ihm Gassi gehen. Gut, ich vereinbarte gleich den nächsten Termin und ließ mir das Versprechen geben, dass er für mich reserviert wurde. Beim nächsten Besuch nahm ich meine Freundin mit, die sich gut mit Hunden auskannte. Sie meinte: „Das ist ein besonderer Hund, den kannst du nehmen." Als ich ihn dann endgültig abholen konnte, saß ich in dem offenen Büro, bekam die Unterlagen, bezahlte und unterschrieb alles. Währenddessen holte eine Tierpflegerin Bruno, so würde er heißen. Als dieser mich von weitem sah, sprang er los und mir auf den Schoß, was ja nicht ging, denn er war viel zu groß und er riss mich beinahe vom Stuhl. Wir beide wussten, das würde gut werden. Der Hund war vorher bei einer Familie gewesen und ist wahrscheinlich auch gut behandelt worden. Als er vier Jahre alt war, wurde er abgegeben, angeblich wegen einer Krankheit in der Familie, mehr Information bekam ich nicht. Jedenfalls gewöhnte er sich bei mir gut ein, vertrug sich mit der Katze und ich freute mich, wieder lange, entspannende Spaziergänge mit meinem Hund machen zu können. Einige Male musste ich für ein paar Tage wegfahren, ich fand für diese Zeit eine gute Hundepension und so war das auch kein Problem. Als ich ihn einmal nach nur drei Tagen wieder abholte, kam er stürmisch in das Büro der Hundepension, und plötzlich sah ich eine große Urin-Pfütze. Mir war das ganz peinlich, aber der Herr meinte, das sei die freudige Aufregung, das komme öfter vor und sei nicht schlimm. Die Zeit verging schnell und nach nur zwei Jahren hatte Bruno eines Tages plötzlich gelbe Augen. Ich wusste, das ist kein gutes Zeichen, denn das deutet auf eine Lebererkrankung hin. Leider ist er dann in einer Tierklinik verstorben, ausgerechnet an dem Wochenende, an dem ich in Peking einen Vortrag halten musste. Wieder überkam mich eine heftige und lange Trauer über den Verlust eines so treuen Tieres.

Karlino und Ayla

Mittlerweile war meine Minni 20 Jahre alt, das ist ein hohes Alter für eine Katze, und ich musste mich darauf einstellen, dass ich sie auch bald verlieren würde. Es würde aber nicht so unerwartet wie bei meinen beiden letzten Hunden sein, ich konnte den natürlichen Alterungsprozess erleben und hatte nur Sorge, den richtigen Zeitpunkt zum Einschläfern nicht zu finden. Meine Trauer wegen des Abschiednehmens zog sich einige Zeit hin und irgendwann war es dann so weit. Ich begrub Minni in meinem Garten. Nun hatte ich kein lebendes Wesen in meinem Haus mehr, nur noch meine Bienenvölker im Bienenhaus im Garten. Darüber berichte ich zu einem anderen Zeitpunkt. Doch es gab noch Tiere auf dem Dachboden, ich wusste lange nicht, was oder wer da nachts so oft knabberte, raschelte und herumsprang. Lange Zeit dachte ich, es sei ein Marder. Nachdem ich eine Lebendfalle aufgestellt hatte und die Leckerbissen morgens immer weg waren, konnte es kein so großes Tier sein. Später wusste ich es dann, denn die neue Katze hatte einen Siebenschläfer ins Haus gebracht. Dieses niedliche Tierchen sieht ähnlich wie ein Eichhörnchen aus. Es saß auf meiner Gardinenstange und blieb da einfach. Ich musste die Katze wegsperren und die ganze Nacht über das Fenster offen lassen. Am nächsten Morgen saß es immer noch da. Tagsüber ist es dann irgendwann aus dem Fenster entwischt. Die Siebenschläfer stehen unter Naturschutz und so lebe ich nun schon seit vielen Jahren mit ihnen. Nach mehreren Monaten ohne Katze mieteten sich die Waldmäuse in mein Haus ein. Das war nicht gut, also ging in wieder einmal ins Tierheim und holte mir ein kleines Kätzchen. Dieses war so scheu, dass es sich die erste Nacht so gut versteckte, dass ich es nicht fand. Allmählich gewöhnte es sich bei mir ein und ließ es sich dann gut gehen. Es wusste noch nicht, dass bald die Ruhe dahin sein würde, denn als es etwa ein Jahr alt war, zog ein energiegeladener, junger Schäferhund bei uns ein.

Die Eltern eines Freundes hatten wieder eine junge Schäferhündin von der Züchterin geholt. Nach zwei Wochen schüttete diese Hündin, die aus einer Hochleistungszucht stammte, unerwartet sieben Welpen. Die Züchterin sagte, das könne nicht sein, aber es war ja nicht zu übersehen. Der Freund meinte, ich bräuchte wieder einen Hund und so ein Welpe wäre gut, ich könne ihn erziehen, wie ich wollte, ein Schäferhund sei außerdem intelligent, lernfähig und das Beste für mich zum Schutz in meinem Waldhaus. Ich ließ mich vorerst nur dazu überreden, dieses junge, niedliche Hündchen anzusehen. Ehe ich mich versah, hatte ich ein kleines Wollknäuel in meinem Haus. Ich badete es zuerst im Bidet, denn es roch etwas. Meine Katze, ein kleiner Karlino, war gerade ein Jahr alt und erst schockiert und beleidigt. Er blieb den ganzen Tag über im Inneren des Hauses. Ich schloss die Türe zum äußeren Teil meines Hauses, das war der Wintergarten, der durch eine Stufe getrennt war, und richtete den Platz für den neuen Hund ein. Am nächsten Tag setzte sich Karlino auf die Stufe und beobachtete das kleine Hündchen. Er ließ es nicht aus den Augen und traute sich nicht, sich zu bewegen. Nach einigen Stunden entschied die Katze, dieses Tier zu vertreiben und startete eine Attacke nach der anderen. Ich musste meinen Hund etwas schützen, denn er war inzwischen ganz verschreckt. Aus beider Perspektive war das Ungeheuer am nächsten Tag immer noch da. Also musste man sich arrangieren. So näherten sie sich allmählich einander an und es dauerte nicht lange, bis sie miteinander spielten. Inzwischen war meine kleine Ayla so mutig geworden, dass sie den ganzen Kopf von Karlino in ihrem Maul hatte. Als ich das zum ersten Mal sah, war ich ganz entsetzt, aber es passierte nichts. Es war ein Spiel. Ich traute dem nicht und wollte meinen Hund dazu erziehen, dass er das lässt. Aber das klappte nicht. In Birgit fand ich eine hervorragende Hundetrainerin, sie meinte, ich solle das lassen, denn damit würde Ayla die Beißhemmung üben, und so war es auch. Auch heute ist noch oft der ganze Kopf der Katze im Maul meines Hundes und es ist nie etwas passiert. Die Katze springt auf den Kopf des Hundes, beißt ihm in die Kehle und es passiert nichts. Es ist ein Spiel.

Nun hatte ich eine energiegeladene, junge Schäferhündin. Diese gut zu erziehen war eine Herausforderung. Das kostete mich viel Mühe und Geduld, denn zum einen bin ich oft sehr ungeduldig und zum anderen hatte ich durch die Erfahrungen mit meinen beiden gemütlichen Berner-Sennen-Hunden eine Vorstellung, die zu dem jetzigen Hund nicht mehr passte. Kein Spaziergang war mehr entspannt, ständig hieß es nur üben, arbeiten, lernen, aufpassen, kontrollieren. Birgit begleitete uns oft, um mir beizubringen, wie man den Hund verstehen kann. Ich bewunderte sie für ihre ausgeprägte Wahrnehmung für die Kommunikation des Hundes sehr. So meinte sie zum Beispiel: „Wenn du das mit deiner Stimme und deiner Körperhaltung so ausdrückst, dann nimmt dich dein Hund nicht ernst." So war es auch. Ich hätte nie gedacht, dass das so anspruchsvoll sein kann. Wahrscheinlich auch, weil Ayla eigentlich eine Rudelführerin war, aber jetzt sollte ich die Funktion einer Rudelführerin einzunehmen erlernen, und das war verdammt schwer. Letztlich führten die Anstrengung und das Durchhaltevermögen zum Erfolg. Wir schafften die Begleithundeprüfung mit Bravour und hatten mit den anderen Hunden am Hundeplatz viel Spaß. Die Trainerinnen waren wertschätzend und ich bekam oft Anerkennung für meine hübsche und leistungsfähige Hündin. Sie war immerhin noch zu anderem fähig, als nur am Hundeplatz zu spielen. Einige Impulse blieben bei mir hängen und so suchte ich im Internet nach einer Ausbildung, welche ich noch weiter aufnehmen könnte. So entschied ich mich dazu, mit Ayla eine Rettungshundeausbildung zu beginnen.

Mittlerweile war mein Karlino ein guter Mäusefänger. Ab und zu legte er mir eine Maus als Geschenk vor die Füße, worüber ich nicht sehr erfreut war. Eines Abends bemerkte ich eine Maus unter dem Bücherregal. Es war schon spät und ich hatte keine Lust das Regal weg zu schieben, so ging ich ins Bett. Nachts wachte ich auf, weil mich etwas in meinen Haaren kitzelte. Ich knipste das Licht an und sah die Maus, die unter dem Bett verschwand, gerade noch. Meine Katze, die auf einer Decke zu meinen Füßen lag, gähnte und blieb faul liegen. Nachdem ich wieder eingeschlafen war, kitzelte es mich sanft am Rücken. Wieder fuhr ich hoch und sah die Maus unter der Bettdecke verschwinden. Mit geübter Mäusefang-Technik sprang ich aus dem Bett, zog mir eine Socke über die Hand und fing die Maus. Durchs Fenster erhielt sie ihre Freiheit wieder. Mäuse haben auch unterschiedliche Charaktere. Einige beobachtete ich dabei, wie sie sich mutig der Katze entgegenstellten. Andere retteten ihr Leben, indem sie blitzschnell verschwanden. Wieder andere sind vor Schreck lahm, resignieren und sind dann bald tot.

Molli und Dolli

Etwa zu dieser Zeit gab mir Michl, der immer meinen Rasen mähte, was viel Arbeit war, einen guten Rat. Er meinte, ich solle mir einen „lebenden Rasenmäher" zulegen. Wie sollte ich das verstehen? Er erzählte mir, er ginge am Wochenende bei einem Bauern Schafe besichtigen. Ich sollte mitkommen. So schauten wir uns eine große Herde mit lauter niedlichen

Kamerunschäfchen an. Diese Art kommt ursprünglich aus Afrika. Sie wurden in der Kolonialzeit von großen Zoos wie Hagenbeck in Hamburg als „Lebendfutter" für Löwen und Tiger mitgenommen. Einige überlebten und wurden dann bis heute gezüchtet. Das Ergebnis der Besichtigung war: Michl hatte zu wenig Platz für die Schafe und ich das geeignete Grundstück für wenigstens zwei von ihnen. Ich sagte leichtfertig: „Wenn ihr mir einen Schafstall baut, nehme ich zwei Schafe." Das taten sie umgehend und so brachte der Bauer mir zwei Wochen später zwei Schäfchen. Ich kaufte mir erst einmal ein Buch über Kamerunschafe, denn ich hatte keine Ahnung, wie man diese versorgt. Heu und Stroh hatte ich bereits besorgt, aber sie sollten ja das Gras fressen. Als ich am nächsten Morgen die Schäfchen aus dem Stall ließ, hüpften sie fröhlich kreuz und quer durch meinen Garten, das war sehr niedlich. Aber als es Abend wurde, dachten sie nicht daran, in den Stall zu gehen. Wie brachte ich diese jungen, blitzschnellen Schäfchen in den Stall? Wenigsten eine Stunde versuchte ich das mit allen Mitteln. Dann kam ich auf die Idee, den Strick wie ein Lasso zu werfen. Nach vielen Versuchen gelang es mir dann doch, eines damit zu fangen und es in den Stall zu bugsieren. Das im Garten zurückgebliebene zweite Schäfchen blökte dann so heftig vor der Stalltüre, dass es, um nicht allein zu sein, freiwillig hineinging. Diese Prozedur musste ich dann mehrere Abende wiederholen, bis sie allmählich wussten, wo die Nacht zu verbringen ist. Nach einiger Zeit merkte ich, dass Molli sich gut entwickelte und immer größer und molliger wurde, aber Dolli blieb klein und schwach und atmete stets kurz und heftig, was sich nicht gut anhörte. So kam der Tierarzt. Er konnte nichts auf der Lunge feststellen, ich sollte, falls es doch eine Lungenentzündung war, mehrmals Antibiotika spritzen. Wie sollte ich das können? Ein mir bekannter Imker, der auch Schäfer war, besuchte mich und brachte mir das bei. Man muss das Schaf von hinten zu sich auf den Schoß ziehen, sehr schnell natürlich, und mit der linken Hand den Oberkörper umfassen, sodass es nicht mehr auskommt, dann bleibt es auch ruhig liegen. Mit der rechten Hand kann man dann zum Beispiel das Schaf scheren, so machen das auch die professionellen Schäfer. Nach einigen Versuchen hatte ich wieder was Neues gelernt. Ein Medikament spritzen konnte ich ja. Ich musste nur die Spritze so vorbereiten, dass ich sie mit einer Hand verabreichen konnte. Leider half das nichts und Dolli atmete weiterhin sehr schwer. Ich fragte dann die Bauersfrau, wie sich denn die anderen Schafe aus diesem Wurf entwickelten. Sie sagte, dass einige bereits tot waren. Wie kam das? Sie meinte: „Wir hätten halt den Bock längst wechseln sollen." Jetzt wurde mir das klar. Ich hatte ein Inzuchtschäfchen, das nicht sehr lange leben würde. Es tat mir so leid, denn gerade Dolli war so zutraulich und lief mir oft hinterher und bettelte um ein Leckerli. Eine große Sorge für mich war, wie das sein würde, wenn sie stirbt, denn ein Schaf allein kann man nicht halten. Schafe sind Herdentiere, das merkte ich auch, denn sobald ein Schaf das andere nicht mehr sah, weil es sich irgendwo im Garten verlaufen hatte, blökte das andere, bis es seine Kameradin wieder sah. Ich sprach mit dem Bauern ab, dass er, wenn das eine gestorben war, das andere gleich abholt und in die Herde zurückbringt. Das gelingt nicht immer, denn ein fremdes Tier wird oft von einer Herde nicht mehr angenommen. Vorerst aber fühlten sich beide in meinem großen Garten wohl, sie fraßen das Gras, jedoch auch alles andere. Im Winter standen sie vor meinen Terrassenfenstern und meinten, die Yuccapalme wäre zum Anknabbern. Das sah immer sehr lustig aus. Als dann im Frühjahr der Schnee weg geschmolzen war, sah ich die Mistbescherung. So ging das nicht. Ich kaufte einen Schafzaun und durchzog in mühevoller Arbeit fast einen ganzen

Tag lang das gesamte Grundstück damit. Kaum war ich fertig, verhedderte sich ein Schaf in dem Zaun, es geriet mit dem Kopf in eine Masche. Als es ihn zurückziehen wollte, kam es in die nächste Masche und konnte sich nicht mehr alleine befreien. Zum Glück habe ich es gleich gesehen und konnte es mit einiger Not wieder herausziehen. Sofort musste ich den Zaun abbauen. Ich bestellte in den nächsten Tagen Handwerker, die mir einen festen Drahtzaun anbrachten. Welch eine teure Angelegenheit wegen zwei Schafen, aber es ging nicht anders, denn meine Terrasse, meine Blumen und meine Sträucher sollten geschützt sein.

Einmal sind beide durch ein Loch im Außenzaun entwischt. Ich sah sie noch den Wald hoch wandern, dann waren sie weg. Ich suchte den ganzen Tag, sogar bis zum mehreren Kilometer weit entfernten nächsten Dorf ging ich, um Bescheid zu sagen, falls dort Schafe auftauchten. Ich ließ die Gartentür offen und stellte einen Korb Heu davor. Sie kamen nicht. Ich dachte an eine Frau und ihre zwei Esel, die in den Wald gelaufen und nicht mehr einzufangen gewesen waren. Sie waren erschossen worden. Am Abend, es dämmerte bereits, saß ich resigniert auf meiner Terrasse, plötzlich kamen meine beiden Schäfchen durch die Gartentür gelaufen und hinterher ein Mann mit seinen zwei Kindern. Sie erzählten, sie seien in ihrem Hof gestanden und sie hätten sie mühsam und strategisch durch das ganze Dorf zu mir herauf getrieben. Wie dankbar ich war.

Sie waren circa drei Jahre alt, als meine junge Schäferhündin Ayla zu uns kam. Sie meinte, das seien zwei lebensfrohe Spielgefährten und sprang munter auf sie los. Molli „spielte" einige Zeit mit und beide rannten um den Schafstall. Dolli mit ihrer Atemnot blieb nach einigen Sprüngen erschöpft stehen und wunderte sich, dass nichts passierte, denn Ayla blieb auch stehen. Zwischendurch „boxte" Dolli auf Ayla los, dann sprang der junge Hund erschrocken

zur Seite. So ging das hin und her, es war lustig anzusehen. Wenn Besuch kam, so wurde bewundert, gestreichelt
und fotografiert. Manchmal kamen Kinder aus dem Dorf,
um die Schafe zu sehen, oder jemand brachte mir trockenes
Brot für sie. Es wurde nie langweilig. Allmählich merkte
ich, dass die Atemnot von Dolli immer stärker wurde, und
eines Tages ging sie nicht mehr aus dem Stall. Am nächsten
Tag blieb sie liegen und ich wusste, es würde zu Ende gehen. Ich rief den Bauern an, damit er sich darauf vorbereiten konnte, Molli abzuholen. Er kam am nächsten Tag am
Nachmittag. Es ging ganz einfach, sie ließ sich den Strick
um den Hals binden, der Mann zog vorne, die Frau schob
hinten etwas und ich ging nebenher. Die dicke Molli, die
sonst so störrisch war und sich nicht anfassen ließ, ging den
langen Weg meinen Berg hinab, als wüsste sie, dass das jetzt
so sein muss. Der Zeitpunkt war genau richtig. Dolli war
schon so weit weg, dass sie die Trennung von Molli nicht
mehr mitbekam. Sie lag schwer atmend flach im Stall. Ich
hatte nicht den Eindruck, dass sie leidet, denn sonst hätte ich den Tierarzt angerufen. Es war ein natürlicher Ster-
beprozess, in dem ich dieses Schäfchen begleitete. Ich saß
während des ganzen Abends neben ihr und bot Wasser an,
aber sie nahm nichts mehr. Dann schob ich ihr Stroh unter
den tief liegenden Kopf, das wollte sie auch nicht, und sie
bewegte sich weg, so wie es für sie am besten war. Ich saß
lange dabei wie in meiner Meditation. Nachts schaute ich
einige Male zu ihr und ging dann spät ins Bett. Ich wusste,
sie würde in den nächsten Stunden sterben. Morgens war
sie dann tot. Als ich sie von der Tierkörperverwertung abholen lassen wollte, stellte ich fest, dass ich keine Marke hatte. Jedes Nutztier muss bei uns gemeldet sein und bekommt
dann eine Tiermarke beziehungsweise eine Nummer. Das
hatte ich versäumt. So musste ich meine Dolli einfach im
Wald begraben.

Frieda und Co.

Der Schafstall blieb einige Zeit leer. Ich konnte mich nicht dazu entscheiden, mir nochmals Schafe zu holen. Dann kam die Entwicklung anders. Eine Freundin schwärmte von einer besonderen Rasse von Hühnern. Sie versprach, falls sie Küken hätte, würde ich welche bekommen. So funktionierte ich meinen Schafstall zu einem Hühnerstall um. Der Bekannte, der mir die Voliere anbaute, meinte, es wäre schade, wenn diese Immobilie weiterhin leer stehen würde. So entstand ein erstklassiger Hühnerstall mit komfortablen Sitzstangen, Kackschalen, einer Leiter, Legenestern und was so eine Hühnerfamilie noch so alles braucht. Leider wurde aus den Küken nichts. Da ich nun jedoch alles bereit hatte, holte ich mir aus einer Sundheimer Züchtung vier Hennen und einen Hahn. Ich baute noch eine große Netzüberdachung, denn die Hühner sollten viel Freiheit haben. Da ich im Wald wohnte, war die Gefahr, die von Greifvögel ausging, sehr groß. Und prompt, bereits nach einer Woche, holte sich der Habicht eine Henne. Das Netz hatte nur eine kleine Lücke, und genau da ist er durchgeflogen. Daraufhin habe ich das Netz überall nochmals verengt, damit keine Lücke breiter als zehn Zentimeter vorhanden war. Meine Hühner sollten jedoch den ganzen Garten zur Verfügung haben, so ließ ich sie oft überall herumpicken. Sie wanderten immer alle gemeinsam von einer Ecke in die andere und nahmen das große Grundstück von 1500 Quadratmetern voll in Anspruch. Das waren glückliche Hühner. Eine Woche später, ich war eben mal für zehn Minuten aus dem Garten gegangen, musste das zweite Huhn an den Habicht glauben. Es stellte sich heraus, dass es ein Hahn war. Wie ich bemerkte, hatte ich aus Versehen statt einen drei Hähne vom Züchter bekommen. Nun hatte ich noch zwei Hähne und eine Henne. Das stimmte ganz und gar nicht mehr. So holte ich mir von einem nahe gelegenen

Geflügelhof zwei ganz normale Hybrid-Hühner, zwei flotte, braune Legehennen. Eine legte mir bereits beim Abholen ein Ei in den Karton, wahrscheinlich vor lauter Aufregung. „Der zweite Hahn muss in den Suppentopf", meinte der Züchter, denn man kann in einer so kleinen Schar nur einen Hahn halten. Das wäre fast ein Problem gewesen, jedoch gab es bei nüchterner Betrachtung keine andere Wahl. Natur ist Natur, und so wanderte der Hahn in die Bratpfanne. Nicht in meine, sondern in die einer Freundin, die eine gute Köchin ist und mich zum Essen einlud. Das Köpfen und Rupfen erledigte ein befreundetes Ehepaar aus dem Dorf, das darin Experte war. So hatte alles seine natürliche Richtigkeit. Man braucht nur die richtigen Freunde. Der Züchter brachte mir dann noch zwei Nachzügler-Hennen, die etwas zerrupfte Schwänze hatten, aber inzwischen sehen sie auch wieder gut aus und legen bereits kleine, helle Eier. Frieda und Ida legen mir fast täglich zwei große, braune Eier. Diese braunen, einfachen Hennen machen mir viel Freude, sie laufen mir stets hinterher und wissen, in welcher Jackentasche ich die Leckerlis für den Hund habe. Sobald ich mich im Garten hinsetze oder in den Liegestuhl lege, hüpfen sie mir auf den Schoß. So niedlich wie ich das erlebe, so erschüttert denke ich oft an diese Massentierhaltung. Dort werden mehrere Tausend Hühner auf engstem Raum gehalten. Das ist dann immer noch Bodenhaltung, von Käfighaltung ganz zu schweigen. Hühner sind intelligente Tiere, sie haben einen großen Bewegungsdrang, ständig scharren und picken sie. Welches Unrecht man unseren Mitgeschöpfen oft antut. Nun habe ich meine Schar von fünf Hennen und einem Hahn schon fast ein Jahr, sie haben alle einen Namen und sind ganz unterschiedlich im Charakter, Ida ist zum Beispiel eine kleine Ausreißerin. Manchmal, wenn ich nach Hause komme, wandert sie ganz alleine gemütlich im Garten umher, nicht ahnend, dass über ihr der Habicht kreisen könnte. Sie ist dann wieder einmal durch die kleinste Lücke im Zaun geschlüpft. Mit meinen Hühnern habe ich viel Freude, mir ist nie langweilig, und wenn Besuch kommt, so habe ich neben Honig auch noch Eier zum Verschenken.

Bienen

Kurz nachdem ich in mein Wochenendhaus eingezogen war, kam ein Mann von meiner Gartentüre aus gerade auf meine Haustüre auf mich zu. Kurz vor mir ging er im rechten Winkel auf meine obere Trasse und schaute auf das Grundstück hinunter. Er drehte mir den Rücken zu und wollte wieder gehen. Ich rief ihm hinterher: „Wer sind Sie und was wollen Sie?" „Ich wollte nur schauen, ob die Bienen noch hier sind." Dann war er weg. Ich weiß bis heute nicht, wer das war und was er wollte, denn Bienenstöcke hatten auf meinem Grundstück nie gestanden, das hätten mir die älteren Leute aus dem Dorf erzählt. Damit hatte ich aber im Kopf, dass hier gut Bienenstöcke stehen könnten. Wenn man sich für ein Thema interessiert und offen dafür ist, so nimmt man Informationen dazu wahr, die man vorher nicht wahrgenommen hat. Ich las in der Zeitung vom Beginn eines Imkerkurses. Sofort meldete ich mich an. Dieser umfasste mit Theorie und Praxis drei Wochenenden. Als Werbung bot dieser Imkerverein, der seinen Sitz in der Stadt hatte, eine Mitgliedschaft an, mit der man ein Bienenvolk geschenkt bekommen würde. Also wurde ich Mitglied und hatte tatsächlich einige Zeit später ein Bienenvolk im Garten stehen. Nun wusste ich aber nicht, was da alles zu tun ist, denn die Imkerei kann man nicht in ein paar Theoriestunden erlernen. Wenn ich eine Wabe herauszog, konnte ich nicht unterscheiden, ob es eine Honig-, Brut-, Drohnenwabe oder sonst etwas war. Ich stand mit meinem Bienenvolk völlig hilflos da. Heute gibt es ein- bis zweijährige Probeimkerangebote mit umfassender Begleitung durch Imkerpaten. Bei einem Spaziergang mit meinem Hund entdeckte ich am Waldrand drei Bienenkästen. Ich dachte, hier muss ein Imker zu finden sein. Ich hatte Glück, denn einige Tage später sah ich ihn und sprach ihn an. „Ich bin der Adolf, du kannst zu unserem Stammtisch kommen." Er war sehr hilfsbereit und ging umgehend zu meinem Bienenstock, um nachzuschauen und zu richten, was gerade notwendig war. Das war eine gute Fügung. Die ersten Besuche beim Stammtisch waren eine Herausforderung für mich. Ich fand mich als einzige Frau unter älteren Herren. Sie bemühten sich sehr mir was zu erklären, aber ich verstand weder ihren Dialekt noch etwas von den Inhalten. Ich dachte mir: „Was mache ich hier? Wie kann ich diesen Abend überstehen? Einen nächsten wird es nicht mehr geben." Trotz alledem, ich musste ja mit meinen Bienen zurechtkommen, und so ging ich regelmäßig zum Stammtisch und erlernte nach und nach die Imkerei. Die ausnahmslos älteren Imker waren alle sehr nett. Ab und zu kam einer, nachdem er im Wald herumgesucht hatte, bis er mein Grundstück fand. Dann sagte er: „Der Adolf schickt mich, ich soll nach deinen Bienen schauen." Er zog die Waben, erklärte mir, was zu dieser Jahreszeit zu machen ist, erledigte es und ging dann wieder. Das war ein super Service. Das ist jetzt fast 30 Jahre her, dass ich diesem Imkerverein beitrat. Ich erlebte gute Unterstützung und lernte sehr viel. Nach einigen Jahren baute mir ein Imker aus unserem Dorf, der auch Schreiner war, ein Bienenhaus, in dem fünf Bienenvölker Platz haben, außerdem ist auch ein Schleuderraum für den Honig vorhanden.

Damals lernte ich auch die Imker sehr zu schätzen, sie sind naturverbunden, lieben ihre Bienen und sind nicht, wie es in anderen Vereinen oft der Fall ist, auf Macht und Konkurrenz aus. Diese Wertschätzung war auch gegenseitig, denn sie wählten mich irgendwann zur Vorsitzenden. So war ich in einem Zeitraum von 20 Jahren für Bienen und die Umwelt engagiert, mit Vorträgen, Arbeitsgruppen, Öffentlichkeitsarbeit und Patenschaften für Jungimker. In diesem Zeitraum entdeckten auch Frauen die Imkerei. In der Anfangszeit war ich die erste Frau im Verein. Irgendwann wurden die Imkerfrauen mit zum Stammtisch eingeladen, zuerst viermal im Jahr, dann jeden Monat. Die Imkerfrauen verstanden auch viel von der Imker-Arbeit, denn ohne sie könnte kein Imker seinen Honig schleudern. Beim Stammtisch jedoch blieben sie am Nebentisch sitzen und redeten über Kinder und Sonstiges. Ich war plötzlich im Konflikt, eigentlich saß ich immer bei den Männern mit ihren spezifischen Imkerthemen. Jetzt sollte ich mich aber zu den Frauen setzen, das erwarteten sie. So wechselte ich im Laufe des Abends von einem Tisch zum anderen. Heute ist das anders, Frauen sind Imkerinnen und sitzen selbstverständlich wie ihnen das angenehm ist. Als ich einmal einen Politiker zu einer Veranstaltung eingeladen hatte, meinte dieser: „Eine Vorsitzende bei der Männerdomäne der Imker, aber wir haben ja auch eine Bundeskanzlerin." Innerhalb von 30 Jahren hat sich auch in anderer Hinsicht viel verändert, für die Bienen leider nicht zum Guten. Sie sind durch verschiedene Faktoren wie Umwelt, Landwirtschaft und Konsumgesellschaft sehr bedroht. Früher gab es auf vielen Bauernhöfen Bienen, sie gehörten mit dazu, ihre Pflege war nicht so aufwendig. Heute brauchen Imker viel Wissen und müssen sich sehr anstrengen, um ihre Bienenvölker zu erhalten. Denn ohne die Imker gäbe es keine Honigbiene mehr, damit zu wenig Bestäubungsleistung und damit nur noch ein Drittel an Obst und Gemüse. Mittlerweile habe ich mich aus dem Engagement des aktiven Vereinslebens zurückgezogen. Ich freue mich aber jedes Jahr über meine Honigernte, sie reicht für die Kunden im Dorf, für Freunde und Geschenke.

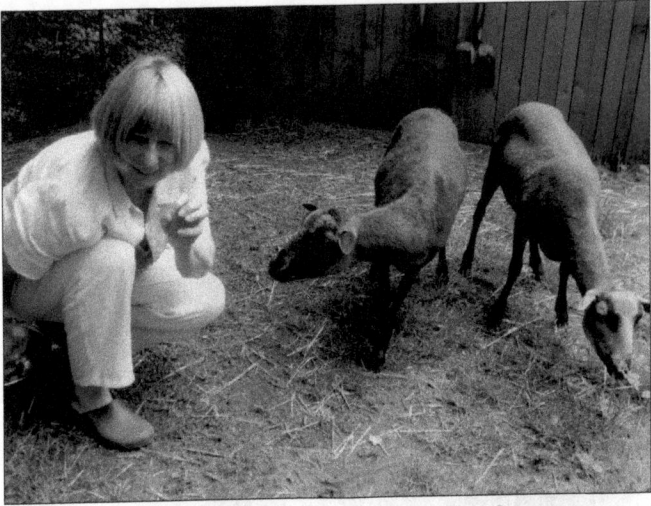

Molli und Dolli meine Kamerunschäfchen

Als Imkerin vor meinem Bienenhaus

Mein Bernersennenhund Bruno und meine zweite Katze Karlino

Kapitel 12

Diese Hütte ist mein Ort

Eine Hütte

Zum Ende der Ausführungen zu meiner Lebensgeschichte ist mir wichtig, noch meine Wohnsituation zu beschreiben, denn diese bedeutet für mich Heimat. Jeder mag Heimat anders definieren. Als ich den Berg hinaufstieg und die einfache Hütte auf diesem Grundstück, das nur von Wald umgeben ist, sah, dachte ich sofort: „Das ist es." Auch heute, wenn ich nach kurzer oder längerer Zeit hier ankomme, habe ich das Gefühl „Hier bin ich zu Hause". Heimat ist für mich der Ort, an dem ich mich wohlfühle. Hätte ich Familie und eigene Kinder, so wäre das sicher anders. Nun habe ich hier seit meinem Ruhestand den ersten Wohnsitz. Es ist meine Wahlheimat in der Oberpfalz. Auch die Geschichte und die Menschen des Dorfes gehören dazu. Früher war dieser Ort ein „Hüteanger", das erzählten mir einige alte Leute. Der Hang hatte eine Quelle, die das obere Dorf versorgte. Ich kenne diesen Platz, die Quelle ist heute verborgen, sie führt nur noch wenig Wasser. In meiner Vorstellung sehe ich, wie hier zur damaligen Zeit Kühe und Schafe weideten. Jugendliche ohne Schuhe und in ärmlicher Kleidung mussten sie hüten. Ein Bauer erzählte mir, dass er als Jugendlicher mit einer Flasche Wasser und drei gekochten Kartoffeln aufs Feld geschickt worden war. Heute leben wir im Wohlstand, viele wissen das nur nicht.

Ich hatte mir also ein Wochenendhaus gekauft. Es war eine einfache Holzhütte, das Dach war einfach gedeckt, mit Biberschwanzziegeln mit Holzschindeln, wie man das früher hatte. Im Herbst wehten die Blätter durch und im Winter oftmals der Schnee. Zum Dachboden konnte man nur über eine Leiter durch eine kleine Luke einsteigen. Jede Seite des Grundstückes war von verschiedenen schönen, alten Bäumen umgeben. Auf der Nordseite standen drei stattliche Eichen, ihre Äste reichten weit in mein Grundstück hinein. Nebenan stand eine große Buche, diese lobte ich als wunderschön. Einmal besuchte mich der Waldbesitzer, mein neuer Nachbar. Er meinte freundlich, er schenke mir diese Buche. Das war natürlich sehr nett. Als etwa zwei Jahre später ein großer Ast von der Buche haarscharf an meinem Dach vorbeifiel, wusste ich, warum er mir diesen Baum geschenkt hatte. Er gehörte jetzt versicherungstechnisch mir. Auf der Westseite meines Grundstückes standen drei alte, sehr große Birken und nochmals eine Eiche. Diese Bäume neigten sich auch fast vollständig über meinen Fußweg und ich musste sie bald absägen lassen. Als Ersatz habe ich dann selbst 15 kleine Bäumchen gepflanzt. Heute schaue ich jeden Tag aus meinem Wintergartenfenster auf große, fast ausgewachsene Fichten.

Nach meinem Kauf ging ich zur Gemeinde, um die Umbenennung im Grundbuch vornehmen zu lassen. Der Beamte sagte: „Wir wissen nichts von einem Haus da oben." Ich hatte die Unterlagen mit der Flur- und Gemarkungsnummer, und so holte er mit einem Kollegen zusammen die großen Grundstückspläne der Gemeinde. Zu dieser Flurnummer gab es einen Eintrag zu einem Wohnhaus mit Haus, einer Hausnummer, Hofraum und einem Garten mit 1500 Quadratmetern, 1938 erbaut in einem Landschaftsschutzgebiet außerhalb des Dorfes. Das war eine Überraschung. Ich meldete gleich meinen zweiten Wohnsitz an, denn es war offiziell ein Wohnhaus. Wie es sich weiter entwickeln sollte, hatte ich damals noch nicht gewusst. Als ich das erste Mal dort übernachtete, überlegte ich, bevor ich die Kerzen auslöschte und alles total still war, dass nächtliche Geräusche nur von Tieren stammen konnten. Mit diesen Gedanken schlief ich ein. Tatsächlich, auf dem Dachboden direkt über mir hörte ich ein lautstarkes Gepolter. Nachts erfährt man ja alles viel stärker. Ich saß aufrecht im Bett. Das konnten nur Tiere sein, aber welche? Am nächsten Morgen sah ich eine weiße Katzenmutter mit ihren beiden schon größeren Jungen. Sie blickten scheu um die Ecke. Ich wollte sie mit einem Schälchen Milch ins Haus locken, ein paar Katzen als Mitbewohner waren willkommen. Sie waren aber wild, gerieten in Panik und kamen nicht wieder.

Ein Haus entsteht

Das Dringendste war jetzt ein Holzschuppen, in dem ich Holz für den Winter trocken lagern konnte. Ich besprach das mit dem Meister einer kleinen Holzbaufirma aus dem nächsten Dorf. Er meinte: „Das machen wir schon." Und dabei blieb es. Das hatte ich sehr oft erlebt, dass ich als Frau mit einem Auftrag nicht ernst genommen wurde. Mehrmals versuchte ich mich in Erinnerung zu bringen, die Zeit verging und der Winter nahte. Dann setzte ich mich hin und entwarf eine Bauskizze für ein Holzhaus. Er versprach mir, die Hölzer dafür zuzuschneiden. Ich wartete wieder, dann sprach ich mit seiner Ehefrau. Auf dem Land sind die Ehefrauen oft in den Handwerksbetrieben mit eingebunden, über sie kann man erfahrungsgemäß etwas erreichen. Einige Zeit später lagen die erforderlichen Holzbalken plötzlich weit unterhalb meines Grundstückes. Das war gut, aber wie sollte ich diese zu mir hinaufschaffen? Ich schleppte jeden Tag etwa zwei bis drei Balken bis zu mir nach oben, ich glaube es waren insgesamt fast 30 Stück. Der Firstbalken ist an einem Haus immer der schwerste und längste. Auch diesen schaffte ich dann noch. Wer sollte mir das jetzt zusammenbauen? Als mich zwei Freunde aus der Stadt besuchten, meinten sie, das könnten sie auch. So zimmerten sie mir mein Holzhaus zusammen. Dieses sah recht fachmännisch erbaut aus, aber nur für kurze Zeit. Dann begann das Haus sich zu neigen und wurde immer schiefer. Als Max mir dann das Holz für den Winter brachte, sagte er, dass es nicht mehr lange dauern würde, bis es zusammenbricht. Als ich am nächsten Wochenende wiederkam, war das Haus gerade. Max hatte es mit einer Seilwinde aufgerichtet und neue Verstrebungen eingehämmert. Auf dem Land, vor allem in meinem Dorf, sind fast alle Männer gute Handwerker. Dafür war ich oft dankbar. Für den ersten Winter war Wärme gesichert. Der nächste Sommer kam, ich dachte mir: „Wie soll ich ohne Strom und Kühlschrank mein Bier kaltstellen?" So plante ich einen Erdkeller. Um im Winter die Erdwärme und im Sommer die Erdkälte abzugeben, darf ein Erdkeller nicht isoliert sein. Zuerst brauchte ich Steine. Wie würde ich diese meinen Berg hochbringen? Ich erkundigte mich in einem Steinbruch, und der Fahrer meinte, er käme mit seinem großen Laster jeden Berg hoch. Er kam auch mit einem sehr großen Lastwagen und schüttete mir mehrere Tonnen Bruchsteine auf den Weg, direkt vor meine Gartentüre. Er plauderte eine Weile mit mir, trank ein Bier, und ich meinte, es sehe nach Regen aus. Wenn der Waldweg nass ist, gerät man mit dem Auto schnell ins Rutschen. Das war mir mehrmals passiert. Er meinte: „Nein, nein, das passiert mir nicht." Es hatte nur wenige Tropfen geregnet und der Fahrer ist mit seinem Lastwagen das letzte Stück des Weges nach unten gerutscht, und so knapp an einen Baum, dass er weder vor noch zurück konnte. Er schaute dann doch etwas verdutzt, was nun? Ich ging ins Dorf. Max kam mit der Säge und schnitt den dicken und großen Baum um. Das war nicht leicht, denn gleich in der Nähe stand mein Auto, der Baum musste also so fallen, dass der Laster vorbeikommen konnte. Damit der gefällte Baum nicht mehr zu sehen war – er gehörte ja nicht mir – wurde er gleich klein zersägt und ich schleppte die Stücke in meinen Holzschuppen. Kurze Zeit danach rutschte ich ebenfalls vom Weg ab, und auch kurz vor einen Baum, der dann der Säge zum Opfer fiel. Zwei Maurer aus dem Dorf mauerten mir die Wände und die Decke für meinen Erdkeller. Ich klopfte den Lehmboden eben und legte Klinkersteine in die Erde. So hatte ich einen perfekten Keller genau vier Meter vor der Vorderseite der Hütte. Sollte ich irgendwann eine Überdachung anbringen lassen, so hätte ich den Kellerzugang von der Innenseite des Hauses. Der Keller stand ja frei und war immer offen. Eines Tages kam ich und sah alle Bierflaschen neben dem Bierkasten auf dem Boden liegen. Wie sollte das vor sich gegangen sein, denn die Flaschen waren alle noch voll. Die Burschen vom Dorf waren das nicht, denn sie hätten sich das Bier schon vorher schmecken lassen. Es war mir ein Rätsel. Als es einmal sehr stark regnete, sah ich plötzlich den Erdkeller voll Wasser laufen. Jetzt hatte ich des Rätsels Lösung. Es war Grundwasser, obwohl ich am Berg wohnte. Dieses stieg so schnell an, da der Boden ja nicht isoliert war. Die Flaschen schwammen über den Rand des Bierkastens, blieben irgendwo liegen und das Wasser lief so schnell, wie es kam, wieder ab. Das passiert auch heute noch. Deshalb brauche ich den Boden nie zu wischen, er reinigt sich von selbst.

Im Inneren der Hütte gab es nur einen Raum mit zwei kleinen Holzwänden, durch die ein Vorraum und eine Küche abgetrennt waren. Der Raum selbst war von den Vorgängern sehr schön mit Holz verkleidet worden, und die kleine Küche war aus Massivholz und hatte eine Marmorplatte. Ich hatte alles übernehmen können, vom Besteck bis zum Schaukelstuhl. Das war praktisch, ich hatte keine Einrichtung zu kaufen brauchen. Der Kamin war neu gemauert und so konnte ich mir einen Kachelofen bauen lassen. Der Kachelofenbauer war sehr geschickt, er baute an der einen Seite den Herd und um die Ecke einen schönen großen Kachelofen daran. Da ich über den Herd den Kachelofen beheize, kann ich immer gleich kochen. Einen neuen Fußboden aus Eichenholz ließ ich später einbauen. So war ich innen gut eingerichtet und hatte das Gefühl, es fehlt nichts. Da ich entdeckte, dass ich gern Häuser und Wohnungen renoviere, fiel mir jedes Jahr etwas ein, was zum Erweitern oder zum Verändern war. Wahrscheinlich hat das mit meiner Kindheit zu tun, als ich in Gedanken unser altes, ärmliches Haus neu erschuf.

In einem Jahr plante ich an der Nordseite des Hauses einen kleinen Anbau für Dusche, Bidet und Toilette. Eine Wand grenzte an die Kaminwand des Kachelofens an und diente damit gleichzeitig als Wärmewand. Das war sehr praktisch, denn ich brauchte jetzt keine Heizung mehr für diesen Raum. Ich erklärte das dem Maurer aus dem Dorf. Er mauerte mir zwei Wände hoch, nicht mit den Steinen, die ich wollte, aber gut. Als ich an einem Abend vom Dienst kam, war wieder eine Wand mehr gemauert, genau da, wo sie nicht sein sollte, denn sie war vor der Wärmewand und hätte diese nutzlos gemacht. Ich war so wütend. Wieder einmal hatte ein Mann nicht gehört, was ich wollte. Ich bemerkte, dass der Mörtel zwischen den Steinen noch feucht war. So nahm ich eine Axt und schlug in meiner Wut die gesamte Mauer ein. Sie war weg und das war gut. Nun dachte ich, der Mann würde beleidigt sein und mir nichts mehr weiter bauen. Aber nein, er sah und hörte nichts, alles wurde fertig und später mauerte er mir noch einen anderen Teil. Eine ähnliche Erfahrung machte ich mit einem Zimmermann aus dem Dorf. Er erweiterte mir den Dachstuhl mit einem Balken, der auf einer Seite etwa 30 Zentimeter über den Boden hochstand. Ich hätte von der Dachtreppe aus jedes Mal über diesen Balken steigen müssen. Ich sagte: „Das geht nicht, ich kann nicht meine Bienenkisten jedes Mal über diesen Balken heben." Er meinte, das ginge wegen der

Statik nicht anders. Ich blieb beharrlich: „Der Balken muss weg." In letzter Konsequenz drohte ich mit: „Ich bezahle dir keine einzige Mark für die bisher geleistete Arbeit." Das wirkte und der Balken wurde weggeschraubt. Auch er war nicht beleidigt, sondern hat mir später auch noch eine sehr komplizierte Konstruktion für meinen Wintergarten gezimmert. Wenn ich ihn ab und zu mal sehe, so bedanke ich mich heute noch dafür.

Im Laufe von über 20 Jahren habe ich jedes Jahr etwas an der Hütte angebaut, erweitert oder verschönert. So ist es heute, nach 30 Jahren, ein Haus, und keine Hütte mehr. Immer wenn ich mit einem Projekt fertig war, dachte ich, jetzt habe ich alles und es ist gut. Aber im nächsten Jahr ist mir wieder was Neues eingefallen, zuletzt mein Naturschwimmteich, er ist 1,9 Meter tief. Inzwischen ist er ein Biotop mit Libellen, Molchen und Kröten, die zum Laichen kommen, und ab und zu kommen auch Enten oder Schlangen. Sie bleiben so lange, bis das reichliche Buffet leer ist. Wenn ich dann zum Schwimmen ins Wasser steige, so ist es mein Revier. Auch im Winter nach der Sauna kann ich den Teich benutzen. Im Garten kamen dann noch ein Holzhäuschen für die Geräte, ein Bienenhaus und ein Schafstall dazu. Im Wintergarten, mit dem ich den Wohnraum erweiterte, steht ein Römerofen, der aus gebrannten Lehmziegeln besteht, die Hitze sehr gut speichert und in dem ich auch kochen kann. Irgendwann einmal kam das Vermessungsamt, mir wurde gesagt, der Besuch wäre nur eine Routine, denn mit den Luftaufnahmen würde jetzt alles neu vermessen. Ich bekam einen Schreck und erwartete eine Strafe oder eine Aufforderung zum Abriss. Einige Zeit später begegnete mir der Herr vom Vermessungsamt im Dorf. Er meinte, es täte ihm leid, aber er müsse mir die Kosten der Vermessung in der Höhe von 120 DM verrechnen. Damit war alles gut, denn ich hatte nichts mehr zum Um- oder Anbauen. Allerdings hatte ich dann doch noch eine größere und teure Baustelle. Meinen Brunnen hinterm Haus habe ich immer wieder mal leer gepumpt. Als das das erste Mal passierte, war ich sehr erschrocken, denn ohne Wasser kann man nicht leben. Ich merkte dann aber, dass die Quelle in sechs Metern Tiefe zwar nicht sehr ergiebig ist, sich jedoch sehr beständig wieder auffüllt. So durfte ich nur gleichmäßig viel Wasser entnehmen. Ein guter Fortschritt gelang mir, als mir ein technisch begabter Bastler ein Solarmodul mit vier Batterien am Dachboden aufs Haus baute. Damals war der Beginn der Solartechnik. Ich hatte Strom, zwar nur 12 Volt, aber das reichte für Lampen im Haus und für eine 12-Volt-Wasserpumpe im Brunnen. So hatte ich eine Dusche mit fließendem Wasser, welch ein Luxus. Die Solarmodule erweiterte ich später mehrmals. Heute speise ich in das Stromnetz ein und meine Warmwassermodule liefern mir drei Viertel des Jahres durch Sonnenenergie erwärmtes Wasser. In einem sehr heißen Sommer hatte ich meinen Brunnen wieder einmal leer gepumpt. Ich fragte in der Gemeinde nach, ob mir Wasser- und Stromversorgung genehmigt würden. Der Bürgermeister meinte: „Das können wir Ihnen gar nicht verweigern." Ich hatte ja ein eingetragenes Haus. Er unterstützte mich und innerhalb einer Woche hatte mir die Strabag einen Graben mit allen Leitungen für Wasser, Strom und Telefon hochgelegt. Es war eine weite Strecke, dementsprechend teuer, aber es war wichtig. Nun entspricht mein Haus allen zivilisatorischen Standards. Ich liebe jedoch die Einfachheit meines Wohnens.

Im Hier und Jetzt

Als Kind hatte ich die Vision von einem einsamen Haus, es war mehr ein Ort mit einer weiten Landschaft, den ich vor mir sah. Heute kann ich sagen, diese Vision hat sich erfüllt, nicht nur durch meine Kraft allein. Dafür bin ich dankbar. In besonderen Momenten lege ich die Motette „Locus iste a Deo factus est" (Dieser Ort ist von Gott geschaffen) von Anton Bruckner auf.

Eben sitze ich mit meinem Laptop im Wintergarten und schreibe die letzten Zeilen meiner Lebensgeschichte. Die Frühlingssonne scheint mir durch das viele Glas voll ins Gesicht. Ich bin rundum von der Natur umgeben, besonders am Morgen zwitschern die Vögel bereits unwahrscheinlich laut, sie künden den Frühling an. Das wahrzunehmen ist mir heute immer wichtiger. Ich genieße das einfache Leben, mehr und mehr erfahre ich auch die Qualität, die darin liegt. Es sind nicht die äußeren Dinge, sondern das, was sich aus dem inneren Erleben offenbart. Es sind die Ruhe und Stille, in der die Geborgenheit und die Zufriedenheit erfahren werden können. Mir jedenfalls geht es so. Oft merke ich, dass ich die Balance verliere, wenn ich zu viel im Außen lebe – ich bin immer noch ehrenamtlich tätig und gebe Seminare oder gehe zu Veranstaltungen. Dann ist es mir wichtig, wieder in mein einfaches Leben zu kommen. Das ist mein Haus in der Natur, mit meinen Tieren, mit Ruhe, mit Musik, Yoga und Meditation.

Ich blicke nun auf meinen bisher beschriebenen Lebensweg zurück. Er ist gekennzeichnet von vielen Herausforderungen, die ich mutig und im Vertrauen auf das Leben angenommen habe. Was hat mir die Kraft gegeben? Gestern kam eine Mail von einer lieben Kollegin aus der „Gesellschaft für Idiolektik und Gesprächsführung". Ich las darin die Aussage „Stimmst Du mit dem Weg überein, durchströmt Dich seine Kraft" von Laotse. Das muss es wohl gewesen sein, das Handeln immer bewusst zu reflektieren und zu fragen, was mir wichtig ist. Wichtig ist mir meine Entwicklung, jedoch nicht in einem egoistischen Sinne, sondern im Sinne einer Entfaltung des Lebens. Das schließt die soziale Wahrnehmung mit ein. So bin ich mein gesamtes Leben neben meiner Berufstätigkeit auch ehrenamtlich tätig gewesen, bis heute. Zurzeit bin ich bemüht mein Ehrenamt als Kreisvorsitzende der Imker abzugeben. Mein Engagement beim Hospizverein habe ich bereits vor längerer Zeit beendet.

Heute kann ich sehen, dass fast alle Herausforderungen einen neuen Sieben-Jahres-Abschnitt bedeutet haben. Oft waren es große Hürden, die mir Abwertung oder Ablehnung, aber dann letztlich wieder einen neuen Entwicklungsschub eingebracht haben. So bin ich heute vorsichtig mit Bewertungen, mit Aussagen wie: „Das ist gut, das ist schlecht." Auf einer gewissen Ebene muss man urteilen, um angemessen handeln zu können. In einer tieferen Dimension ist es möglich wertfrei zu sein. Dann gelingt eine innere Unabhängigkeit, die Gelassenheit und Freiheit mit sich bringt. Das Leben wird leicht. Die letzten Herausforderungen nach meinem 70. Lebensjahr habe ich als sehr heftig erfahren. Was wird mir wohl in meinem nächsten Lebensabschnitt mit 77 Jahren begegnen? Ich bin offen und neugierig. Sicher bin ich, dass der letzte Lebensabschnitt die Herausforderung des Sterbens und des Todes sein wird. Ich habe schon in jungen Jahren Sterben und Tod bei mir nahen und fernen Menschen erlebt, auch bei Tieren. Wie wird das bei mir selbst sein? Ich habe Vertrauen, nicht zu einem persönlichen Gott, aber in eine Grunddimension des Lebens.

Noch ist es nicht so weit, ich lebe im Hier und Jetzt. Das ist die Kunst des Lebens. Die Vergangenheit ist vorbei. Allerdings bin ich noch einmal in einige Lebensereignisse eingetaucht, um sie zu reflektieren und alles damit gut sein zu lassen. Ich kann sie loslassen. Was die Zukunft bringt, weiß ich nicht. Oft haben Menschen Sorgen und Angst, diese betreffen jedoch immer Dinge, die in der Zukunft liegen. Mit fällt der Text eines alten griechischen Philosophen ein: „Es sind nicht die Dinge selbst, vor denen wir Angst haben, sondern es ist die Vorstellung von den Dingen." Wenn wir wirklich in der Gegenwart leben, so haben wir keine Vorstellung und damit auch keine Angst.

Eben wird mir die Frühlingssonne bewusst, meine Katze schnurrt auf dem Hundesofa, mein Hund ist heute großzügig, er lässt sie dort und legt sich selbst vor sein Sofa auf den Boden. Meine Hühner picken vor mir auf der Terrasse, sie wissen, dass sie da am besten vor dem Habicht geschützt sind. Gleich genieße ich ein gutes Mittagessen mit regionalen Lebensmitteln vom Bauernmarkt. Dann werde ich einen langen Spaziergang machen und anschließend in der Hängematte meine Siesta mit einem spannenden Buch.

Ich freue mich, die Beschreibung einiger Ereignisse aus meinem Lebensweg gut und schnell beendet zu haben. Ich hatte Lust dazu und es war mir einfach ein Bedürfnis, diese niederzuschreiben. Vielleicht sind für Sie, liebe Leser und liebe Leserinnen, Impulse enthalten oder Sie werden gestärkt, ihr Leben mit Offenheit und Mut zu gestalten.

Meine Hütte damals

Mein Haus heute

Mein Haus im Winter

Danksagung

Ich danke allen Personen, die mich wertschätzten, und wertschätzen, aber auch denjenigen, die mich abwerteten, denn auch sie haben zu meiner Entwicklung beigetragen.

Christa Olbrich

Die Autorin

Christa Olbrich wurde 1945 in der Tschechoslowakei geboren. Nach der Volksschule absolvierte sie eine Ausbildung zur Krankenhaushelferin, bevor sie ihren Weg als Kranken- schwester und Unterrichtsschwester einschlug. Sie schaffte das Begabte- nabitur und studierte Diplompädago- gik. Sie war auch in leitenden Funktionen tätig und baute ein Institut für Fort- und Weiterbildung auf. Als Professorin und Dekanin an einer Hochschule war Christa Olbrich maßgeblich an der Konzeption von Bachelor-und Masterstudiengängen für Pflege- berufe beteiligt. An anderen Universitäten und Institutionen hatte sie Lehraufträge inne. Sie ist Supervisorin und Dozentin für Idiolektik. Auch im Ruhestand hält sie noch Seminare ab.

Privat ist die Autorin, die auch den Sammelband „Modelle der Pflegedidaktik" herausgab, als Imke- rin und Kreisvorsitzende aktiv und engagiert sich für den Umweltschutz. Seit vielen Jahren geht sie einen Weg der Achtsamkeit mit Yoga und Zen.